国家骨干高职院校项目建设成果

Qiaohan Gongcheng Shigong
桥涵工程施工
（下册）

邹花兰　李　娟　主　编
江祥林　　　主　审

人民交通出版社股份有限公司
China Communications Press Co.,Ltd.

内 容 提 要

本书为道路桥梁工程技术专业职业岗位核心能力课程教材，是在各高等职业院校积极践行和创新先进职业教育思想和理念，深入推进"校企合作、工学结合"人才培养模式的大背景下，根据新的教学标准和课程标准组织编写而成。

本教材以认识公路桥梁中常见的中小桥涵的构造和施工设计图、施工方法和技术、施工验收和管理为主线，简要介绍了常见大中桥梁的施工，也介绍了特大跨径桥梁的施工和一些新的施工方法。本书包括上下两册，内容有桥涵施工准备、桥涵基础施工、桥涵墩台施工、涵洞施工、梁桥施工、拱桥施工、桥面系及附属工程施工和其他体系桥梁施工八个学习情境，其中上册介绍前四个学习情境，下册介绍后四个学习情境。

本书可作为高职高专院校道路桥梁工程技术专业、工程监理专业、高等级公路维护与管理专业等交通土建专业教学使用。

图书在版编目(CIP)数据

桥涵工程施工. 下册 / 邹花兰，李娟主编. —北京：人民交通出版社股份有限公司，2015.1(2025.1重印)

国家骨干高职院校项目建设成果

ISBN 978-7-114-12449-5

Ⅰ.①桥… Ⅱ.①邹…②李… Ⅲ.①桥涵工程－工程施工－高等职业教育－教材 Ⅳ.①U445.4

中国版本图书馆CIP数据核字(2015)第183706号

国家骨干高职院校项目建设成果

书　　名：	桥涵工程施工(下册)
著 作 者：	邹花兰　李　娟
责任编辑：	卢仲贤　刘　倩　李学会
出版发行：	人民交通出版社股份有限公司
地　　址：	(100011)北京市朝阳区安定门外外馆斜街3号
网　　址：	http://www.ccpcl.com.cn
销售电话：	(010)85285911
总 经 销：	人民交通出版社股份有限公司发行部
经　　销：	各地新华书店
印　　刷：	北京虎彩文化传播有限公司
开　　本：	787×1092　1/16
印　　张：	15
字　　数：	384千
版　　次：	2015年1月　第1版
印　　次：	2025年1月　第6次印刷
书　　号：	ISBN 978-7-114-12449-5
定　　价：	45.00元

(有印刷、装订质量问题的图书由本公司负责调换)

江西交通职业技术学院
优质核心课程系列教材编审委员会

主　任： 朱隆亮
副主任： 黄晓敏　刘　勇
委　员： 王敏军　李俊彬　官海兵　刘　华　黄　浩
　　　　　张智雄　甘红缨　吴小芳　陈晓明　牛星南
　　　　　黄　侃　何世松　柳　伟　廖胜文　钟华生
　　　　　易　群　张光磊　孙浩静　许　伟

道路桥梁工程技术专业编审组（按姓名音序排列）
　　蔡龙成　陈　松　陈晓明　邓　超　丁海萍　傅鹏斌
　　胡明霞　蒋明霞　李慧英　李　娟　李　央　梁安宁
　　刘春峰　刘　华　刘　涛　刘文灵　柳　伟　聂　堃
　　唐钱龙　王　彪　王立军　王　霞　吴继锋　吴　琼
　　席强伟　谢　艳　熊墨圣　徐　进　宣　滨　俞记生
　　张　先　张先兵　郑卫华　周　娟　朱学坤　邹花兰

汽车运用技术专业编审组
　　邓丽丽　付慧敏　官海兵　胡雄杰　黄晓敏　李彩丽
　　梁　婷　廖胜文　刘堂胜　刘星星　毛建峰　闵思鹏
　　欧阳娜　潘开广　孙丽娟　王海利　吴纪生　肖　雨
　　杨　晋　游小青　张光磊　郑　莉　周羽皓　邹小明

物流管理专业编审组
　　安礼奎　顾　静　黄　浩　闵秀红　潘　娟　孙浩静
　　唐振武　万义国　吴　科　熊　青　闫跃跃　杨　莉
　　曾素文　曾周玉　占　维　张康潜　张　黎　邹丽娟

交通安全与智能控制专业编审组
　　陈　英　丁荔芳　黄小花　李小伍　陆文逸　任剑岚
　　王小龙　武国祥　肖　苏　谢静思　熊慧芳　徐　杰
　　许　伟　叶津凌　张春雨　张　飞　张　铮　张智雄

学生素质教育编审组
　　甘红缨　郭瑞英　刘庆元　麻海东　孙　力　吴小芳
　　余　艳

序

PREFACE

为配合国家骨干高职院校建设,推进教育教学改革,重构教学内容,改进教学方法,在多年课程改革的基础上,江西交通职业技术学院组织相关专业教师和行业企业技术人员共同编写了"国家骨干高职院校重点建设专业人才培养方案和优质核心课程系列教材"。经过三年的试用与修改,本套丛书在人民交通出版社股份有限公司的支持下正式出版发行。在此,向本套丛书的编审人员、人民交通出版社股份有限公司及提供帮助的企业表示衷心感谢!

人才培养方案和教材是教师教学的重要资源和辅助工具,其优劣对教与学的质量有着重要的影响。好的人才培养方案和教材能够提纲挈领,举一反三,而差的则照搬照抄,不知所云。在当前阶段,人才培养方案和教材仍然是教师以育人为目标,服务学生不可或缺的载体和媒介。

基于上述认识,本套丛书以适应高职教育教学改革需要、体现高职教材"理论够用、突出能力"的特色为出发点和目标,努力从内容到形式上有所突破和创新。在人才培养方案设计时,依据企业岗位的需求,构建了以岗位需求为导向,融教学生产于一体的工学结合人才培养模式;在教学内容取舍上,坚持实用性和针对性相结合的原则,根据高职院校学生到工作岗位所需的职业技能进行选择。并且,从分析典型工作任务入手,由易到难设置学习情境,寓知识、能力、情感培养于学生的学习过程中,力求为教学组织与实施提供一种可以借鉴的模式。

本套丛书共涉及汽车运用技术、道路桥梁工程技术、物流管理和交通安全与智能控制等27个专业的人才培养方案,24门核心课程教材。希望本套丛书能具有学校特色和专业特色,适应行业企业需求、高职学生特点和经济社会发展要求。我们期待它能够成为交通运输行业高素质技术技能人才培养中有力的助推器。

用心用功用情唯求致用,耗时耗力耗资应有所值。如此,方为此套丛书的最大幸事!

江西省交通运输厅总工程师
2014 年 12 月

前言

为落实《国家中长期教育改革和发展规划纲要(2010~2020)》精神,深化职业教育教学改革,积极推进课程改革和教材建设,满足职业教育发展的新需求,为此,我们根据工学结合、理实一体化课程开发程序和方法,编写了一套供高职高专院校道路桥梁工程技术专业、工程监理专业、高等级公路维护与管理专业等交通土建专业教学使用的教材。

本套教材充分考虑了目前高等职业教育的特点以及道路桥梁施工对人才的需求,坚持面向市场、面向社会,以能力为本位,以职业发展为导向,以经济结构调整和科技进步服务为原则,注重理论知识与实践技能的有机结合,实践内容与现行行业标准紧密结合。

本教材有如下特点:

1. 整合学习体系

本书将桥涵工程施工分成四个学习情境,保证各个学习情境的完整性与独立性,融"教、学、做"为一体,构建以行动导向为主要特点的理论、实践一体化模式。

2. 理论、实践一体化

本书将理论学习与实践学习融为一体,更有利于提高读者的实际操作能力。

3. 引导学生主动学习

学生通过自己的实际操作填写实训指导手册,并进行数据的处理与分析,把理论知识应用到实践中,提高对理论知识的掌握。

本书由江西交通职业技术学院邹花兰、李娟主编。其中学习情境六由李娟编写;学习情境八由席强伟编写;学习情境五和学习情境七由邹花兰编写。同时,熊墨圣、周娟和刘文灵也参与了本书的编写及图文整理工作。

本书由江西省交通科学研究院江祥林研究员主审。江祥林研究员在认真细致地审阅了本书的基础上,提出了许多宝贵的建议,并做了多次修改,在此深表感谢。本书在编写过程中,还得到了江西省交通勘测规划设计院吴小云、江西省高速公路档案馆张正辉高工的很大帮助,另外,编者参考了大量的著作和文献资料,在此一并向有关作者、编者表示感谢!

由于编者水平有限,编写时间仓促,书中不妥或错误之处在所难免,恳请读者批评指正。

作　者

2014 年 12 月

目录

CONTENTS

学习情境五　梁桥施工 ………………………………………………………………… 1
 工作任务一　认识梁桥 ………………………………………………………………… 1
 工作任务二　有支架及逐孔施工 …………………………………………………… 26
 工作任务三　预制装配施工 ………………………………………………………… 38
 工作任务四　移动模架施工 ………………………………………………………… 63
 工作任务五　顶推施工 ……………………………………………………………… 70
 工作任务六　悬臂施工 ……………………………………………………………… 79

学习情境六　拱桥施工 ……………………………………………………………… 98
 工作任务一　认识拱桥 ……………………………………………………………… 98
 工作任务二　有支架施工 …………………………………………………………… 124
 工作任务三　装配式施工 …………………………………………………………… 133
 工作任务四　转体施工 ……………………………………………………………… 141
 工作任务五　钢管混凝土拱桥施工 ………………………………………………… 149

学习情境七　桥面系及附属工程施工 ……………………………………………… 158
 工作任务一　桥面铺装施工 ………………………………………………………… 158
 工作任务二　桥面防水排水施工 …………………………………………………… 164
 工作任务三　伸缩缝施工 …………………………………………………………… 168
 工作任务四　支座施工 ……………………………………………………………… 176
 工作任务五　桥涵附属工程施工 …………………………………………………… 182
 工作任务六　梁间铰接缝施工 ……………………………………………………… 188

学习情境八　其他体系桥梁施工 …………………………………………………… 196
 工作任务一　斜拉桥施工 …………………………………………………………… 196
 工作任务二　悬索桥施工 …………………………………………………………… 214

参考文献 ……………………………………………………………………………… 230

学习情境五　梁桥施工

情境概述

一、职业能力分析

1. 学习能力
(1) 认识梁桥施工设计图。
(2) 掌握梁桥的施工。
(3) 通过本任务的学习掌握知识要点。
(4) 分析施工实际情况,合理选择梁桥的施工方法。
(5) 根据公路桥梁施工技术规范,编制梁桥施工方案。

2. 职业技能
(1) 识读梁桥施工设计图,复核工程数量。
(2) 合理选择施工方法,编制相应施工方案。

二、学习情境描述

施工小组在接到梁桥施工任务后,小组分析施工任务,合理选择施工方法,各成员根据拟定的方法编写总体方案和施工技术要点,提交成果,小组讨论其可行性,教师参与小组讨论并进行评定,各成员完善施工方案,提交实施成果报告。

三、教学环境要求

学习情境要求在理实一体化的专业教室和专业实训室完成。要求配备相关梁桥构造模型、标准图、施工设计图、施工案例和施工技术规范,可以用于资料查询的计算机、任务工单、多媒体教学设备、课件和视频教学资料等。

工作任务一　认识梁桥

  任务概述

1. 应知应会
(1) 熟悉梁桥的分类和构造。
(2) 掌握钢筋混凝土简支梁桥的构造。
(3) 掌握预应力混凝土简支梁桥的识图。

— 1 —

(4)熟悉连续梁梁桥和斜交板桥的识图。

(5)正确认知中小梁桥的施工设计图,并复核工程数量。

2. 学习要求

(1)研读教材内容。

(2)查阅某一简支梁桥标准图或施工设计图,并复核相应的工程数量。

(3)重视理论联系实际。

相关知识

梁桥是一种在竖向荷载作用下无水平推力的结构。如图5-1-1所示,梁作为承重结构是以它的抗弯拉能力来承受荷载的。下面介绍梁桥的分类。

1. 按承重结构截面形式划分

按承重结构横截面形式,可将梁桥分为板桥、肋板式梁桥和箱形梁桥。

1)板桥

板桥的承重结构是横截面为矩形截面的钢筋混凝土或预应力混凝土板,是公路桥梁中常用的桥型。它构造简单、受力明确、施工方便,而且建筑高度较小,从力学性能上分析,位于受拉区域的混凝土材料不但不能发挥作用,反而增大了结构的自重,当跨度稍大时则显得笨重而不经济。

如图5-1-2所示,板桥可以做成实心板也可以做成空心板,还可以就地现浇为适应各种形状的弯和斜坡的板截面形式。因此在一般公路、高等级公路和城市道路桥梁中,被广泛应用。

钢筋混凝土简支实心板梁只用于跨径为8m左右的小桥,预应力混凝土空心板跨径可达13~20m。

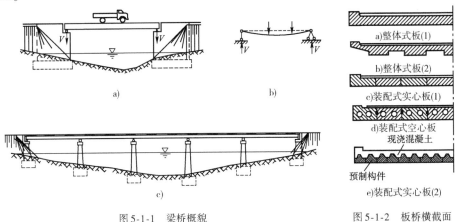

图5-1-1 梁桥概貌   图5-1-2 板桥横截面

2)肋板式梁桥

在横截面内形成明显肋形结构的梁桥称为肋板式梁桥,简称肋梁桥。

如图5-1-3所示,梁肋与顶部的钢筋混凝土桥面板结合在一起作为承重结构。由于肋与肋之间处于受拉区域的混凝土得到很大程度的挖空,因而显著减轻了结构自重。与板桥相比,肋梁桥具有更大抵抗荷载弯矩的能力。肋梁式截面有两种基本类型:I形和T形。

钢筋混凝土简支肋梁桥的常用跨径为8~20m,预应力混凝土简支肋梁桥的常用跨径为25~50m。

3)箱形梁桥

横截面呈一个或几个封闭箱形的梁桥简称为箱形梁桥。

如图5-1-4所示,这种结构除了梁肋的上部翼缘板外,在底部还有扩展的底板,因此它既能承受正弯矩又能承受负弯矩。箱形截面的另一个重要特点是在一定的截面面积下能获得较大的抗弯惯性矩,而且抗扭刚度也特别大,偏心活载作用下各梁肋受力比较均匀。箱形截面常用于大跨径桥梁。

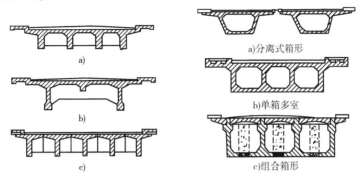

图5-1-3 肋板式梁桥横截面　　图5-1-4 箱形梁桥横截面

2. 按静力体系划分

按承重结构静力体系,可将梁桥分为简支梁桥、连续梁桥和悬臂梁桥,如图5-1-5所示。

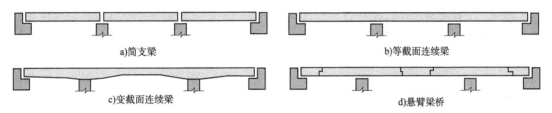

图5-1-5 梁桥概貌

1）简支梁桥

如图5-1-6所示,简支梁桥构造简单,施工方便,属静定结构,对地基要求不高,能适用于地基较差的桥位;但跨中正弯矩较大,跨越能力差,由于伸缩缝多不利于高速行车;仅适合于较小跨径的桥梁,常用的经济合理跨径在20m以下;采用预应力混凝土结构,可提高简支梁的跨越能力,跨径一般在50m以下。

2）悬臂梁桥

悬臂梁桥又分为单悬臂梁桥、双悬臂梁桥、多孔悬臂梁桥。如图5-1-7所示为单悬臂梁桥,恒载在支点处负弯矩的卸载作用下,使跨中正弯矩大大减小;恒载的卸载弯矩使跨中弯矩大大减小;属静定结构,对地基要求不高,能适用于地基较差的桥位;跨中有伸缩缝,不利于高速行车;施工不方便,必须采用临时固定措施;牛腿、伸缩缝的构造麻烦,易于损坏;适用于中等以上跨径桥梁(60~70m)。

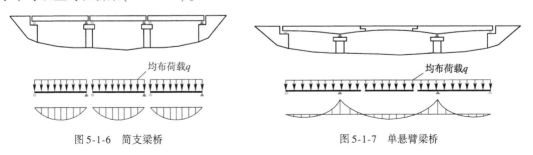

图5-1-6 简支梁桥　　图5-1-7 单悬臂梁桥

— 3 —

3) 连续梁桥

如图 5-1-8 所示,连续梁桥对恒载和活载均有卸载作用,弯矩分布较合理;属超静定结构,温度变化、混凝土收缩徐变、地基不均匀沉降的影响显著,对地基要求高;结构刚度大,变形小,动力性能好,主梁变形挠曲线平缓,有利于高速行车;适用于中等以上跨径桥梁(60~70m)。

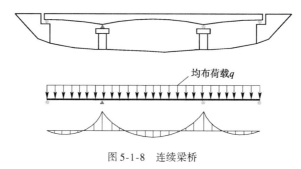

图 5-1-8 连续梁桥

3. 按施工方法划分

按施工方法,可将梁桥分为整体式梁桥、装配式梁桥和组合式梁桥。

1) 整体式梁桥

整体式梁桥建桥的全部工作都在施工现场进行,由于全桥在纵向和横向都是现场整体浇筑,所以整体性好,可以按需要做成各种形状。此种施工方法施工速度慢,工业化程度低,耗费大量模板,故目前较少采用。

2) 装配式梁桥

装配式梁桥的上部结构在预制工厂或工地预制场分块预制,再运到现场吊装就位,然后在接头处把构件连接成整体。装配式梁桥的预制构件采用工厂化施工,受季节影响小,质量易于保证,而且还能上下部结构同时施工,既加快了施工进度,又能节约支架和模板材料。

3) 组合式梁桥

组合式梁桥也是一种装配式的桥跨结构,不过它是用纵向水平缝将桥梁分割成I字形的梁肋或开口槽形梁和桥面板,桥面板再借纵横向的竖缝划分成在平面内呈矩形的预制构件。这样可以减轻预制构件的重力,并便于集中制造和运输吊装。组合梁的特点是整个截面分两个(或几个)阶段组合而成,在I形梁或开口槽形梁上搁置轻巧的预制空心板或微弯板构件,通过现浇混凝土接头而与I形梁或槽形梁结合成整体,或以弧形薄板或平板作为现浇桥面,预制板同时作为现浇混凝土的模板,通过现浇混凝土使各主梁结合成整体。

4. 按有无预应力划分

按有无预应力,可将梁桥分为钢筋混凝土梁桥和预应力混凝土梁桥。

1) 钢筋混凝土梁桥

钢筋混凝土梁桥是由钢筋和混凝土两种材料组成的结构,它充分利用了材料各自的优点。

2) 预应力混凝土梁桥

预应力混凝土梁桥是为解决钢筋混凝土在使用阶段容易开裂而发展起来的结构。它采用的是高强度钢筋和混凝土材料,并采用相应的张拉钢筋的施工工艺在构件中建立预加应力。按预应力度不同分为部分预应力混凝土梁桥和全预应力混凝土梁桥。

一、认识简支板桥

板桥是小跨径钢筋混凝土桥中的常见形式之一。板桥由于其外形简单,制作方便,不但外部几何形状简单,而且内部一般无须配置抗剪钢筋,仅按构造要求弯起钢筋,因而具有构造简单、施工方便、模板及钢筋工作都较省等优点,同时也有利于工厂化成批生产。

1. 整体式钢筋混凝土简支板桥

如图 5-1-9 所示,整体式简支板桥具有形状简单、施工方便、建筑高度小、结构整体刚度大等优点,但施工时需现浇混凝土,受季节气候影响,又需模板与支架。从受力要求看,截面材料不经济、自重大,所以只在小跨径板桥中使用。

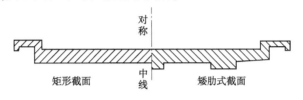

图 5-1-9 整体式板横截面

图 5-1-10 所示为标准跨径 6m,行车道宽度 8.5m,两边设 0.25m 的安全带,按原汽车－10 级设计的整体式简支板的构造。板长 5.98m,计算跨径为 5.40m,板厚 0.32m。纵向受拉主筋用 ⌀20 的 Ⅱ 级钢筋,分布钢筋采用 φ10 的 Ⅰ 级钢筋,桥跨结构的混凝土强度等级为 C20。

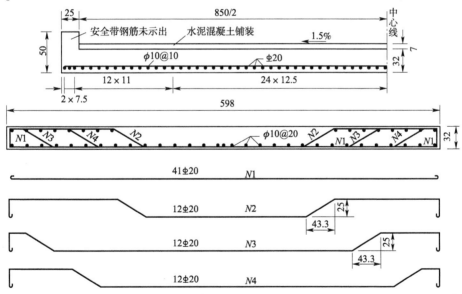

图 5-1-10 整体式简支板的构造(尺寸单位:cm)

2. 装配式简支板桥

1) 装配式板桥的横截面形式

如图 5-1-11 所示,装配式板桥的横截面形式有实心截面和空心截面两种。这类板桥沿横桥向分成若干块板,然后将这些板在预制厂或工厂进行预制,采用一定的吊装手段安装到墩台上,再用横向连接方式将所有的板连接起来。

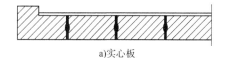
a) 实心板

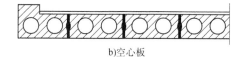
b) 空心板

图 5-1-11 装配式板横截面

这种板桥是目前最常用的,它具有形状简单、施工方便、建筑高度小、施工质量易于保证等优点,因而得到普遍的应用。

2) 装配式实心板构造

我国交通运输部制定的跨径为 1.5~8.0m 八种跨径的钢筋混凝土板桥标准图,采用装配式实心板截面,每块预制板的宽度为 1m,板厚为 0.16~0.36m。

图 5-1-12 为装配式简支实心板横剖面构造。图 5-1-13 为标准跨径 6m,行车道宽 7m,两边设 0.75m 的安全带,按原汽车—20 级设计的装配式实心板行车道板块件构造。块件安装后在企口缝内填筑 C30 小石子混凝土,并浇筑厚 6cm 的 C30 防水混凝土铺装层使之连接成整体。

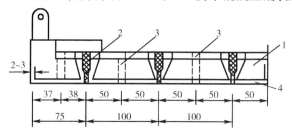

图 5-1-12 装配式简支实心板横剖面构造(尺寸单位:cm)
1-预制板;2-接缝;3-预留孔;4-垫层

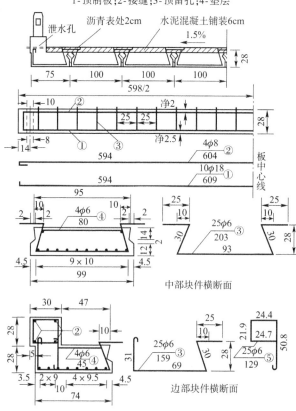

图 5-1-13 装配式实心板行车道块件构造(尺寸单位:cm)

为了加强预制板与铺装层的结合以及相邻预制板的连接,将板中的箍筋伸出预制板顶面,待板安装就位后将这段钢筋放平,并与相邻预制板中的箍筋相互搭接,以铁丝绑扎,然后浇筑于混凝土铺装层中。预制板的混凝土强度等级为 C25。

3)装配式预应力空心板构造

当跨径增大时,实心矩形截面就显得不甚合理,因而将截面中部部分挖空,做成空心板,这样不仅能减轻自重,而且能充分合理地利用材料。

钢筋混凝土空心板常用跨径范围为 6~13m,板厚为 0.4~0.8m;预应力混凝土空心板常用跨径为 8~16m,板厚为 0.4~0.7m。空心板较同跨径的实体板质量轻,运输安装方便,而建筑高度又较同跨径的 T 形梁小,因而目前使用较多。

空心板的横截面形式很多,如图5-1-14 所示。图5-1-14a)呈微弯形,可以节省一些钢筋,但模板复杂;图5-1-14b)是由两个半圆侧模与顶板和底板组成,挖空率大,重力最小,但顶板需要配置横向受力钢筋以承担车轮荷载;图5-1-14c)可以采用橡胶气囊为芯模,抽拔而成,比较方便,是目前常用的形式;图5-1-14d)是由 4 个半圆和 4 块侧模组成,为了保证抗剪要求,应在截面内按计算需要配置弯起钢筋和箍筋,且要求空洞与周边或空洞与空洞最薄处不得小于7cm。

图 5-1-14 空心板截面形式

图 5-1-15 为标准跨径 13m 的装配式预应力混凝土空心板桥的构造图。设计荷载为公路-Ⅰ级。桥面净空为净—7m + 2 × 0.25 m 的安全带,总宽 8m,由 8 块全长 12.96m,净宽 99cm,厚度 60cm 的预制板组成,采用 C40 混凝土预制和填缝。按原汽车—20 级设计的装配式行车道板件的构造。块件安装后在企口缝内填筑 C30 小石子混凝土,并浇筑厚 6cm 的 C30 防水混凝土铺装层使之连接成整体。为了加强预制板与铺装层的结合以及相邻预制板的连接,将板中的箍筋伸出预制板顶面,待板安装就位后将这段钢筋放平,并与相邻预制板中的箍筋相互搭接,以铁丝绑扎,然后浇筑于混凝土铺装层中。预制板的混凝土强度等级为 C25。每块板底层配置 7 根 $\phi 20$ 的Ⅳ级冷拉钢筋作预应力筋,每根张拉力为 194kN,伸长率为 0.35%。板顶面除配置 3 根 $\phi 12$ 的架立钢筋外,在支点附近还配置 6 根 $\phi 8$ 的非预应力钢筋,来承担支点处预应力钢筋产生的过大拉力。箍筋采用上开口形,待芯模立好后再加以封闭。

4)装配式板桥的横向连接

装配式板桥在安装完成后,为了使板块共同受力,接缝能传递剪力,则需要将块件间很好地加以连接。如图5-1-16 所示,常用企口式混凝土铰连接,并将相邻板块的钢筋扳平相互绑扎,现浇于桥面铺装层中,用与预制板同一强度等级或高一级的细集料混凝土将预留的企口加以现浇。

二、认识连续板桥

1. 装配式连续板桥

装配式连续板桥具有连续板桥节省材料和行车顺畅的优点,也具有装配式结构节省支架、模板,能加快工程进度的特点。为了减轻吊装重力,不但沿横向可以分条预制,而且也可以沿纵向分段,安装后进行现浇混凝土接头,使之形成整体。一般横向分条宽度取 1m,也可取为 1.4m,纵向分段接头位置可分为以下两种。

图5-1-17a)所示板桥在重力作用下为简支状态,在使用阶段变为连续体系,一般用于等跨连续

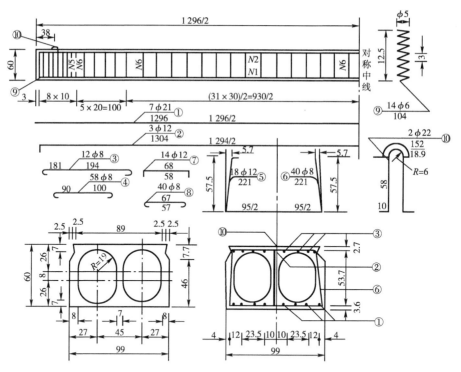

图 5-1-15 装配式预应力混凝土空心板的构造图(尺寸单位:cm)

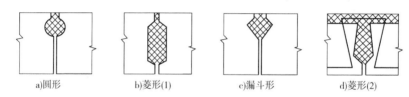

a) 圆形　　b) 菱形(1)　　c) 漏斗形　　d) 菱形(2)

图 5-1-16 装配式板的企口缝形式

梁,现浇混凝土接头位于墩顶。它既吸收了简支板施工简便的优点,又保持了连续结构可以减小跨中荷载弯矩的长处,仅将跨中受力钢筋弯起后通过支点,安装后再与相邻块件的相应钢筋焊接。

图 5-1-17b)所示板桥在自重作用下为悬臂板,使用状态时整体化为一连续体系。一般是在不等跨连续时使用,它可以调节安装重力,又能使接头位于反弯点附近,以避免接头处受较大内力,但是在接头处需要临时支架来浇筑接头混凝土。

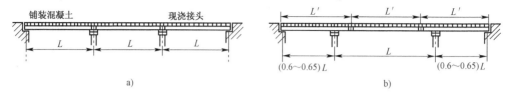

图 5-1-17 装配式连续板桥

2. 撑架连续板桥

为了进一步减小安装质量,增大跨越能力,降低材料用量指标,我国也有一种带八字形斜撑的连续板桥。

图 5-1-18 所示为一座已建成 $9 \times 15.2m$ 的组合式撑架连续板桥中的一孔。其特点是将板厚分为预制安装部分和现浇加厚部分,使之大大减轻了安装质量,并且在桥墩上设置的三角形八字斜撑,使每一孔增加两个支承点,因而内力分布更加均匀,使弯矩峰值降低,所需材料相应

减少。为了进一步减小安装质量,纵向预制段可以划在支撑处,相当于将每孔划分为三段安装,通过现浇混凝土层将预制构件加以整体化。如图5-1-18所示净跨为15.2m,在纵向分为4m、7m、4m三段预制,预制厚度为18cm,宽度为1.5m,安装后,再在上面现浇10cm厚的混凝土层加以整体化。板的总厚度仅为28cm,为跨径的1/54,恒重的减小、八字斜撑的推力作用及支承点负弯矩的出现,大大减小了跨中正弯矩,其值仅为同跨径简支板的1/10~1/8。这样显然能降低材料用量。但是,在施工中,要充分注意对称、均衡地加载。对于多孔桥,还应注意大孔安装所产生的推力对邻孔的影响,并应加强接缝处的连接工作,以增强全桥的整体性。

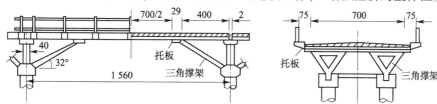

图5-1-18 撑架连续板桥(尺寸单位:cm)

3. 整体式变截面连续板桥

一般在桥不高,支架、模板消耗木材不多或采用钢支架、钢组合模板时,为了加强整体刚度和简化施工工序,往往考虑采用整体式连续板桥。由于混凝土的整体浇筑,使板的强度、刚度要比同一形式、相同尺寸的装配式板桥大,即在满足相同荷载要求的前提下,截面尺寸可以做得更小些。在不增加施工难度的情况下,截面厚度依内力分布规律可以做成变截面,支点截面厚度一般为跨中截面厚度的1.2~1.5倍,跨中板厚可以达到其跨径的1/35或更小,如图5-1-19所示。

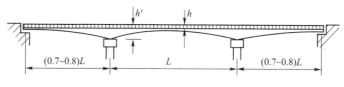

图5-1-19 整体式变截面连续板桥

三、认识斜交板桥

当公路与河流或其他线路呈斜交式跨越时,将桥梁结构布置成斜交桥形式较为经济。如图5-1-20所示,斜交角 φ 为桥轴线与支承线垂线的夹角。

1. 整体式斜交板

1)主钢筋

(1)当 $l/b \geq 1.3$ 时,平行于桥轴线方向布置,如图5-1-21a)所示。

(2)当 $l/b < 1.3$ 时,应垂直于板的支座轴线方向布置,如图5-1-21b)所示。

2)分布钢筋

分布钢筋应垂直于主钢筋方向设置,如图5-1-21所示。分布钢筋的直径、间距和数量与整体式正交板桥要求相同。在斜板的支座附近应增设平行于支座轴线的分布钢筋。

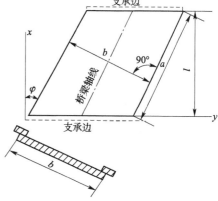

图5-1-20 斜交板的斜交角

3) 局部加强钢筋

（1）平行于自由边的钢筋。自由边上、下层各设一组，直径为主钢筋直径，不少于3根，并用箍筋箍牢。

（2）钝角处加强钢筋。钝角两侧1.0~1.5m边长的扇形面积内，下层增加与钝角平分线平行的短钢筋，如图5-1-22a)所示；上层增加与钝角平分线垂直的短钢筋，如图5-1-22b)所示。直径不小于12mm，间距为120~150mm。

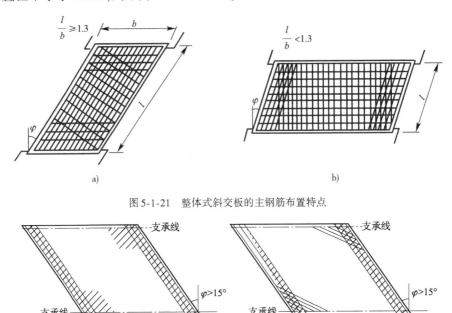

图 5-1-21 整体式斜交板的主钢筋布置特点

a)钝角下层加强钢筋　　　　b)钝角上层加强钢筋

图 5-1-22 整体式斜交板桥加强钢筋布置特点

2. 装配式式斜交板

装配式斜板桥的宽跨比(l/b)一般均大于1.3，主钢筋沿桥跨径方向配置，分布钢筋在钝角角点之间的范围内与主钢筋垂直，在靠近支承边附近，其布置方向则与支承边平行，如图5-1-23所示。

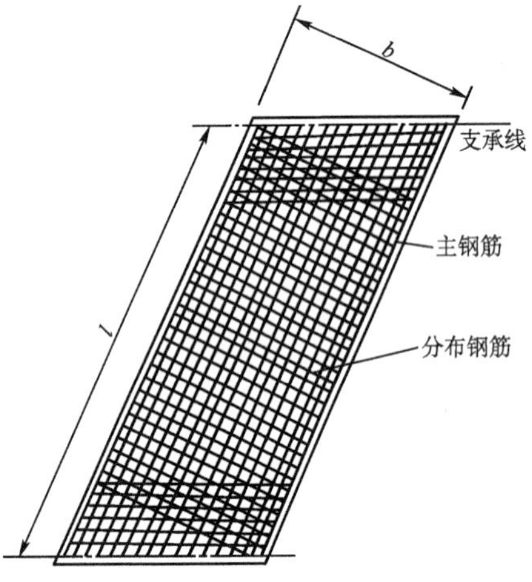

我国交通运输部制定的标准图中，斜跨跨径为3m、4m、5m、6m四种，斜交角分25°、30°、35°、40°、45°、50°、55°、60°八种，预制板在垂直于行车方向的板宽为99cm，板厚为20~48cm，因跨径和斜交角不同而异，这些板的钢筋布置方案大体分两种。

当$\varphi = 25°~35°$时，主钢筋沿桥跨方向布置，分布钢筋平行于支承边方向布置[图5-1-24a)]。

当$\varphi = 40°~60°$时，主钢筋沿桥跨方向布置，分布钢筋在支承边范围内平行于支承边方向布置，在跨中范围内垂直于主钢筋[图5-1-24b)]。

图 5-1-23 装配式斜交板钢筋构造

此外，在各种块件的两端还要布置一些加强钢筋。钝角处的加强钢筋同整体式板。当$\varphi = 40°~50°$时，在底层钝角范围内要布置垂直于支承边的加强钢筋[图5-1-24c)]；当$\varphi = $

55°~60°时,除了在底层钝角范围内要布置垂直于支承边的加强钢筋外,在顶层钝角范围内还要布置与钝角平分线相垂直的加强钢筋[图 5-1-24d)]。

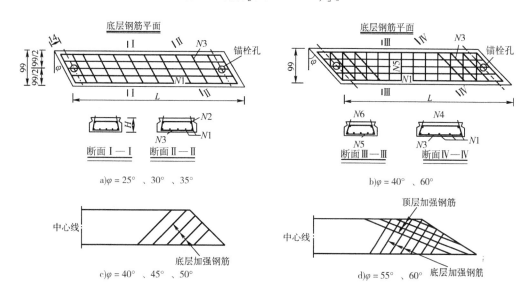

图 5-1-24 装配式斜交板钢筋构造示例(尺寸单位:cm)

斜交板桥在使用过程中,在平面内有向锐角方向蠕动的趋势,如图 5-1-25 所示。为了使铰接板支承处不翘扭以及防止发生位移,在板端中心预留锚栓孔,待安装完毕后,用栓钉固定,设置的支座要有充分的锚固作用。否则,应该加强锐角处桥台顶部的耳墙,以免挤裂,故需要在墩帽上设置锚固斜板的锚固钢筋或在锐角处耳墙中增加抗挤压钢筋。

四、认识 T 形梁桥

1. 认识装配式钢筋混凝土简支 T 形梁桥

国内外所建造的钢筋混凝土简支梁桥,以 T 形梁桥最为普遍。我国已制定了标准跨径为 10m、13m、16m 和 20m 的四种公路桥梁标准设计图。图 5-1-26 所示就是典型的装配式钢筋混凝土 T 形梁桥上部构造概貌。

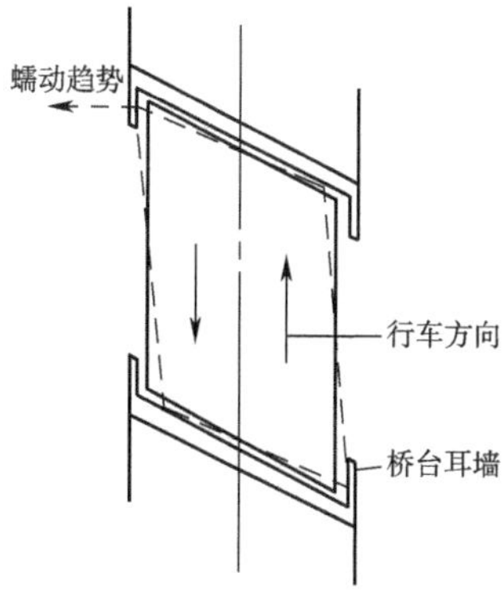

1)构造布置

(1)主梁布置。如图 5-1-26 所示,T 形梁由主梁和横隔梁组成。主梁由梁肋和翼缘板组成。主梁梁距一般采用 1.6m,当采用 2.2m 时,则梁与梁之间采用湿接缝连接。

(2)横隔梁布置。如图 5-1-26 所示,横隔梁在装配式 T 形梁中起着保证各根主梁相互连成整体的作用,它的刚度愈大,桥梁的整体性愈好,在荷载作用下各主梁就能更好地协同工作。然而,设置横隔梁使主梁模板工作稍趋复杂,横隔梁的焊接接头又往往要在设于桥下专门的工作架上进行,施工比较麻烦。实践证明,对于简支梁桥,一般在跨中、$L/4$ 点、支点处各设一道横隔梁就可满足要求。T 形梁桥的端横隔梁是必须设置的,它不但有利于制造、运输和安装阶段构件的稳定性,而且能加强全桥的整体性。

图 5-1-25 斜交板的蠕动趋势

2)截面尺寸

图 5-1-27 所示为我国目前使用的标准中跨径为 20m 的装配式钢筋混凝土 T 形梁桥纵、横截面主要尺寸。

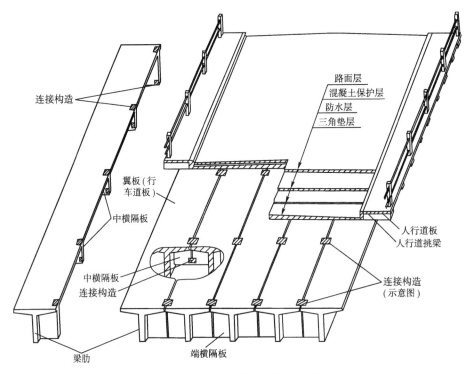

图 5-1-26 装配式 T 形简支梁桥上部构造概貌

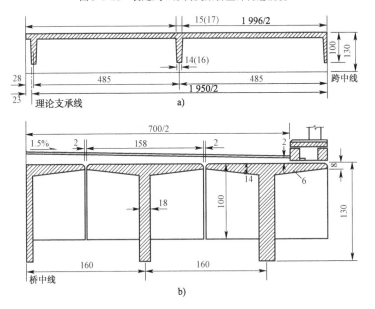

图 5-1-27 装配式钢筋混凝土 T 形梁纵、横截面(标准跨径:20m)

（1）主梁梁肋尺寸。我国标准跨径为 10m、13m、16m 和 20m 的钢筋混凝土 T 形梁梁高分别为 0.9 m、1.1m、1.3m 和 1.5m。主梁梁肋的宽度，在满足抗剪强度需要的前提下，一般都做得较薄，以减轻构件的质量，但还要注意满足梁肋的屈曲稳定性，不致使浇筑混凝土发生困难。目前常用的梁肋厚度为 150~180mm，具体视梁内主钢筋的直径和钢筋骨架的片数而定。

(2)横隔梁的尺寸。跨中横隔梁的高度应保证其具有足够的抗弯刚度,通常可取主梁高度的3/4左右。在支点处可与主梁同高,以利于梁体在运输和安装中的稳定性。但如果端横隔梁高度比主梁略小一些,则对安装和维修支座是有利的。为便于安装和检查支座,端横隔梁底部与主梁底缘之间宜留有一定的空隙,或可做成和中横隔梁同高,但从梁体运输和安装阶段的稳定性来看,端横隔梁又宜做成与主梁同高。具体视实际情况而定。横隔梁的肋宽常用12～16cm。预制时做成上宽下窄和内宽外窄的楔形,以便脱模。

(3)主梁翼板尺寸。T形梁翼板的宽度应比主梁中距小2cm,厚度应满足强度和构造最小尺寸的要求。根据受力特点,翼缘板一般都做成变厚度的,即端部较薄,至根部(与梁肋衔接处)加厚,并不小于主梁高度的1/12。翼缘板厚度的具体尺寸有两种处理方法:一种是考虑翼缘板承担全部桥面上的恒载与活载,板的受力钢筋设在翼缘板内,在铺装层内只有局部的加强钢筋网,这时翼缘板做得较厚一些,端部一般取80mm;另一种是翼缘板只承担桥面铺装层的荷载、施工临时荷载以及自重,活载则由翼缘板和布置有受力钢筋的钢筋混凝土铺装层共同承担,在此情况下,端部厚度采用60mm就够了,如图5-1-28所示。

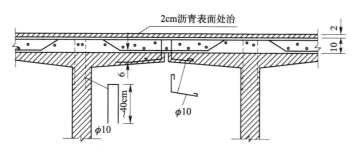

图5-1-28 钢筋混凝土铺装层构造(尺寸单位:cm)

3)主梁钢筋构造

(1)梁肋钢筋构造。装配式T形梁桥的钢筋分为纵向受力钢筋、架立钢筋、斜钢筋、箍筋和纵向防裂分布钢筋等。根据具体情况不同,这些钢筋可形成绑扎钢筋骨架或焊接钢筋骨架,如图5-1-29所示。

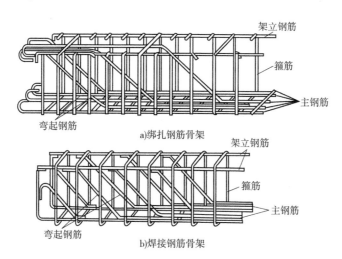

图5-1-29 梁内钢筋骨架示意图

①主钢筋(纵向受力钢筋)。主钢筋一般布置在截面下缘受拉区,主要作用是承受荷载

引起的拉应力,其截面积大小由计算确定。《公路钢筋混凝土及预应力混凝土桥涵设计规范》(JTG D62—2004)规定,至少有 2 根,并不少于 20% 的下层主钢筋应伸过支点截面。简支梁两侧的受拉主钢筋应伸出支点截面以外,并弯成直角顺梁端延伸至顶部与顶层架立钢筋相连。两侧之间不向上弯曲的受拉主钢筋伸出支承截面的长度,对带半圆弯钩的 R235 钢筋不小于 $15d$(d 为钢筋直径),如图 5-1-30a)所示;对带直角弯钩的螺纹钢筋不小于 $10d$,如图 5-1-30b)所示。

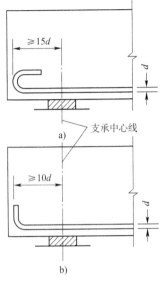

图 5-1-30 梁端主钢筋的锚固

②斜筋(弯起钢筋)。斜筋的作用是增强梁体的抗剪强度,通常在近梁端区域由纵向受拉主钢筋弯起而成,不足时需增设专门的斜筋,其截面积大小由计算确定。斜钢筋与梁轴线一般布置成 45°。弯起钢筋应按圆弧弯折,有关钢筋弯钩弯曲直径详见《公路钢筋混凝土及预应力混凝土桥涵设计规范》(JTG D62—2004)有关条文。

③箍筋。箍筋通常垂直于梁轴线布置,既能增强梁体的抗剪强度又能固定纵向受力钢筋,形成钢筋骨架。

④架立钢筋。架立钢筋布置在梁肋的上缘,主要起固定箍筋和斜筋,并使梁内全部钢筋形成立体或平面钢筋骨架的作用。其直径通常采用 10~14mm,按构造设置 2~3 根。

⑤纵向防裂水平分布钢筋。在梁高大于 1m 时,沿梁高侧面呈水平方向布置,以防止因混凝土收缩产生竖向裂缝,其直径一般采用 8~10mm,间距一般取 100~150mm。靠近下缘,混凝土拉应力较大,故应布置的密些,在上部则可稀些。

⑥钢筋骨架。一般主梁采用焊接钢筋骨架,如图 5-1-31 所示,将斜筋和架立钢筋焊接成钢筋网片。在焊接钢筋骨架中,为保证焊接质量,使焊缝处强度不低于钢筋本身强度,对焊缝而言必须满足下述要求。

对于利用主钢筋弯起的斜筋,在起弯处应与其他主筋相焊接,可采用每边各 $2.5d$ 的双面焊或一边长 $5d$ 的单面焊缝,如图 5-1-31 中Ⓐ所示。弯起钢筋末端与架立钢筋(或其他主筋)相焊接时,采用长 $5d$ 的双面焊或 $10d$ 的单面焊缝,如图 5-1-31 中Ⓑ所示,其中 d 为受力钢筋直径。

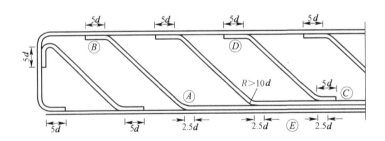

图 5-1-31 焊接钢筋骨架焊缝尺寸图
注:图中尺寸为双面焊缝,单面焊应加倍。

对于附加的斜筋,其与主筋或架立筋的焊缝长度,采用每边各长 $5d$ 的双面焊缝或一边长 $10d$ 的单面焊缝,如图 5-1-31 中Ⓒ和Ⓓ所示。

各层主钢筋相互焊接固定的焊缝长度,采用2.5d的双面焊或一边长5d的单面焊缝,如图5-30中ⓔ所示。

通常对于小跨径梁可采用双面焊缝,先焊好一边再把骨架翻身焊另一边,这样既可缩短接头长度,又可减少焊接变形,当骨架较长而不便翻身时,就可采用单面焊缝。

(2)翼缘板内的钢筋构造。T形梁翼缘板内的受力钢筋沿横向布置在板的上缘,以承受悬臂的负弯矩,数量按计算确定。在顺主梁跨径方向,还应设置少量的分布钢筋,如图5-1-32所示。

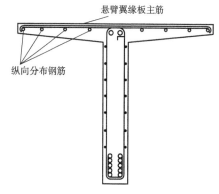

图5-1-32 T形梁的钢筋布置

(3)主梁钢筋构造实例。图5-1-33所示为标准跨径为20m、行车道宽7m、两边设0.75m的人行道。按公路—Ⅱ级荷载及人群荷载为$3kN/m^2$设计的装配式钢筋混凝土简支T形梁块件构造,主梁的混凝土强度等级为C25。

4)横隔梁的钢筋构造

图5-1-34所示为横隔梁的钢筋构造。在每根横隔梁上缘配置2根受力钢筋,下缘配置4根受力钢筋,各用钢板连接成骨架。同时,在上、下钢筋骨架中均加焊锚固钢板的短钢筋。横隔梁的箍筋作用是抵抗剪力。

5)装配式主梁的连接构造

通常在设有端横隔梁的装配式T形梁桥中,均借助横隔梁的接头使所有主梁连接成整体。接头要有足够的强度,以保证结构的整体性,并使在运营过程中不致因车辆反复作用和冲击作用而松动。横隔板的连接方式有钢板连接、螺栓连接和扣环接头三种,具体构造见学习情境八。

2. 认识装配式预应力混凝土简支T形梁

目前公路上预应力混凝土简支梁桥的跨径已做到50～60m,我国编制了后张法装配式预应力混凝土简支T形梁桥的标准设计图,标准跨径为25m、30m、35m、40m。

1)构造特点

我国1973年编制的标准图中,主梁间距采用1.6m,并根据不同的桥面净宽分别采用5～7片主梁。图5-1-35所示为标准跨径30m,桥面宽为净—7m+2×0.75m人行道的标准设计图。在1983年编制的构造布置图装配式预应力混凝土简支T形梁桥,主梁间距通常做成2.20m,采用60cm的湿接缝。横隔梁间距为486cm。全桥共采用5片横隔梁。

为了适应纵向预应力钢筋的锚固需要,梁端面和顶面应做成一定的楔形或凹槽形状。梁肋下部通常加宽做成马蹄形,以便钢丝束的布置和满足很大预压力的需要。为了配合钢丝束的起弯,在梁端能布置钢丝束锚头和安放张拉千斤顶,在靠近支点处腹板也要加宽至与马蹄同宽,加宽范围最好达一倍梁高(离锚固端)左右,这样就形成了沿纵向腹板厚度发生变化、马蹄部分也逐渐加高的变截面T形梁。一般跨径中部肋宽16cm,马蹄宽36cm。跨径为30m的T形梁具体尺寸如图5-1-40所示。

2)配筋特点

装配式预应力混凝土简支梁桥内的配筋,除主要的纵向预应力筋外,还有架立钢筋、箍筋、水平分布钢筋、承受局部应力的钢筋和其他构造钢筋等。

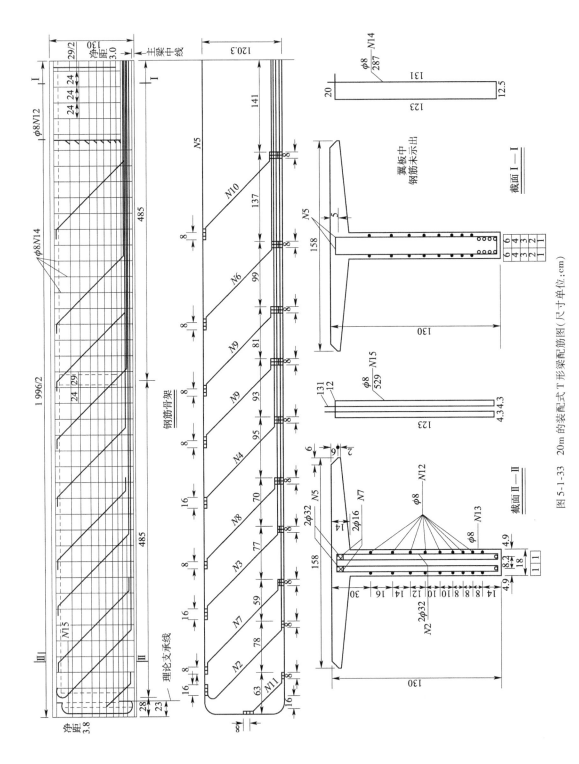

图 5-1-33　20m 的装配式 T 形梁配筋图（尺寸单位：cm）

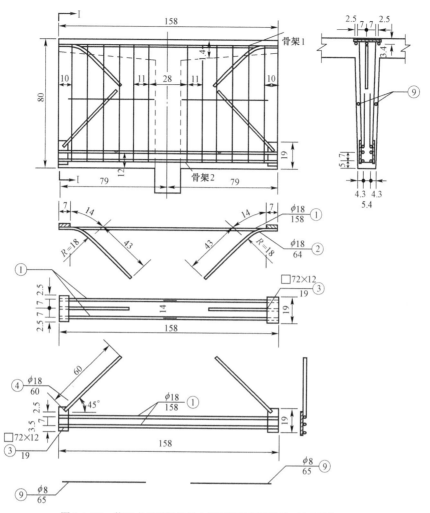

图 5-1-34 装配式 T 形梁桥的中横隔梁的钢筋构造(尺寸单位:cm)

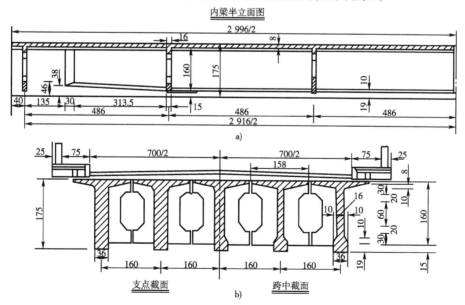

图 5-1-35 跨径 30m 预应力混凝土梁的构造布置(尺寸单位:cm)

（1）纵向预应力钢筋布置。纵向预应力钢筋布置，如图5-1-36所示。

①如图5-1-36a)所示，全部主筋直线形布置，构造简单，适用于先张法施工的小跨度梁，缺点是支点附近梁顶面易严重开裂。

②如图5-1-36b)所示，部分预应力钢筋在中间截面锚固，特点是主筋省、张拉摩阻力也较小，但梁体在锚固处的受力和构造较复杂。

③如图5-36c)所示，当预应力筋数量不太多，通常将预应力筋全部弯至梁端锚固，这种布置的预应力筋弯起角度不大，可以减少摩擦损失，但梁端受预压应力较大；当钢束根数较多，又不能全部在梁端锚固时，就必须将一部分预应力筋弯出至梁顶锚固。

④如图5-1-36d)所示，此方法能缩短预应力筋的长度，节省钢材，对于提高梁的抗剪能力有利；但是张拉作业的操作稍显复杂，预应力筋的弯起角较大，摩擦损失较大。

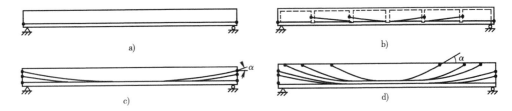

图5-1-36　简支梁纵向预应力筋布置图式

（2）非预应力钢筋的布置。预应力混凝土T形梁与钢筋混凝土梁一样，按规定布置钢筋、架立钢筋及防收缩钢筋。由于预应力混凝土梁肋承受的主拉应力较小，一般不设斜筋。其构造要求基本相同，但还具有自身的特点。

（3）局部加强钢筋。

①梁端锚固区局部加强钢筋。图5-1-37所示为梁两端锚固区的配筋构造图。加强钢筋网的网格面积约为 $10cm \times 10cm$。锚具下设置厚度不小于16mm的钢垫板与 $\phi 8$ 的螺纹筋，其螺距为3cm，长21cm，以提高混凝土的抗裂性。

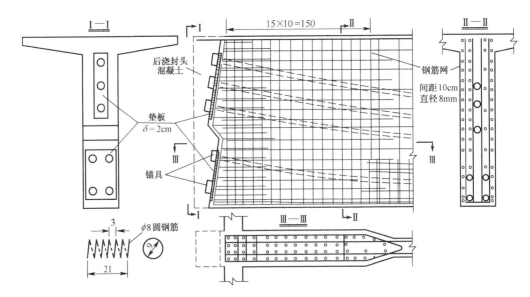

图5-1-37　梁端的垫板和加强钢筋网图(尺寸单位：cm)

②马蹄内加强箍筋。对于预应力比较集中的下翼缘(下马蹄)内必须设置闭合式加强箍筋,其间距不大于15cm,如图5-1-38所示。

③局部非预应力加强钢筋。在预应力混凝土简支梁中,有时为了补充局部梁段内强度的不足,或为了满足极限强度的要求,或为了更好地分布裂缝和提高梁的韧性等,可以将无预应力的钢筋与预应力筋协同配置,这样往往能达到经济合理的效果,如图5-1-39所示。

如图5-1-39a)所示,当梁中预应力筋在两端不便弯起时,为了防止张拉阶段在梁顶部可能开裂,可在两端布置受拉钢筋。

如图5-39b)所示,对于自重比永久作用和可变作用小得多的梁,在预加力阶段跨中部分的上翼缘可能会开裂而破坏,因而也可在跨中部分加设无预应力的纵向受力钢筋。

如图5-1-39c)所示,在跨中部分下翼缘内设置的钢筋,多半是在全预应力梁中为了加强混凝土承受预加压力的能力。

如图5-1-39d)所示,对于部分预应力梁也通常利用布置在下翼缘的纵向钢筋来补足极限强度的需要。

此外,无预应力的钢筋还能增加梁在反复荷载作用下的疲劳极限强度。

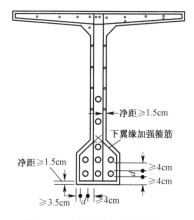

图5-1-38 马蹄内加强箍筋布置

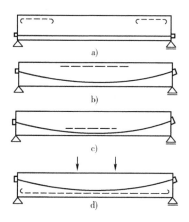

图5-1-39 无预应力纵向钢筋(虚线)的布置

3)横向连接

装配式预应力混凝土梁桥的横向连接构造一般与钢筋混凝土梁桥相同,即钢板式接头、扣环式接头、桥面板的企口铰连接。也可在横隔梁内预留孔道,采用横向预应力筋张拉集整,这样的连接整体性好但对梁的预制精度要求较高,施工稍复杂。

4)装配式预应力钢筋混凝土简支T形梁桥的构造示例

图5-1-40所示为标准跨径30m的装配式预应力混凝土简支梁的标准设计图的构造布置。梁长29.96m,计算跨径为29.16m,设计荷载为公路—Ⅱ级。梁肋中心距为1.60m,在横截面上可以用5~7片主梁来构成净—7、净—9并附不同人行道的桥面净空。

主梁采用C40混凝土带马蹄的T形截面,梁高1.75m,厚16cm的梁肋在梁端部分加宽至马蹄全宽36cm,以利预应力筋的锚固。在截面设计中将所有混凝土内角做成半径为5cm的圆角,以利脱模。

T梁预应力采用了7根24φ5高强钢丝束,钢丝极限强度为$1\,600 \times 10^3$kPa,全部钢丝束以圆弧起弯并锚固在梁端厚2cm的垫板上。

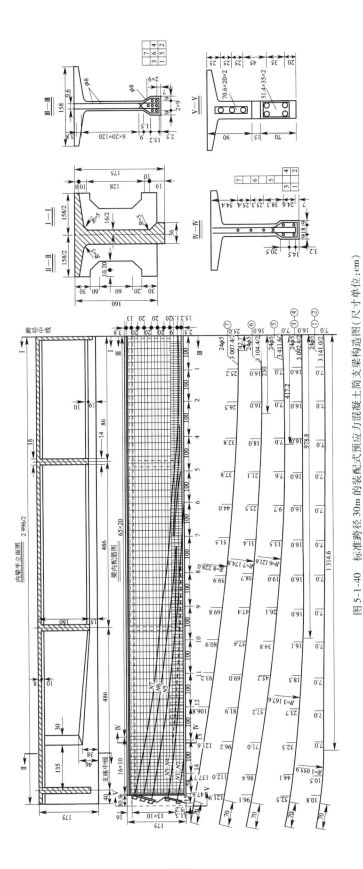

图 5-1-40 标准跨径 30m 的装配式预应力混凝土简支梁构造图(尺寸单位:cm)

五、认识悬臂梁桥和连续梁桥

1. 悬臂梁桥

悬臂梁桥是指以一端或两端向外自由悬出的简支梁作为上部结构主要承重构件的梁桥。悬臂梁桥有单悬臂梁和双悬臂梁两种。单悬臂梁是简支梁的一端从支点伸出以支承一孔吊梁的体系。双悬臂梁是简支梁的两端从支点伸出形成两个悬臂的体系。悬臂梁桥构造比较复杂、行车不够平顺,目前已较少采用。

2. 连续梁桥

连续梁桥的主梁是连续支承在几个桥墩上。在荷载作用时,主梁的不同截面上有的有正弯矩,有的有负弯矩,而弯矩的绝对值均较同跨径桥的简支梁小。这样,可节省主梁材料用量。连续梁桥通常是将3~5孔做成一联,在一联内没有桥面接缝,行车较为顺适。连续梁桥施工时,可以先将主梁逐孔架设成简支梁然后互相连接成为连续梁,或者从墩台上逐段悬伸加长最后连接成为连续梁。

连续梁桥是中等跨径桥梁中常用的一种桥梁结构,预应力混凝土连续梁桥是其主要结构形式,它具有接缝少、刚度好、行车平顺舒适等优点,在30~120m跨度内常是桥型方案比选的优胜者。

1)纵断面形式

预应力混凝土连续梁采用最多的纵断面形式是等截面及变截面形式,如图5-1-41所示。

(1)等截面。图5-1-41a)所示为等截面连续梁,适用跨径一般为40~60m,采用预置装配化施工,构造简单,施工快捷,也可采用顶推施工。

(2)变截面。图5-1-41b)所示为变截面连续梁,适用跨径一般在70m以上,适应于支架施工、逐跨架设施工、移动横架施工。

a)等截面

b)变截面

图5-1-41 连续梁纵断面形式

2)横截面形式

目前预应力混凝土桥梁横截面形式主要有板式、肋梁式和箱形截面,分别如图5-1-42和图5-1-43所示。

3)预应力筋的布置

预应力混凝土连续梁配筋方式如图5-1-44所示。

图5-1-44a)所示为采用顶推法施工的直线形预应力筋布置。上、下的通束截面接近轴心受压,以抵抗顶推过程中各截面承受的正负弯矩。待顶推完成后,再在跨中的底部和支点的顶部增加局部预应力筋,用来满足运营荷载下相应的内力要求。

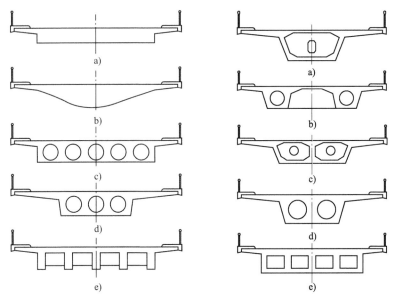

图 5-1-42 板式、肋梁式截面　　　　　图 5-1-43 箱形截面

图 5-1-44b)所示为采用先简支后连续施工方法的预应力筋布置。待墩上接缝混凝土达到强度后,用设置在接缝顶部的局部预应力筋来建立结构的连续性。

图 5-1-44c)和 d)所示为曲线形的预应力筋布置。梁中除了正弯矩区和负弯矩区各需要布置底部和顶部预应力筋外,在有正、负弯矩的区段内,顶、底板中均需要设置预应力筋,预应力筋可以根据受力需要在跨径内截断锚固在梁体高度内[图 5-1-41c)],也可弯出梁体而锚固在梁顶和梁底[图 5-1-44d)]。

图 5-1-44e)所示为整根曲线形通束锚固于梁端的布置方式。在此情况下,由于预应力筋长且弯曲次数多,因而显著加大了预应力筋的摩阻损失。

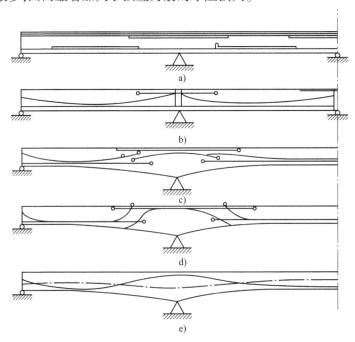

图 5-1-44　预应力混凝土连续梁配筋方式

学习情境五：梁桥施工	班级			
工作任务一：认识梁桥	姓名		学号	
	日期		评分	

一、任务内容

认知某简支板桥或简支梁桥施工设计图。

二、基本知识

1.梁桥的分类。

(1)按静力体系分：_____

(2)按横截面形式分：_____

(3)按施工方法分：_____

2.梁桥的构造。

如下图(单位：cm)所示，全桥中板所需的数量分别为：

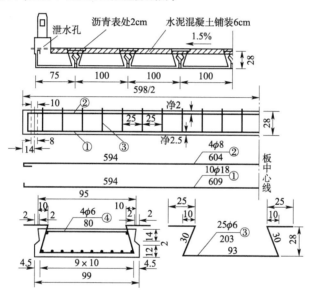

①钢筋工程数量为：_____。

②钢筋工程数量为：_____。

③钢筋工程数量为：_____。

④钢筋工程数量为：_____。

3.如下图(单位：cm)装配式T形梁内的钢筋工程数量如何描述？

4.箱形截面的优点有哪些？

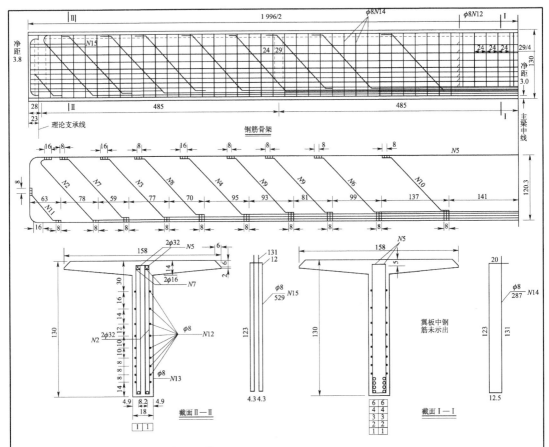

5. 装配式空心板的横向连接措施是什么?

6. 装配式T形梁的横向连接措施是什么?

7. 简支—连续梁桥的构造特点有哪些?

8. 装配式斜交板桥的构造特点有哪些?

9. 装配式梁桥的特点有哪些?

三、任务实施

装配式简支板桥是常见的中小型梁桥的构造,分组学习某座简支板桥的施工设计图,并复核其工程数量。

1. 该座桥宽多少？需要多少块中板和边板？有多少道铰接缝？

2. 每块中板内设置了哪些钢筋？分别有多少根？

3. 每块边板内设置了哪些钢筋？分别有多少根？

4. 每道铰缝内设置了哪些钢筋？分别有多少根？

四、任务小结

通过此工作任务的实施,各小组集中完成下述工作。

1. 你认为本次实训是否达到预期目的？还有什么意见和建议？

2. 课后自行认识钢筋混凝土简支T形梁桥及预应力混凝土空心板桥的施工设计图。

工作任务二　有支架及逐孔施工

1. 应知应会

（1）掌握有支架施工的工艺流程。

（2）熟悉有支架施工前的准备工作。

（3）了解支架预拱度设置应考虑的因素和计算。

（4）掌握现场混凝土浇筑的原则和混凝土施工缝的处理技术。

（5）掌握混凝土的养护和拆除支架和模板的要点。

（6）了解逐孔施工的流程。

2. 学习要求

（1）研读教材内容。

（2）结合桥梁施工规范，学习某一梁桥采用有支架施工的案例，完成有支架及逐孔施工的相关作业。

（3）重视理论联系实际。

一、有支架施工

1. 概述

有支架施工法是一种古老的施工方法，它是在支架上安装模板、绑扎及安装钢筋骨架、预留孔道并在现场浇筑混凝土与施加预应力的施工方法。由于施工需用大量的模板支架，一般仅在小跨径桥或交通不便的边远地区采用，其特点如下：

（1）桥梁的整体性好，施工平稳、可靠，不需要大型起重设备。

（2）施工中无体系转换。

（3）预应力混凝土连续梁桥可以采用强大预应力体系，使结构构造简化，方便施工。

（4）需要施工大量施工支架，跨河桥梁搭设支架影响河道的通航与排洪，施工期间支架受到洪水和漂浮物的威胁。

（5）施工工期长，费用高，需要有较大的施工场地，施工管理复杂。

随着桥梁结构形式的发展，出现了一些变宽桥、异形桥、弯桥等复杂的预应力混凝土结构，又由于近年来临时钢构件、万能杆件和贝雷梁等的大量应用，在其他施工方法都比较困难或经过比较施工方便、费用较低时，在大、中桥梁也能采用就地浇筑施工方法。

2. 支架类型

支架按其构造分为支柱式、梁式和梁—柱式支架，按材料可分为木支架、钢支架、钢木混合支架，按其他方式分还有万能杆件、贝雷梁等常备式构件拼装的支架。图 5-2-1 所示为常用支架的主要构造图。

1）立柱式支架

立柱式支架如图 5-2-1a）、b）所示，构造简单，可用于陆地或不通航河道以及桥墩不高的小跨径桥梁施工。支架通常由排架和纵梁等构件组成。排架由枕木或桩、立柱和盖梁组成。排架间距一般为4m,桩的入土深度按施工设计要求设置,但不小于3m。当水深大于3m时,桩要用拉杆加强。一般须在纵梁下布置卸落设备。

立柱式支架也可用钢管搭设。水中支架须先设置基础、排架桩,钢管支架在排架上设置。陆地现浇桥梁,可在整平的地基上铺设碎石层或砂砾石层,在其上浇筑混凝土作为支架的基础,钢管排架纵、横向密排,下设槽钢支承钢管,钢管间距依桥高及现浇梁自重、施工荷载的大小而定,通常为0.4~0.8m。钢管由扣件接长或搭接,上端用可调节的槽形顶托固定纵、横木龙骨,形成立柱式支架。搭设钢管支架要设置纵、横向水平杆加筋,桥较高时还需加剪刀撑,水平加劲杆与剪刀撑均须用扣件与立柱钢管连成整体。排架顶高程应考虑设置预拱度。

2)梁式支架

根据跨径不同,梁可采用工字钢、钢板梁或钢桁架,如图5-2-1c)、d)所示。一般工字钢用于跨径小于10m,钢板梁用于跨径小于20m,钢桁架用于跨径大于20m的情况。梁可以支承在墩旁支柱上,也可支承在预留的托架或支承在桥墩处的横梁上。

3)梁—柱式支架

当桥梁较高、跨径较大或必须保证在支架下通航或排洪时可用梁—柱式支架,如图5-2-1e)、f)所示。梁支承在桥墩台以及临时支柱或临时墩上,形成多跨的梁—柱式支架。

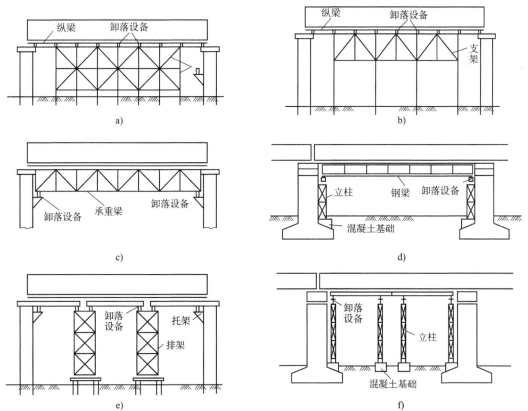

图5-2-1 常用支架的主要构造图

3. 模板

就地浇筑桥梁的模板主要有木模和钢模。当建造单跨或多跨不等的桥梁结构时,一般采用木模;而对于多跨相同跨径的桥梁,为了经济可采用大型模板块件组装或用钢模。

模板制造宜选用机械化方法,以保证模板形状的正确和尺寸的精度。模板制作尺寸与设计的偏差、表面局部平整度、板间缝隙宽度和安装偏差均应符合有关规定。尤其要保证模板构造具有足够的强度、刚度和稳定性。

4. 对支架和模板的要求

(1)模板、支架虽然是临时结构,但它要承受恒载,为了保证结构位置和尺寸的准确,模板、支架必须具有足够的强度、刚度和稳定性。另外,支架和模板须受力明确。为了减少变形,构件应主要选用受压或受拉形式,并减少构件接缝数量。

(2)在河道中施工的支架,要充分考虑洪水和漂流物以及通过船只(队)对其的影响,要有足够的安全措施;同时安排施工进度时,尽量避免在高水位情况下施工。

(3)支架立柱必须安装在有足够承载力的地基上,立柱底端应设置垫木,用于分布和传递压力,并保证浇筑混凝土后不发生超过容许的沉降量。

(4)支架在受载后会产生变形与挠度,在安装前要充分的估计和计算,并在安装时设置预拱度,使桥跨结构线形符合设计要求。

(5)构造物的模板支架不应与施工用的脚手架和便桥相连接,以免施工振动时影响浇筑混凝土质量。

(6)模板的接缝必须密合,如有缝隙,须用胶带纸、泡沫塑料等塞堵严密,以免漏浆。

(7)为减少施工现场的安装和拆卸工作,便于周转使用,模板、支架应尽量做成装配式组件或块件。

5. 预拱度的设置

支架受载后将产生弹性变形和非弹性变形,桥梁上部结构在自重作用下会产生挠度,为了保证桥梁竣工后尺寸准确,在施工时,支架须设置一定数量的预拱度。

1)确定预拱度时应考虑的因素

(1)由结构重力和1/2汽车荷载(不计冲击力)所产生的竖向挠度δ_1。

(2)支架在荷载作用下的弹性压缩δ_2。

(3)支架在荷载作用下的非弹性压缩δ_3。

(4)支架基底在荷载作用下的非弹性沉陷δ_4。

(5)由混凝土收缩、徐变及温度变化而引起的挠度δ_5。

2)各项变形计算

上部构造和支架的各项变形值之和,即为应设置的预拱度。各项变形值可按下列方法计算和确定.

(1)当恒载和活载产生的挠度不超过跨径的1/600时,在预拱度设置中可不考虑δ_1项。

(2)满布式支架,当其杆件长度为L,压力为N时,其弹性变形为:$\delta_2 = NL/E$。

(3)支架在每一个接缝处的非弹性变形,在一般情况下,对木与木的接缝,每个接头的顺纹为2mm,横纹为3mm,木料与金属接头为2mm。

(4)卸落设备的非弹性压缩量,对于砂筒为2~4 mm,对于木楔或木马为1~3mm。

(5)支架基底的沉陷,可通过试验确定或参考表5-2-1估算。

3)混凝土的收缩、徐变影响

桥梁上部结构挠度的影响因素还有混凝土的收缩、徐变,应根据混凝土的加载龄期和荷载分别进行计算。

支架基底沉陷值(单位:cm)　　　　　　　表 5-2-1

土　壤	底　梁	桩	
		当桩上有极限荷载时	桩的支承能力不容许利用时
砂土	0.5~1.0	0.5	0.5
黏土	1.0~2.0	1.0	0.5

4)预拱度的设置

根据梁的挠度和支架的变形所计算出来的预拱度之和为预拱度的最高值,设置在跨径中点。其他各点的预拱度值,应以中间点为最大值,以梁的两端为零,按直线或二次抛物线比例分布。

二、逐孔施工

逐孔施工法是中等跨径预应力混凝土梁桥较常采用的一种施工方法,它使用一套设备从桥梁一端开始,逐孔施工,如图 5-2-2 所示。桥越长,施工设备的周期次数越多,其经济效益越高。

逐孔施工法又可分为使用移动支架逐孔现浇施工和预制节段逐孔组拼施工两种。

1. 移动支架法

移动支架法使用移动支架逐孔现浇施工,如图 5-2-3 所示。此法亦称移动模架法,它是在可移动的支架、模板上完成一孔桥梁的全部工序,即模板工程、钢筋工程、浇筑混凝土和张拉预应力筋等工序,待混凝土有足够强度后,张拉预应力筋,移动支架、模板,进行下一孔梁的施工。

图 5-2-2　逐孔施工法

图 5-2-3　移动支架施工

由于此法是在桥位上现浇施工,可免去大型运输和吊装设备,使桥梁整体性好,同时它又具有在桥梁预制厂的生产特点,可提高机械设备的利用率和生产效率。本方法采用一套施工设备,周期循环,直到全部完成。它使施工单一标准化、工作周期化,并最大限度地减小了工费比例,降低了工程造价。在连续梁桥的施工中得到了广泛应用和发展。

可使用移动支架法进行现浇施工的结构形式有简支梁、连续梁、刚构桥和悬臂梁桥等钢筋混凝土或预应力混凝土桥,所采用的截面形式可分为 T 形或箱形截面等。

对中小跨径连续梁桥或建造在陆地上的桥跨结构,可以使用落地式或落梁式移动支架,如图 5-2-4 所示。

当桥墩较高,桥跨较长或桥下净空受到约束时,可以采用非落地支承的移动模架逐孔现浇施工,常用的移动模架可分为移动悬吊模架与支承式活动模架两种类型。

逐跨就地浇筑施工需要一定数量的支架,但比起在支架现场浇筑施工所需的支架数量要少得多,而且周转次数多,利用效率高。施工速度也比在支架上现场浇筑快得多,但相对预制梁段逐孔施工要长些,并且后支点位于悬臂端产生较大的施工弯矩。因此这种施工方法,只适用中等跨径以及结构构造比较简单的桥梁。

采用非支承式的移动模板、支架逐孔现浇施工,近年来发展很快,机械化、自动化的程度也很高,给施工带来了较高的经济效益。

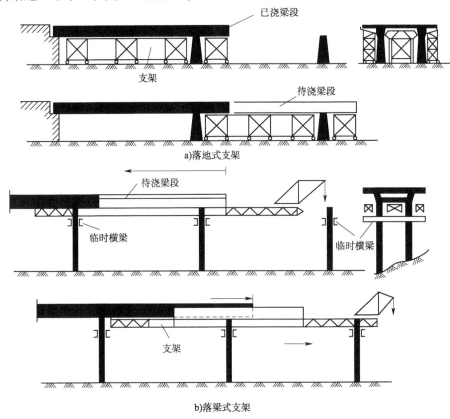

图 5-2-4 使用移动支架逐孔现浇施工

2. 逐孔架设法

逐孔架设是预制节段逐孔组拼施工。它是将每一桥跨分成若干节段,在预制场生产,采用临时支承或移动支架(架桥机)承担组拼节段的自重,通过张拉预应力筋,使安装跨的梁与施工完成的桥梁结构按照设计的要求连接,完成安装跨的架梁工作。随后移动支承梁至下一桥跨。

逐孔架设是连续施工的一种方法,在施工过程中,由简支梁或悬臂梁转换为连续梁,一般来说,逐孔架设施工快速、简便。采用逐孔施工的主要特点在于施工能连续操作,可以使桥梁结构选择最佳的施工接头位置和合理的结构形式。同时,由于连续施工,也便于使用接长的预应力索筋,不仅简化了施工操作,而且可按最优的位置布置索筋,节省高强钢筋。

吊机的机具主要有桁式吊、浮吊、龙门吊机、汽车吊机等多种。可根据起吊重量、桥梁所在位置以及现有设备和掌握机具的熟练程度等因素决定。图 5-2-5 所示为使用桁式吊逐孔架设的施工方案。

逐孔施工的特点是需要一定的辅助设备或较强大的起重设备。在逐孔施工过程中均要有体系转换。通常由简支梁或悬臂梁转化为连续梁,对于多跨连续梁还要经历不同跨数连续梁的转换。因此,在施工过程中梁的各截面内力是随着施工进程而不断变化的。逐孔架设相对其他方法而言,施工速度比较快,特别是横向整体的整孔架设施工速度最快,但起重能力要求最大。要解决快速和起重能力的矛盾,则可以纵向分段,横向划分或纵、横向同时划分,分得越小,起重能力要求越低,但接头的工作量越大,故要采取必要的构造和施工措施保证整体性。

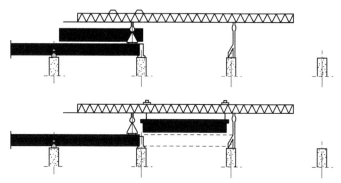

图 5-2-5 用桁式吊逐孔架设的施工方案

在当今起重能力逐步提高的情况下,不宜采用纵、横向同时划分的方式,以避免过多的现浇接头。此外,逐孔架设施工由于受到辅助设备和较强大的起重能力的限制,桥梁的跨径不宜过大,以中等跨径的长桥最为合适,经济效益较高。逐孔各种施工方法的特点见表 5-2-2。

逐孔各种施工方法的比较　　　　　　表 5-2-2

施工方法 项目	逐孔拼装施工	移动支架逐孔现浇施工	整孔或分段架设	
			有现浇接头	无现浇接头
临时支架	需要	相对数量较多	可能需要	不需
临时支座	不需	不需	可能需要	不需
现浇接头	可能需要接缝	不需	可能需要	不需
二次张拉	不需	不需	需要	需要
起重能力(kN)	一般要求 (<980.7)	无特殊要求	有一定要求 (500~5 000)	要强 (1 000~30 000)
预制要求	精度高,场地大	要求材料堆放地	场地要大	精度高,场地大
施工难易	精度要求高	比较方便	比较方便	要求较快
施工速度	快	较慢	较快	最快
对结构要求	等截面梁	等截面梁	宜等截面 T 形、I 形梁	无特殊要求
桥梁跨越对象	河道、海湾、山谷、跨线	宜跨线	跨河跨线	跨河跨线
适用跨径(m)	30~50	<50	30~60	30~100
桥梁长度	宜用于长桥	宜用于长桥	可用于长桥	宜用于长桥

任务实施

有支架施工法的主要施工工序有:施工场地整理、支架和模板设立、钢筋和预应力钢束绑扎等准备工作;混凝土的制备、浇筑和养护;预应力钢束的张拉;模板、支架的拆除等。

图 5-2-6 为钢筋混凝土简支梁的就地浇筑施工工序。

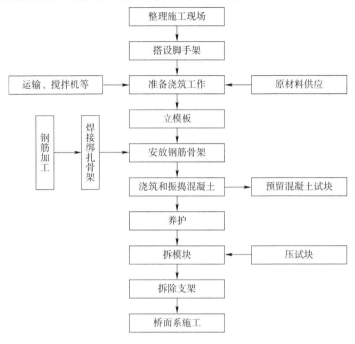

图 5-2-6　钢筋混凝土简支梁的就地浇筑施工工序

1. 准备工作

现场浇筑施工的梁式桥,在浇筑混凝土前要进行周密的准备工作和严格的检查。一般来说,就地浇筑施工在正常情况下一次灌注的混凝土工作量较大,且需要连续作业,因此,准备工作相当重要。

1) 支架与模板的检查

在浇筑混凝土之前应对支架和模板进行全面、严格的检查,核对设计图纸要求的尺寸、位置,检查支架的接头位置是否准确、可靠,卸落设备是否符合要求;检查模板的尺寸、制作是否密贴,螺栓、拉杆、撑木是否牢固,是否涂抹模板油及其他脱模剂等。

2) 钢筋和钢束位置的检查

检查钢筋与预应力孔道是否按设计图纸规定的位置布置,钢筋骨架绑架是否牢固,预留孔道管端部、连接部分与锚具处应特别注意防止漏浆,检查锚具位置、压浆管和排气孔是否可靠。

3) 浇筑混凝土前的准备工作

检查混凝土供料、拌制、运输是否符合规定要求,在正式浇筑前对浇筑的各种机具设备进行试运转,以防止在使用中发生故障。依照浇筑顺序布置好振捣设备,检查螺母紧固的可靠程度。对大型就地浇筑施工结构,必须准备备用的机械、动力。

在浇筑混凝土前,应会同监理部门对支架、模板、钢筋、预留管道的预埋件进行检查,合格后方可进行浇筑混凝土工作。

混凝土配合比是决定混凝土强度的关键因素。实际拌制用配合比需要根据设计配合比的数据和资料,综合施工现场的实际情况加以决定。配制的混凝土拌和物应满足和易性、凝结速度等施工技术条件,制成的混凝土应符合强度、耐久性(抗冻、抗渗、抗侵蚀)等质量要求。

为节约水泥和改善混凝土的技术性能,在混凝土中可适量掺入外加剂和混合材料。主要的外加剂类型有减水剂、早强剂、缓凝剂、引气剂等。应注意在预应力混凝土结构中不得使用加气剂和各种氯盐。

严格控制混凝土的配合比和坍落度,随时测定混凝土的坍落度,不符合要求时,应查明原因,予以纠正。随机制备混凝土试件,测定混凝土的强度。

2. 混凝土的浇筑

1)混凝土施工缝

混凝土的浇筑必须依据施工支架类型的不同,制订合适的混凝土浇筑方案进行施工。当混凝土方量较大,混凝土浇筑质量受到支架变形、混凝土收缩等影响时,允许设置临时工作缝。

悬臂梁、连续梁桥及钢架桥的上部结构在支架上浇筑时,由于桥墩为刚性支点,桥跨下的支架为弹性支撑,在混凝土浇筑时支架会产生不均匀沉降。因此,在浇筑混凝土时,必须采取有效措施,以防止上部结构在桥墩处产生裂缝。除了采取预压支架的方法外,另一通常采用的方法是设置临时工作缝。当浇筑混凝土时,在桥墩上设置临时工作缝,待梁体混凝土浇筑完成后,且支架稳定、上部结构沉降停止后,再将此工作缝填筑起来。当支架中有较大跨径的梁式构造时,在该梁的两端支点上也应设置临时工作缝。

另外,受混凝土收缩的影响,如果一次灌注时间过长,则在梁体中会发生收缩裂缝(纵向分布钢筋和主筋仅能部分避免收缩裂缝),在施工中采取设工作缝并分段浇筑的方法即可避免收缩裂缝的产生。

工作缝两端以木板与主梁体隔开,并留出分布钢筋通过的孔洞。由主梁底一直隔到桥面板顶部,木板外侧用垂直木条钉牢。工作缝宽度一般为80~100cm。工作缝两端穿过隔板设置长65cm、直径为8~12mm的分布钢筋,上下间距为10cm,其布置如图5-2-7所示。

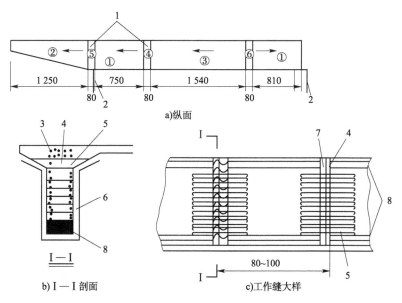

图5-2-7 悬臂梁工作缝的位置与构造(尺寸单位:cm)

1-工作缝;2-桥墩;3-主钢筋;4-隔板;5-分布钢筋;6-主梁模板;7-垂直木条;8-穿过隔板的主钢筋

2)混凝土的浇筑

(1)混凝土的浇筑速度。为了达到桥跨结构的整体性要求和防止浇筑上层混凝土时破坏下层,浇筑层次的增加须有一定的速度,保证在先浇筑的一层混凝土初凝之前完成次一层

的浇筑,其最小增长速度可按下式计算:

$$h \geqslant \frac{S}{t} \tag{5-2-1}$$

式中:h——浇筑时混凝土面上升速度的最小允许值,m/h;
　　S——搅动深度,以浇筑时的规定为准,一般可为 $0.25\sim0.50$m;
　　t——水泥实际初凝时间,h。

(2)混凝土的浇筑顺序。在考虑主梁混凝土浇筑顺序时,需遵循的原则是不应使模板和支架产生有害的下沉。同时对不同的支架形式,混凝土的浇筑方案应分别对待处理。

混凝土的浇筑方法一般有分层浇筑法、斜层浇筑法、单元浇筑法。实际施工时考虑到对浇筑的混凝土进行振捣等,往往采用几种方法的组合。

①简支梁。对于跨径不大的简支梁桥,可在钢筋全部绑扎完成后,沿一跨全长分层浇筑,在跨中合龙。为避免支架不均匀沉降的影响,浇筑速度应尽量快,以便在混凝土失去塑性之前完成。用斜层浇筑法进行混凝土浇筑时,应从主梁的两端对称地向跨中斜层浇筑,在跨中合龙。其中,混凝土的适宜倾斜角与混凝土稠度有关,一般可用 $20°\sim25°$(图5-2-8)。

采用这一浇筑方法的最典型示例即在固定台座上预制 T 形和箱形简支梁,如图5-2-9a)所示。当采用梁式支架,支点不设在跨中时,则应在支架下沉量大的位置先浇筑混凝土,使应该发生的支架变形及早完成,其浇筑顺序如图5-2-9b)所示。

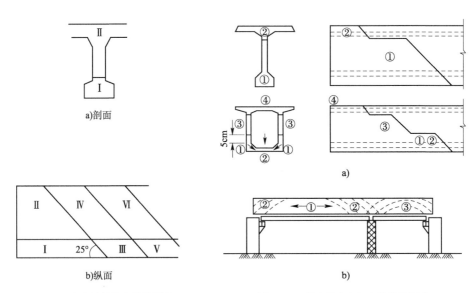

图5-2-8　每段梁体纵向浇筑顺序　　图5-2-9　简支梁在支架上的浇筑顺序

注:图中数字为混凝土浇筑顺序,箭头所指为浇筑的方向。

当桥梁跨径较大时,可先浇筑纵横梁,待纵横梁完成浇筑后,在沿桥的全宽浇筑桥面混凝土,在桥面与纵横梁间应按设置工作缝处理。

当桥面较宽且混凝土数量较大时,可分成若干纵向单元分别浇筑。每个单元可沿其长度分层浇筑。在纵梁间的横梁上设置连接缝,并在纵横梁浇筑完成后填缝连接。之后桥面板可沿桥全宽一次浇筑完成。桥面与纵横梁间设置水平工作缝。

②连续空心板梁。如图5-2-10所示,为5跨一联的钢筋混凝土连续空心板梁,每跨为14.68m,桥面净空为10m,采用满布式钢支架,空心板梁内膜采用钢圆筒。浇筑程序及工作

缝的设置如图中圆圈内的数字和箭头所示。

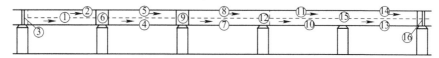

图 5-2-10 空心板梁混凝土浇筑顺序

注:图中数字为混凝土浇筑顺序,箭头所指为浇筑的方向。

③预应力混凝土箱形梁。大跨径预应力混凝土连续梁桥常采用箱形截面,其混凝土的浇筑方法往往是水平分层法和水平分段法的结合。水平分层法,即为先浇筑底板,待达到一定强度后进行腹板施工,或直接先浇筑成槽形梁,然后浇筑顶板。当工程量较大时,各部位可分数次完成浇筑。分段施工法,即根据施工能力,每隔 20~45m 设置工作缝,该工作缝一般设在梁的弯矩较小的区域,工作缝宽约 1m,待各段混凝土浇筑完成后,最后在接缝处施工合龙。为使接缝处结合紧密,通常在梁的腹板上做成齿形或留企口缝。对分段施工法,大部分混凝土重量在梁合龙之前已作用,可减少因支架早期变形而引起梁的开裂。

上海杨浦大桥浦东引桥的一匝道桥为 4 跨一联的预应力曲线连续箱梁,梁长 121m,中心轴曲率半径为 90m,采用在重锤夯实加固地基上的排架式支架(图 5-2-11)上整体现浇混凝土施工,混凝土浇筑方法为分段分层法,每条施工缝有 2~3d 的间隔时间,混凝土的早期收缩裂缝和不均匀沉降裂缝通过分段施工得到了克服。

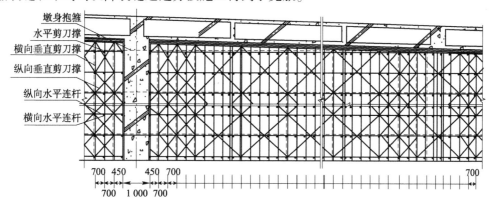

图 5-2-11 曲梁排架支撑搭设(尺寸单位:mm)

3. 混凝土养护、预应力筋张拉及模板拆除

1)混凝土养护

混凝土浇筑完成后进行养生,能促使混凝土硬化,并在获得规定强度的同时,防止混凝土干缩引起的裂缝,防止混凝土受雨淋、日晒、受冻及受荷载的振动、冲击。由于混凝土在硬化过程中发热,使夏季和干燥的气候下应进行湿润养生,而冬季则主要保护其不受冻,采用加温养生。

2)预应力筋张拉

后张法预应力混凝土梁,须待混凝土强度等级达到设计要求后才能进行张拉,在无规定时,一般要在混凝土强度达到设计强度等级的 70% 以上才能进行。

3)模板拆除及卸架

当混凝土抗压强度达到 2.5MPa 时方可拆除侧模;当混凝土强度不小于设计强度标准值的 75% 以后,方可拆除各种梁的模板;但如设计上有规定应按照设计规定执行。

对于预应力梁,应在预应力筋张拉完毕或张拉到一定数量后,再拆除模板,以免梁体混凝土受拉。

梁的落架程序应从梁挠度最大处的支架节点开始,逐步卸落相邻两侧的节点,并要求对称、均匀、有顺序地进行,同时要求各节点应分多次进行卸落,以使梁的沉落曲线逐步加大。通常简支梁、连续梁及刚架桥可从跨中向两端进行;悬臂梁则应先卸落挂梁及悬臂部分,然后卸落主跨部分。

4. 混凝土的冬季施工

当日平均气温低于5℃或日最低气温低于 -3℃时,应按照冬季施工要求进行养护。

冬季的集料和水可采用加热拌制,所规定的加热温度与使用的水泥种类有关,可按施工规定处理。

寒冷季节,混凝土一般养护方法主要有续热法、暖棚养护法和蒸汽养护法。

任务工单

学习情境五:梁桥施工 工作任务二:有支架及逐孔施工	班级			
	姓名		学号	
	日期		评分	

一、任务内容

分组讨论梁桥有支架施工的方法。

二、基本知识

1. 有支架施工。

(1)支架结构应满足立模标高的调整要求,按_____和_____立模。

(2)当恒载和静载产生的挠度不超过跨径的_____时,可不设预拱度。

(3)确定支架预拱度时应考虑下列因素:

_____

_____。

(4)当恒载和静载产生的挠度不超过跨径的_____时,可不设预拱度。
预拱度的最高值应设置在_____。其他各点的预拱度应_____。

(5)施工缝设置的原因:_____。

(6)冬季混凝土养生的条件:_____。

(7)预应力张拉时要求混凝土:_____。

2. 有支架施工的流程和技术控制要点有哪些?

3. 逐孔施工法。

(1)移动支架由什么组成?

(2)移动支架法施工的工作原理有哪些?

三、任务实施

有支架施工是梁桥施工的一种,分组掌握其施工方法及要求。

1. 有支架施工的流程？适应什么情况？有何优点？

2. 支架预拱度应如何设置？

3. 混凝土浇筑之前应检查哪些内容？

4. 混凝土应如何浇筑和养生？

5. 混凝土施工缝应如何设置？

6. 模板和支架应如何拆除？

四、任务小结

通过此工作任务的实施,各小组集中完成下述工作。

1. 你认为本次实训是否达到预期目的？还有什么意见和建议？

2. 若采用逐孔施工,情况怎么样？

工作任务三　预制装配施工

任务概述

1. 应知应会

(1)掌握预制装配施工的工艺流程。

(2)熟悉装配式梁桥安装的方法和流程。

(3)掌握流程中各施工步骤的技术要点。

(4)根据桥梁施工技术规范,完成梁桥预制装配式施工作业。

(5)正确完成给定的梁桥预制施工,达到验收标准。

2. 学习要求

(1)研读教材内容。

(2)参照案例,结合施工规范,完成本任务单元的相关练习。

(3)重视理论联系实际。

相关知识

一、概述

预制装配式施工,上部结构在预制工厂或工地预制场分块预制,再运到现场吊装就位,然后在接头处把构件连接成整体。装配式梁桥的预制构件采用工厂化施工,受季节影响小,质量易于保证,而且还能上下部结构同时施工,既加快了施工进度,又能节约支架和模板材料。

预制装配式施工具有以下特点:

(1)缩短工期。构件可以提早进行,在下部结构施工的同时可以进行上部结构的预制工作,做到上、下部结构平行施工,可缩短施工工期。

(2)节约支架与模板。装配式梁桥往往采用无支架或少支架施工。另外,构件在预制场或工厂内预制时采用的模板和支架可尽量做到简便合理,并可考虑更多的反复周期。

(3)提高工程质量。装配式梁桥的构件在预制的过程中较易于做到标准化和机械化。

(4)需要吊装设备。主要预制构件的质量,少则几吨或十几吨,一般为几十吨,这就要求施工单位有相应的吊装设备。

(5)用钢量略为增大。当桥址地形下难于设立支架,且施工队伍有足够的吊装设备,桥梁的工程数量又相当大时,采用装配式施工经济合理。

总之,装配式施工由于是工场生产制作,构件质量好,有利于确保构件的质量和尺寸精度,并尽可能多地采用机械化施工;上下部结构可以平行作业,因而可缩短现场工期;能有效利用劳动力,并由此而降低了工程造价;由于施工速度快,可适用于紧急施工工程;特别是标准化生产,可适合预制场或工厂大量生产。

二、预应力施工

1. 先张法施工

1)基本概念

先张法是在浇筑混凝土前铺设、张拉预应力筋,并将张拉后的预应力筋临时锚固在台座或钢模上,然后浇筑混凝土,待混凝土养护达到不低于75%设计强度后,保证预应力筋与混凝土有足够的黏结时,放松预应力筋,借助混凝土与预应力筋的黏结,对混凝土施加预应力的施工工艺,如图5-3-1所示。先张法一般仅使用于生产中小型预制构件,多在固定的预制厂生产,也可在施工现场生产。

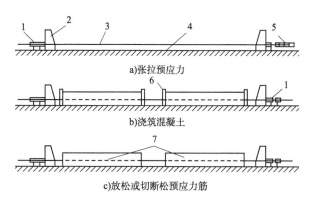

图5-3-1 先张法施工工艺示意图

1-夹具;2-台座;3-预应力筋;4-台面;5-张拉千斤顶;6-模板;7-预应力混凝土构件

先张法生产构件可采用长线台座法,一般台座长度在100~150m之间,或在钢模中机组流水法生产构件。先张法生产构件,涉及台座、张拉机具及先张法施工工艺,下面将分别叙述。

2)台座

台座是先张法施工中主要的设备之一,它必须有足够的强度、刚度和稳定性,以免因台座的变形、倾覆和滑移而引起预应力值的损失,以确保先张法生产构件的质量。

台座按构造形式不同可分为墩式台座和槽式台座两类。

(1)墩式台座。墩式台座由承力台墩、台面与横梁三部分组成,其长度宜为50~150m,如图5-3-2所示。目前常用的是台墩与台面共同受力的墩式台座。墩式台座的宽度主要取决于构件的布筋宽度、张拉与浇筑混凝土是否方便,一般不大于2m。在台座的端部应留出张拉操作作用地和通道,两侧要有构件运输和堆放的场地。台座的强度根据构件张拉力的大小,可按台座每米宽的承载力为200~500kN设计台座。

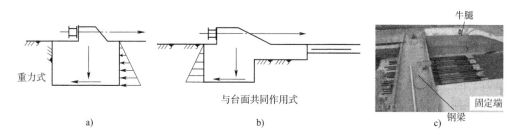

图5-3-2 墩式台座示意图

承力台墩一般埋置在地下,由现浇钢筋混凝土做成。台座的稳定性验算包括抗倾覆验算和抗滑移验算。

台面一般是在夯实的碎石垫层上浇筑一层厚度为60~100mm的混凝土而成。台面伸缩缝可根据当地温差和经验设备,约 10m 设置一道,也可采用预应力混凝土滑动台面,不留伸缩缝。预应力滑动台面是在原有的混凝土台面或新浇筑的混凝土基层上刷隔离剂,张拉预应力钢筋、浇筑混凝土面层,待混凝土达到放张强度后切断预应力筋,台面就发生滑动。这种台面使用效果良好。

台座的两端设置有固定预应力筋的横梁。一般用型钢制作,在设计横梁时,除应考虑在张拉力的作用下有一定的强度外,还应特别注意变形,以减少预应力损失。

(2)槽式台座。槽式台座由台面传力柱、横梁、定位板和横系梁组成,如图 5-3-3 所示。

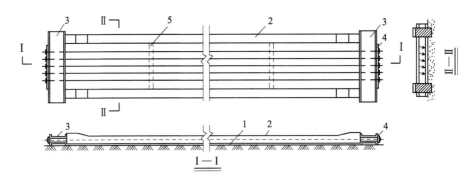

图 5-3-3 槽式台座示意图
1-台面;2-传力柱;3-横梁;4-定位板;5-横系梁

槽式台座的长度不大于 50m,宽度随构件外形及制作方法而定,一般不小于 1m,承载力大于 100kN 以上。为便于混凝土浇筑和蒸汽养护,槽式台座多低于地面。在施工现场还可利用已预制好的柱、桩等构件装配成简易槽式台座。

3)张拉机具和夹具

先张法生产的构件中,常采用的预应力筋有钢丝和钢筋两种。张拉预应力钢丝时,一般直接采用卷扬机或电动螺杆张拉机。张拉预应力钢筋时,在槽式台座中常采用四横梁式成组张拉装置,用千斤顶张拉,如图 5-3-4 所示。

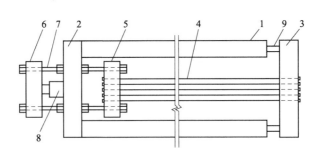

图 5-3-4 四横梁式成组张拉装置
1-台座;2、3-前后横梁;4-预应力钢筋;5、6-拉力架;7-螺丝杆;8-千斤顶;9-放张装置

预应力筋张拉后用锚固夹具直接锚固于横梁上,锚固夹具可以重复使用。要求锚固夹具工作可靠,加工方便,成本低,并能多次周转使用。预应力钢筋采用螺丝端杆锚固。

2. 后张法施工

1)基本概念

后张法是先制作构件结构,待混凝土达到一定强度后,再张拉预应力筋的方法。后张法预应力施工,不需要台座设备,灵活性大,广泛用于施工现场生产大型预制预应力混凝土构件和现场浇筑预应力混凝土结构。后张法预应力施工示意图如图5-3-5所示。

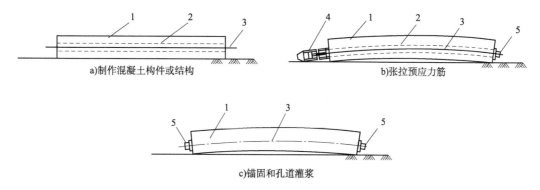

图5-3-5　后张法预应力施工示意图
1-混凝土构件或结构;2-预留孔道;3-预应力筋;4-千斤顶;5-锚具

后张法预应力施工的特点是直接在构件或结构上张拉预应力筋,混凝土在张拉过程中受到预应力而完成弹性压缩,因此,混凝土的弹性压缩,不直接影响预应力筋有效预应力值的建立。

后张法预应力的传递主要依靠预应力筋两端的锚具,锚具作为预应力筋的组成部分,永远留置在构件上,不能重复使用,因此,后张法预应力施工需要耗用的钢材较多,锚具加工要求高,费用昂贵。另外,后张法工艺本身要预留孔道、穿筋、张拉、灌浆等,故施工工艺比较复杂,整体成本也比较高。

2)预应力筋制作

锚具是后张法预应力混凝土构件中或结构中为保持预应力筋的拉力并将其传递到混凝土上所用的永久性锚固装置(夹具是先张法预应力混凝土构件施工时为保持预应力筋拉力并将其固定在张拉台座上的临时锚固装置)。后张法张拉后的夹具又称工具锚,是将千斤顶(或其他张拉设备)的拉应力传递到预应力筋上的装置。在后张法施工中,预应力筋锚固体系包括锚具、锚垫板、螺旋筋等。

目前我国后张法预应力施工中采用的预应力钢材主要有钢绞线、钢丝和精轧螺纹钢筋等,下面分别叙述其制作。

(1)钢绞线预应力筋制作。

①钢绞线。

钢绞线是由多根钢丝在绞线机上成螺旋形绞合,并经消除应力回火处理而成。钢绞线的整根承载力大,柔韧性好,施工方便。钢绞线按捻制结构不同可分为:1×2钢绞线、1×3钢绞线和1×7钢绞线等。1×7钢绞线是由6根外层钢丝围绕着一根中心钢丝(直径加大2.5%)绞成,如图5-3-6所示。

②钢绞线预应力筋的制作。

钢绞线的质量大、盘卷小、弹力大,为了防止在下料过程中钢绞线紊乱并弹出伤人,事先应制作一个简易的铁笼,从盘卷中逐步抽出,这种方法较为安全。

图5-3-6　钢绞线构造图

钢绞线下料宜用砂轮锯或切断机切断,不得采用电弧切割。钢绞线编束宜用20号铁丝绑扎,间距为2~3m。编束时应先将钢绞线理顺,并尽量使各根钢绞线松紧一致。如钢绞线单根穿入孔道,则不编束。

当采用夹片锚具,以穿心式千斤顶在构件上张拉时,钢绞线束的下料长度 L 按图 5-3-7 计算。

两端张拉:
$$L = l + 2(l_1 + l_2 + l_3 + 100)$$

一端张拉:
$$L = l + 2(l_1 + 100) + l_2 + l_3$$

式中:l——构件的孔道长度;

l_1——夹片式工作锚厚度;

l_2——穿心式千斤顶长度;

l_3——夹片式工具锚厚度。

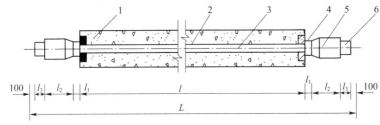

图 5-3-7 钢绞线下料长度计算示意图(尺寸单位:mm)

1-混凝土构件;2-孔道;3-钢绞线;4-锚具;5-穿心式千斤顶;6-夹片式工作锚具

(2)钢丝束预应力筋制作。

①钢丝束应力筋。

用作预应力筋的钢丝为碳素钢丝,用优质高碳钢盘条经索式体处理、酸洗、镀铜或磷化后冷拔而成。碳素钢丝的品种有:冷拉钢丝、消除应力钢丝、刻痕钢丝、低松弛钢丝和镀锌钢丝等。预应力钢丝直径一般为 4~12mm,目前我国常用 5mm 和 7mm 规格。

钢束就是钢丝束,如图 5-3-8 所示,是指根据设计使用锚具不同,用平行的钢丝编成的束,主要使用于预应力钢筋混凝土构件钢束中,包括冷拔高强钢丝和钢绞线两类。如 20φ5,表示钢丝由 20 根 φ5 钢丝编成,4-20φ5 表示钢丝束为 4 组。

图 5-3-8 钢丝束构造示意图

②钢丝束预应力筋的制作。

钢丝束预应力筋的制作一般需经过下料、编束和组装锚具等工作。消除应力钢丝放开后是直的,可直接下料。采用镦头锚具时,钢丝的等长要求较严。为了达到这一要求,钢丝下料可用钢管限位法或用牵引在拉紧状态下进行。

当钢丝束采用刚质锥形锚具时,预应力钢丝的下料长度计算基本上与刚绞线预应力筋相同。

当用镦头锚具,以拉杆式或穿心式千斤顶在构件上张拉时,钢丝束预应力筋的下料长度 L 按图 5-3-9 计算。

$$L = l + 2(h + \delta) - K(H - H_1) - \Delta L - C$$

式中:L——钢丝束预应力筋的下料长度;

l——孔道长度按实际丈量；

h——锚环底部厚度或锚板厚度；

δ——钢丝墩头留量(取钢丝直径的 2 倍)；

K——系数，一端张拉时取 0.5，两端张拉时取 1.0；

H——锚环高度；

H_1——螺母高度；

ΔL——钢丝束张拉伸长值；

C——张拉时构件混凝土的弹性压缩值。

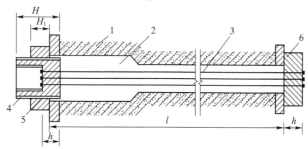

图 5-3-9 采用墩头锚具时下料长度计算示意图
1-混凝土构件；2-孔道；3-钢丝束；4-锚环；5-螺母；6-锚板

为保证钢丝束两端钢丝的排列顺序一致，穿束和张拉时不致紊乱，每束钢丝都必须进行编束。随着所用锚具的不同，编束方法也有差异。

3. 张拉机具和设备

详见学习情境一桥涵施工准备的工作任务二。

 任务实施

一、预应力施工

1. 先张法施工

用先张法在台座上生产预应力混凝土构件时，其工艺流程一般如图 5-3-10 所示。

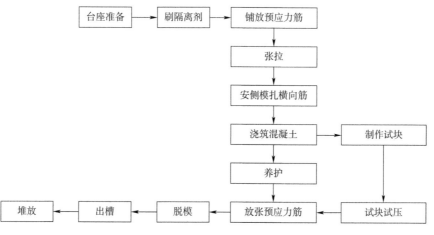

图 5-3-10 先张法工艺流程图

预应力混凝土先张法工艺的特点是：预应力筋在浇筑混凝土前张拉，预应力的传递主要依靠预应力筋与混凝土之间的黏结力,为了获得良好质量的构件,在整个生产过程中,除确保混凝土质量以外,还必须确保预应力筋与混凝土之间的良好黏结,使预应力混凝土构件获得符合设计要求的预应力值。

1) 预应力筋铺设

预应力筋应采用砂轮锯或切断机切断,不得采用电弧切割。为便于脱模,长线台座(或胎膜)在铺放预应力前应先刷隔离剂,但应采取措施,防止隔离剂污损预应力筋,影响其与混凝土的黏结。如果预应力筋遭受污染,应使用适宜的溶剂加以清洗干净。预应力钢丝宜用牵引车铺设。如遇钢丝需要接长时,可借助于钢丝拼装器用 20~22 号铁丝密排绑扎。

2) 预应力筋张拉

预应力筋的张拉应根据设计要求,采用合适的张拉方法、张拉顺序和张拉程序进行,并应有可靠的质量和安全保证措施。

预应力筋的张拉可采用单根张拉和多根同时张拉,当预应力筋数量不多、张拉设备拉力有限时常采用单根张拉。当预应力筋数量较多且密集布筋,张拉设备拉力较大时,则可采用多根同时张拉。在确定预应力筋张拉顺序时,应考虑尽可能减少台座的倾覆力矩和偏心力,先张拉靠近台座截面重心处的预应力筋。

预应力筋的张拉控制应力 σ_{con} 应符合设计要求,但不得超过控制力限值。施工中预应力筋需要超张拉时,其最大张拉控制应力符合规定。

预应力钢丝由于张拉工作量大,宜采用一次张拉程序:

$$0 \rightarrow (1.03 \sim 1.05)\sigma_{con} \text{锚固}$$

其中,σ_{con} 为预应力筋的张拉控制应力;超张拉系数 1.03~1.05 是考虑弹簧测力计的误差、温度影响、台座横梁或定位板刚度不足、台座长度不符合设计要求取值、工人操作影响等。

采用低松弛钢绞线时,可采用一次张拉程序:

对单根张拉,$0 \rightarrow \sigma_{con}$ 锚固

对整体张拉,$0 \rightarrow$ 初应力调整值 $\rightarrow \sigma_{con}$ 锚固

预应力筋张拉时,张拉机具与预应力筋应在一条直线上,同时在台面上每隔一定距离放一根圆钢筋头或相当于混凝土保护层厚度的其他垫块,以防预应力筋因自重而下垂。张拉过程中应避免预应力筋断裂或滑托,先张法预应力构件,在浇筑混凝土前发生断裂或滑脱的预应力筋必须予以更换。预应力筋张拉锚固后,对设计位置的偏差不得大于5mm,且不大于构件截面最短边长的4%。张拉过程中,应按混凝土结构工程施工质量验收规范要求填写预应力张拉记录表,以便检查。

施工中应注意安全。台座两端应有防护措施,张拉时,正对钢筋两端禁止站人,也不准进入台座。敲击锚具的锥塞或楔块时,不应用力过猛,以免损伤预应力筋而断裂伤人,但又要锚固可靠。冬期张拉预应力筋时,其温度不宜低于 -15℃,且应考虑预应力筋容易脆断的危险。

3) 预应力筋的放张

预应力筋的放张过程是预应力值的建立过程,也是先张法构件能否获得良好质量的一个重要环节,应根据放张要求,确定合宜的放张顺序、放张方法及相应的技术措施。

(1) 放张要求。预应力筋放张时,混凝土强度应符合设计要求,当设计无具体要求时,不应低于设计强度等级的75%。放张过早会由于混凝土强度不足,产生较大的混凝土弹性回缩或滑丝而引起较大的预应力损失。

（2）放张方法。放张过程中，应使预应力构件自由压缩。放张工作应缓慢进行，避免过大的冲击与偏心。

当预应力为钢丝时，若钢丝数量不多，可采用剪切、锯割或氧—乙炔焰预热熔断的方法进行放张。放张时，应从靠近生产线中间处剪（熔）断钢丝，这样比靠近台座一端剪（熔）断时回弹要小，且有利于脱模。钢丝数量较多时，所有钢丝应同时放张，不允许采用逐根放张的方法，否则，最后的几根钢丝将可能由于承受过大的应力而突然断裂，导致构件应力传递长度骤增，或使构件端部开裂。放张可采用放张横梁来实现，横梁可用千斤顶或预先设置在横梁支点处的放置装置（砂箱或楔块等）来放张。采用湿热养护的预应力混凝土构件宜热态放张，不宜降温后放张。

（3）放张顺序。预应力筋的放张顺序，应符合设计要求。当设计无特殊要求时，应遵循下列规定：

①对承受轴心预应力的构件（如压杆、桩等），所有预应力筋应同时放张。

②对承受偏心预压力的构件，应先同时放张预压力较小区域的预应力筋，再同时放张预压力较大区域的预应力筋。

当不能按上述规定放张时，应分阶段、对称、相互交错地放张，以防止在放张过程中，构件产生弯曲、裂纹及预应力筋断裂等现象。

放张后预应力筋切断顺序，宜由放张开始，逐次切向另一段。

2. 后张法施工工艺

图 5-3-11 所示为后张法预应力施工工艺流程。

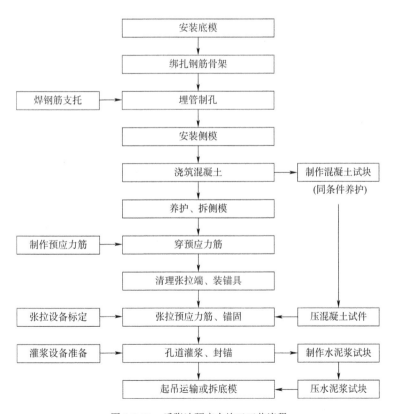

图 5-3-11 后张法预应力施工工艺流程

1)预埋孔道

预埋孔道是后张法有黏结预应力施工中的关键工作之一。预留孔道的规格、数量、位置和形状应符合设计要求;预留孔道的定位应牢固,浇筑混凝土时不应出现位移和变形;孔道应平顺,短端部的预埋锚垫板应垂直于孔道中心线。

(1)预埋波纹管。预埋波纹管成孔时,波纹管直接埋在构件或结构中不再取出,这种方法特别适用于留设曲线孔道。按材料不同,波纹管分为金属波纹管和塑料波纹管,如图5-3-12所示。

金属波纹管又称螺旋管,是用冷轧钢带或镀锌钢带在卷管机上压波后螺旋咬合而成。按照截面形状可分位圆形和扁形两种;按照刚带表面状况可分为镀锌和不镀锌两种。预应力混凝土用金属波纹管应满足径向刚度、抗渗漏、外观等要求。

金属波纹管的连接,采用大一号的同型波纹管。接头管的长度为200~300mm,其两端用密封胶带或塑料热缩管封裹。

波纹管的安装,应事先按设计图中预应力筋的曲线坐标在箍筋上定出曲线位置。波纹管的固定应采用钢筋支托,支托钢筋间距为0.18~1.2m。支托钢筋应焊在箍筋上,箍筋底部应垫实。波纹管固定后,必须用钢丝扎牢,以防止浇筑混凝土时波纹管上浮而引起严重的质量事故。

安装时,塑料波纹管的钢筋支托间距不大于0.8~1.0m。塑料波纹管接长采用熔焊法或高密度聚乙烯塑料管。塑料波纹管与锚垫板连接,采用高密度聚乙烯套管。

(2)胶管抽芯法。制作后张法预应力混凝土构件时,采用在预应力筋的位置处预先埋设胶管,如图5-3-13所示,待混凝土结硬后再将胶管抽出的留孔方法。采用5~7层帆布胶管。为防止在浇筑混凝土产生位移,直线段每隔600mm用钢筋井字架固定牢靠,曲线段应适当加密。胶管两端应有密封装置。在浇筑混凝土前,胶管内充入压力为0.6~0.8MPa的压缩空气或压力水,管径增大约3mm,待浇筑的混凝土初凝后,放出压缩气或压力水,管径缩小,混凝土脱开,随即拔出胶管。胶管抽芯法适用于留设直线与曲线孔道。

图5-3-12 波纹管图

图5-3-13 胶管抽芯法示意图

在预应力筋孔道两端,应设置灌浆孔和排气孔。灌浆孔可设置在锚垫板上或利用灌浆管引至构件外,其间距对抽芯成型孔道不宜大于12m,孔径应能保证浆液畅通,一般不宜小于20mm,曲线孔道的曲线波峰部位应设置排气兼泌水管,必要时可在最低点设置排水孔,泌水管伸出构件顶面的高度不宜小于0.5m。

灌浆孔的做法,对一般预制构件,可采用木塞留孔。木塞应抵紧钢管、胶管或螺旋管,并应固定,严防混凝土振捣时脱开。现浇预应力结构金属螺旋管留孔的做法如图5-3-14所示,在螺旋管上开口,用带嘴的塑料形压板与海绵垫片覆盖并用铁丝扎牢,再接增强塑料管(外径为 200mm,内径为 16mm)。为保证留孔质量,金属螺旋管上可先不开孔,在外接塑料管内插一根钢筋,待孔道灌浆前,再用钢筋打穿螺旋管。

2)穿筋

预应力筋穿入孔道,简称穿筋。根据穿筋与浇筑混凝土之间的先后关系,可分为先穿筋和后穿筋两种。

先穿筋法即在浇筑混凝土之前穿筋。此法穿筋省力,但穿筋占用工期,预应力筋的自重引起的波纹管摆动会增大摩擦损失,预应力筋端保护不当易生锈。

后穿筋法即在浇筑混凝土之后穿筋,如图 5-3-15 所示。此法可在混凝土养护期内进行,不占工期,便于用通孔器或高压水通孔,穿筋后即行张拉,易于防锈,但穿筋较为费力。

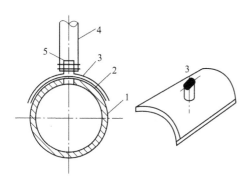

图 5-3-14 波纹管上留灌浆孔
1-波纹管;2-海绵垫;3-塑料弧形压板;4-塑料管;5-铁丝扎紧

图 5-3-15 穿筋示意图

根据一次穿入数量,可分为整束穿和单根穿。钢丝束应整束穿,钢绞线宜采用整束穿,也可用单根穿。穿筋工作可采用穿束器,由人工、卷扬机和穿筋机进行。

人工穿筋可利用人工或起重设备将预应力筋吊起,工人站在脚手架上逐步穿入孔内。预应力筋的前端应扎紧并裹胶布,以便顺利通过孔道。对多波曲线预应力筋,宜采用特制的牵引头,工人在前头牵引,后头推送,用对讲机保持前后两端同时出现。对长度不大于 60m 的曲线预应力筋,人工穿筋更为方便。

预应力筋长 60~80m 时,也可采用人工先穿筋,但在梁的中部应留设约 3m 长的穿筋助力段。助力段的波纹管应加大一号,在穿筋前套接在原波纹管上留出穿筋空间,待钢绞线穿入后再将助力段波纹管旋出接通,该范围内的箍筋暂缓绑扎。

对长度大于 80m 的预应力筋,宜采用卷扬机穿筋。钢绞线与钢丝绳间用特制的牵引头连接。每次牵引 2~3 根钢绞线,穿筋速度快。

用穿筋机穿筋适用于大型桥梁与构筑物单根穿钢绞线的情况。穿筋机有两种类型:一是由油泵驱动链板夹持钢绞线传送,速度可任意调节,穿筋可进行可退,使用方便;二是由电动机经减速箱减速后由两对滚轮夹持钢绞线传送,进退由电动机正反转控制。穿筋时,钢绞线前头应套上一个子弹头形壳帽。

3)预应力筋的张拉

(1)准备工作。

①混凝土强度检验。预应力筋张拉时,混凝土强度应符合设计要求;当设计无具体要求

时,不应低于设计混凝土强度等级的75%。

②构件端头清理。构件端部预埋钢板与锚具接触处的焊渣、毛刺、混凝土残渣等应清除干净。

③张拉操作台搭设。高空张拉预应力筋时,应搭设可靠的操作平台。张拉操作平台应能承受操作人员与张拉设备的重量,并装有防护栏杆。为了减轻操作平台的负荷,张拉设备应尽量移至靠近楼板上,无关人员不得停留在操作平台上。

④锚具与张拉设备安装。锚具进场后经检查合格后,方可使用;张拉设备应事先配套校验,然后在现场安装,如图 5-3-16 所示。

对钢绞线束夹片锚固体系,安装锚具时应注意工作锚板或锚环对中,夹片均匀可打紧并外露一致;千斤顶上的工具锚孔与构件端部工作锚的孔位排列要一致,以防钢绞线在千斤顶穿心孔内打叉。对钢丝束锥形锚固体系,安装钢质锥形锚具时必须严格对中,钢丝在锚环周边应分布均匀。对钢丝束镦头锚固体系,由于穿筋关系,其中一端锚具要后装并进行镦头。安装张拉设备时,对直线预应力筋,应使张拉力作用线与孔道中心线重合;对曲线预应力筋,应使张拉力作用线与孔道中心线末端的切线重合。

图 5-3-16 锚具和张拉设备安装示意图

(2)预应力筋张拉。

张拉预应力筋时,构件混凝土的强度应达到设计要求,当设计无要求时,则不低于混凝土标准强度值的75%。

①张拉控制应力和张拉力的确定。

张拉控制应力 σ_{con}:碳素钢丝,刻痕钢丝,钢绞线为 $0.75f_{ptk}$;热处理钢筋,冷拔低碳钢丝为 $0.7f_{ptk}$;冷拉钢筋为 $0.9f_{pyk}$。其中,f_{ptk} 为预应力筋极限抗拉强度标准值;f_{pyk} 为屈服强度标准值。

张拉力 p_j:

$$p_j = \sigma_{con} \times A_p$$

式中:A_p——预应力钢筋面积。

②张拉程序。采用钢筋或钢束时的张拉程序为:

$$0 \rightarrow 初应力(0.1\sigma_{con}) \rightarrow 1.05\sigma_{con}(持荷 2min) \rightarrow \sigma_{con}(锚固)$$

采用钢丝或钢绞线自锚性能锚具时,其张拉程序为:

普通松弛力筋,$0 \rightarrow 初应力 \rightarrow 1.03\sigma_{con}$

低松弛力筋,$0 \rightarrow 初应力 \rightarrow \sigma_{con}(持荷 2min)$

采用钢丝或钢绞线其他锚具时,其张拉程序为:

$$0 \rightarrow 初应力(0.1\sigma_{con}) \rightarrow 1.05\sigma_{con}(持荷 2min) \rightarrow \sigma_{con}(锚固)$$

采用精轧螺纹钢筋(直线配筋)时:

$$0 \rightarrow 初应力 \rightarrow \sigma_{con}(持荷 2min 锚固)$$

采用精轧螺纹钢筋(曲线配筋)时:

$0 \rightarrow \sigma_{con}$(持荷 2min 锚固)$\rightarrow 0$(上述程序可反复几次)$\rightarrow$ 初应力 $\rightarrow \sigma_{con}$(持荷 2min 锚固)

各钢丝束的张拉程序顺序,应对称于构件截面的竖直轴线,同时考虑不使构件的上下缘混凝土应力超过容许值。

张拉时钢筋或钢丝应力用油压表读数来控制,同时用伸长量作校核。要求实际伸长量不超过理论伸长量的 ±6%,否则需要停止张拉,并分析原因。

为使油压表读数正确反映千斤顶拉力,应规定千斤顶、油压表标定制度。例如千斤顶每月或超过 100 次或多次出现断丝现象时要进行校验。换油压表也要重新标定。

③张拉安全注意事项。

在预应力作业中,必须特别注意安全,因为预应力持有很大的能量,万一预应力被拉断或锚具与张拉千斤顶失效,巨大能量急剧释放,有可能造成很大危害,因此,在任何情况下作业人员不得站在预应力筋的两端,同时在张拉千斤顶的后面应设立防护装置。

4)孔道灌浆

预应力筋张拉后,利用灌浆泵将水泥浆压灌到预应力筋孔道中去,其作用是:一是保护预应力筋,防止锈蚀;二是使预应力筋与构件混凝土能有效地黏结,以控制超载时裂缝的间距与宽度并减轻梁端锚具的负何状况。

预应力筋张拉后,孔道应尽早压浆。应在 24h 内完成,否则应采取措施,确保预应力筋不出现锈蚀。压浆材料的性能应符合下列要求:

(1)水泥浆。

①强度。设计无具体规定时,应不低于 30MPa。对截面较大的孔道,浆体中可掺入适量的细砂。浆体中一般应掺入适量的减水剂、缓凝剂、引气剂和钢筋阻锈剂等外加剂,也可掺入粉煤灰、微膨胀剂,但不得加入铝粉或含有氯化物等有害成分的外加剂。

②技术条件。浆体的水胶比应低于本体混凝土,同时宜不大于 0.4;拌和后 3h,浆体泌水率不宜大于 2%,最终不超过 3%,泌水应在 24h 内重新全部被浆体吸收;通过试验后,且浆体掺入适量膨胀剂后,其自由膨胀率应小于 10%;浆体稠度宜控制在 14~18s 之间。

(2)灌浆设备。灌浆设备包括砂浆搅拌机、灌浆泵、储浆桶、过滤网、橡胶管和喷浆嘴等。灌浆泵应根据灌浆高度、长度、形态等选用,并配备计量校检合格的压力表。

(3)压浆注意事项。灌浆前,应全面检查构件孔道及灌浆孔、泌水孔、排水孔是否畅通。对抽拔管成孔,可采用压力水冲洗孔道;对顶埋波纹管成孔,必要时可采用压缩空气清孔。宜先灌下层孔道,后灌上层孔道。灌浆工作应缓缓均匀地进行,不得中断,并应排气通顺,在出浆口出浓浆并封闭排气孔后,宜再继续加压至 $0.5 \sim 0.27 N/mm^2$,稳压 2min,再封闭灌浆孔。当孔道直径较大且水泥浆不掺微膨胀剂或减水剂进行灌浆时,可采取二次压浆法或重力补浆法。超长孔道、大曲率孔道、扁管孔道、腐蚀环境的孔道等可采用真空辅助灌浆。

灌浆用水泥浆的配合比应通过试验确定,施工中不得任意更改。强度不得低于规定值。孔道灌浆后,应检查孔道上凸部位灌浆密实性,如有空隙,应采取人工补浆措施。对孔道阻塞或孔道灌浆密实情况有疑问时,可局部凿开或钻孔检查,但以不损坏结构为前提,否则应采取加固措施。

压浆前,应对孔道进行清洁处理。可采用已知对预应力筋和管道无腐蚀作用的中性洗涤剂或皂液,用水稀释后进行冲洗。冲洗后,应使用不含油的压缩空气将孔道内的所有积水吹出;浆体自拌制至压入孔道的延续时间,视浆体的性质和气温情况而定,一般在 30~45min 范围内。

预应力管道,特别是长大管道压浆宜采用真空辅助压浆工艺。压浆时,对曲线孔道和竖向孔道应从最低点的压浆孔压入,由最高点的排气孔排气和泌水。压浆顺序宜先压注下层孔道。同一管道压浆应连续进行,一次完成。较集中和邻近的孔道,宜尽量先连续压浆完成,不能连续压浆时,后压浆的孔道应在压浆前用压力水冲洗通畅。

压浆应使用活塞式压浆泵,不得使用压缩空气。压浆的最大压力宜为0.5~0.7MPa;当孔道较长或采用一次压浆时,最大压力宜为1.0MPa。压浆应达到孔道另一端饱满和出浆,并应达到排气孔排出与规定稠度相同的水泥浆为止。为保证管道中充满灰浆,关闭出浆口后,应保持不小于0.5MPa的一个稳压期,该稳压期不宜少于5min。

管道压浆可采用两次压浆法,两次压浆的间隔时间宜为30~45min。但对掺加外加剂泌水率较小的水泥浆,通过试验证明能达到孔道内饱满时,可采用一次压浆的方法。对于预应力钢绞线的垂直孔道在压浆的最后阶段,应进行补浆,以保证孔道顶端的浆体饱满密实。

压浆后应从检查孔抽查压浆的密实情况,如有不实,应及时处理和纠正。压浆时,每一工作班应留取不少于3组的70.7mm×70.7mm×70.7mm立方体试件,标准养护28d,检查其抗压强度,作为评定水泥浆质量的依据。

压浆过程中及压浆后48h内,结构混凝土的温度不得低于5℃,否则应采取保温措施。当气温高于35℃时,压浆宜在夜间进行。

对后张预制构件,在管道压浆前不得安装就位。压浆后,在压浆强度达到设计要求后方可移运和吊装。

5)封锚

压浆完成后,应及时对力筋、锚具进行处理,其中包括对锚具和力筋做防锈、防腐处理。需要封锚的,应对梁端混凝土凿毛并将其周围冲洗干净,设置钢筋网浇筑封锚混凝土,如图5-3-17所示。

封锚混凝土的强度应符合设计要求。设计无要求时,一般不宜低于构件混凝土强度等级值的80%。

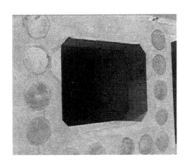

图5-3-17 封锚示意图

二、构件预制与运输

1.预制板、梁的出坑、堆放

为了将预制的钢筋混凝土或预应力混凝土板、梁从预制场(或预制工厂)运往桥孔现场,首先要把它从预制底座上移出来,称为"出坑"。钢筋混凝土构件在混凝土强度达到设计强度的75%、预应力混凝土构件在进行预应力张拉后,即可进行这一项工作。

预制构件吊离底座时,可视构件质量、外形尺寸和设备条件等采用不同的工具设备。常用的方法有龙门吊机起吊出坑、三脚扒杆偏吊出坑和横向滚移出坑。

后张法梁如采用分两次张拉力筋(束)时,即可提前将梁移出生产梁位,从而缩短生产台座的施工周期,加快施工进度。

预制构件出坑、堆放时应注意以下几点:

(1)装配式预制构件在出坑、移运、堆放时,混凝土强度等级不应低于设计对吊装所要求的强度等级,且不宜低于设计强度等级的75%;对于预应力混凝土构件其孔道压浆的强度,如无设计要求时,不应低于15MPa。对于跨径小于等于3m的板等一般构件,其混凝土强度等级应达到设计强度等级的50%后,才可出坑移运。

(2)预制构件在出坑前,拆模后应检查其实际尺寸、伸出预埋钢筋(或钢板)、吊环的位置及混凝土的质量,并根据有关规定进行适当修补、处理,务必使预制构件形状正确,表面光滑,安装时不致发生困难。尖角、凸出或细长构件在装卸移运过程中应用木板保护。如有必要,试拼的构件应注上号码。

(3)构件移运时的起吊位置应按设计规定,一般即为吊环或吊孔的位置。如设计无规定,又无预埋的吊环或吊孔时,对上、下面有相同配筋的等截面直杆构件的吊点位置,一点吊可设在离端头$0.293L$处,二点吊可设在离端头$(0.22\sim0.25)L$处(L为构件长)。其他配筋形式的构件应根据计算决定吊点位置。

(4)构件的吊环应顺直,如发现弯扭必须校正,使吊环能顺利套入。吊绳(千斤绳)交角大于60°时,必须设置吊架或扁担,使吊环垂直受力,以防吊环折断或破坏临时吊环处的混凝土。如用钢丝绳捆绑起吊时,需用木板、麻袋等垫衬,以保护混凝土的棱角。

(5)预制板、梁构件移运和堆放时的支点位置应与吊点位置一致,并应支承牢固。起吊及堆放板式构件时,注意不要吊错上下面位置,以免折断。顶起构件时必须垫好保险垛。构件移运时应有特制的固定架,构件应竖立或稍倾斜放置,注意防止倾覆。如平放,两端吊点处必须设支搁方木,以免产生负弯矩而断裂。

(6)堆放预制构件的场地,应平整压实不致积水。雨季和春季冻融期间,必须注意防止地面软化下沉而造成构件折断和损坏。

(7)预制构件应按吊运及安装次序顺号堆放,并注意在相邻两构件之间留出适当通道。构件堆垛时应设置在垫木上,吊环应向上,标志应向外;构件混凝土养护期未满时,应继续养护。

(8)构件堆放时,应按构件的刚度和受力情况决定平放还是竖放,并保持稳定。水平分层堆放构件时,其堆垛高度应按构件强度、地面耐压力、垫木强度以及堆垛的稳定性而定。一般大型构件以2层为宜,不宜超过3层。预制梁堆垛不宜多于4层。小型构件堆放如有折断可能时,应以其刚度较大的方向作为竖直方向。

(9)堆放构件必须在吊点处设垫木,层与层之间应以垫木隔开,多层垫木位置应在一条垂直线上。

2. 预制梁的运输

装配式混凝土预制板、梁及其他预制构件通常在桥头附近的预制场或桥梁预制厂内预制,为此,需配合吊装架梁的方法,通过一定的运输工具将预制梁运到桥头或桥孔下。从工地预制场到桥头或桥孔下的运输称为场内运输,将预制梁从桥梁预制厂(或场)运往桥孔或桥头的运输称为场外运输。

1)场内运输

短距离的场内运输可采用龙门架配合轨道平板车来实现,如图5-3-18a)所示,这时需铺设钢轨便道,由龙门架(或木扒杆)起吊移运构件出坑,横移至预制构件运输便道,卸落到轨道平车上,然后用绞车牵引至桥头或桥孔下。运输过程中梁应竖立放置,为了防止构件发生倾覆、滑动或跳动等现象,需在构件两侧采用斜撑和木楔等临时固定。

如图5-3-18所示轨道平板车应设有转盘装置,以便于装上预制构件后能在曲线轨道上运行,同时应装设制动设备,便于在运行过程中随时制动。

对于小跨径预制梁或规模不大的工程,也可用纵向滚移法(图5-3-19)进行场内运输,即设置木板便道,利用钢管或硬圆木作滚子,使梁靠两端支承在几个滚子上用绞车拖拽,边前进边换滚子将预制梁运至桥头。

a)龙门吊机吊梁　　　　　　　　　　　b)轨道平车运输

图 5-3-18　龙门吊机轨道平车运输
1-轨道平车;2-临时斜撑;3-钢轨;4-枕木;5-牵引钢丝绳;6-T形梁

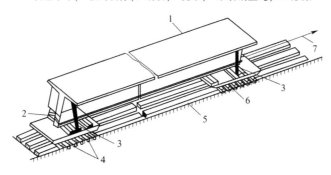

图 5-3-19　纵向滚移法运梁
1-预制梁;2-垫木;3-临时支撑;4-后走板及滚筒;5-方木滚道;6-前走板及滚筒;7-牵引钢丝绳

在场内运梁时,为使平稳前进以确保施工安全,通常在用牵引绞车徐徐向前拖拉的同时,后面的制动索应跟着慢慢放松,以控制前进的速度。

2)场外运输

距离较远的场外运输,通常采用汽车、大型平板拖车、火车或驳船。受车厢长度、载质量的限制,一般中小跨径的预制板、梁或小构件(如栏板、扶手等)可用汽车运输。50kN以内的小构件可用汽车吊装卸;大于50kN的构件可用轮胎吊、履带吊、龙门架或扒杆装卸。要运较长构件时,可在汽车上先垫以长的型钢或方木,再搁放预制构件,构件的支点应放在近两端处,以避免道路不平、车辆颠簸引起的构件开裂。

特别长的构件应采用大型平板拖车或特制的运梁车运输,如图 5-3-20 所示。常用的平板车可参见《公路桥涵施工技术规范》(JTG/T F50—2011)。

图 5-3-20　运梁车运输

使用大型平板拖车运梁时,车长应能满足支承间距要求,构件装车时需平衡放正,以使车辆承重对称均匀。构件支点下及相邻两构件间,需垫麻袋或草帘,以防止构件相互碰撞。构件下的支点需设活动转盘以免搓伤混凝土。预制简支梁运输时应竖立放置,并用斜撑支承(应支在梁腹上,不得支在梁板上,以防梁板根部发生负弯矩而开裂),以防梁倾倒。

梁在起吊和安放时,应按设计规定的位置布置吊点或支承点。

预制梁(板)的安装是预制装配式混凝土梁桥施工中的关键性工序,应结合施工现场条件、工程规模、桥梁跨径、工期条件、架设安装的机械设备条件等具体情况,以安全可靠、经济简单和加快施工速度等为原则,合理选择架梁的方法。

对于简支梁(板)的安装设计,一般包括起吊、纵移、横移、落梁(板)就位等工序。从架设的工艺来分有陆地架梁、浮吊架梁和利用安装导梁、塔架、缆索的高空架梁法等方法。《公路施工手册》桥涵篇详细介绍了预制梁安装的十几种方法,可供参考。这里简要介绍几种常用的架梁方法的工艺特点。

必须注意的是,预制梁(板)的安装既是高空作业,又需用复杂的机具设备,施工中必须确保施工人员的安全,杜绝工程事故。因此,无论采用何种施工方法,施工前均应详细、具体地研究安装方案,对各承力部分的设备和杆件进行受力分析和计算,采取周密的安全措施,严格执行操作规程,加强施工管理和安全教育,确保安全、迅速地进行架梁工作。同时,安装前应将支座安装就位。

三、预制构件的起吊

根据梁的安装方法不同,分为陆地架设法(包括自行式吊车架梁、跨墩门式吊车架梁、摆动式支架梁和移动式支架架梁)、水上架设法(包括浮吊船架梁和固定式悬臂浮吊架设)和高空架设法(包括自行式吊车桥上架梁法、扒杆纵向"吊鱼"法架梁和架桥机架梁法)。

1. 陆地架设法

1)移动式支架架梁法

如图 5-3-21 所示,移动式支架架梁法是在架设孔的地面上,顺桥轴线方向铺设轨道,其上设置可移动支架,预制梁的前端搭在支架上,通过移动支架将梁移运到要求的位置后,再用龙门架或人字扒杆吊装;或者在桥墩上设枕木垛,用千斤顶卸下,再将梁横移就位。

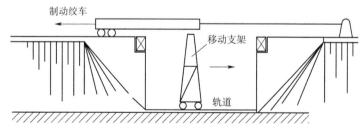

图 5-3-21 移动式支架架设法

利用移动支架架设,设备较简单,可安装重型的预制梁;无动力设备时,可使用手摇卷扬机或绞盘移动支架进行架设。但不宜在桥孔下有水、地基过于松软的情况下使用,一般也不适宜桥墩过高的场合,因为这时为保证架设安全,支架必须高大,因而此种架设方法不够经济。

2)摆动式支架架梁法

摆动式支架架梁法是将预制梁(板)沿路基牵引到桥台上并稍悬出一段,悬出距离根据梁的截面尺寸和配筋确定。从桥孔中心河床上悬出的梁(板)端底下设置人字扒杆或木支架,如图5-3-22所示,前方用牵引绞车牵引梁(板)端,此时支架随之摆动而到对岸。

为防止摆动过快,应在梁(板)的后端用制动绞车牵引制动。摆动式支架架梁法较适宜于桥梁高跨比稍大的场合。当河中有水时也可用此法架梁,但需在水中设一个简单小墩,以供设立木支架用。

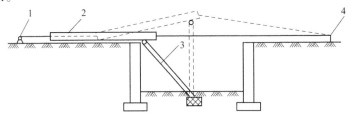

图5-3-22 摆动式支架架设法
1-制动绞车;2-预制梁;3-支架;4-牵引绞车

3) 自行式吊车架梁

由于大型的自行式吊机的逐渐普及,且自行式吊机本身有动力,架设迅速、可缩短工期,不需要架设桥梁用的临时动力设备,不必进行任何架设设备的准备工作,也不需要如其他方法架梁时所具备的技术工种,因此,一般中小跨径的预制梁(板)的架设安装越来越多地采用自行式吊机,如图5-3-23所示。

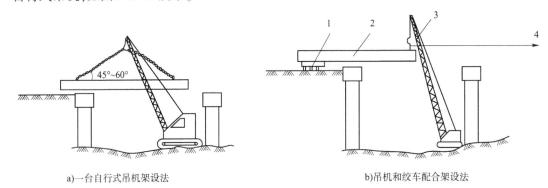

a) 一台自行式吊机架设法   b) 吊机和绞车配合架设法

图5-3-23 自行式吊机架梁法
1-拖履滚筒;2-预制梁;3-吊机起重臂;4-绞车或绞盘

4) 跨墩或墩侧龙门架架梁法

对于桥不太高,架梁孔数又多,沿桥墩两侧铺设轨道不困难的情况,可以采用一台或两台跨墩门式吊车架梁,如图5-3-24所示。

图5-3-24 跨墩龙门吊机架梁

跨墩或墩侧龙门架架梁法是以胶轮平板拖车、轨道平车或跨墩龙门架将预制梁运送到桥孔,然后用跨墩龙门架或墩侧高低脚龙门架将梁吊起,再横移到梁设计位置然后落梁就位,至此完成架梁工作。

搁置龙门架脚的轨道基础应在承受最大反力时能保持安全的原则进行加固处理。河滩上如有浅水,可在水中填筑临时路堤,水稍深时应考虑修建临时便桥,在便桥上铺设轨道。运用此法应与其他假设方法进行技术经济比较以决定取舍。

用本法架梁的优点是架设安装速度较快,河滩无水时也较经济,而且架设时不需要特别复杂的技术工艺,作业人员较少。但龙门吊机的设备费用一般较高,尤其是高桥墩的情况。

跨墩龙门架的架梁程序如图 5-3-25a)所示。预制梁可由轨道平车运送至桥孔,如两台龙门架吊机自行且能达到同步运行时,也可利用跨墩龙门架将梁吊着运送到桥孔,再吊起横移落梁就位。

墩侧高低脚龙门架如图 5-3-25b)所示,其架设程序与跨墩龙门架基本相同。但预制梁必须用轨道平车或胶轮平车拖板运送至桥孔。一孔各片梁安装完毕后,将 1 号墩的龙门架拆除运送到 3 号墩安装使用,以后如此循环使用。为了加快预制梁吊起横移就位速度,可准备 3 台高低脚龙门架,设置在 1 号、2 号、3 号墩侧。待第一跨各梁安装完毕,可即安装第二跨,与此同时,将 1 号墩龙门架运送到 4 号墩安装。这种高低脚龙门架较跨墩龙门架可减少一条轨道,一条腿的高度也可降低,但会增加运、拆、装龙门架的工作量,并需要多准备一台龙门架。

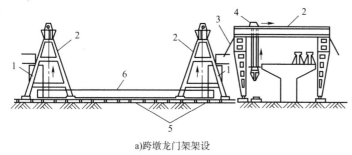

a)跨墩龙门架架设　　　　　　　　　　b)墩侧高低脚龙门架架设

图 5-3-25　龙门架架设法
1-桥墩;2-龙门架吊机(自行式);3-风缆;4-横移行车;5-轨道;6-预制梁

2. 浮运架设法

浮运架梁法是将预制梁用各种方法移装到浮船上,并浮运到架设孔以后就位安装,如图 5-3-26 所示。采用浮运架梁法时,河流需有适当的水深,水深需根据梁重而定,一般宜大于 2m;水位平稳或涨落有规律,如潮汐河流;流速及风力不大;河岸能修建适宜的预制梁装卸码头;具有坚固适用的船只。

浮运架梁法的优点是桥跨中不需设临时支架,可以用一套浮运设备架设安装多跨同跨径的预制梁,较为经济,且架梁时浮运设备停留在桥孔的时间很少,不影响河流通航。

图 5-3-26　浮运架设

1)预制梁装船浮运架设法

预制梁装船浮运至架设孔,并利用船上的吊机再起吊安装就位。装梁上船一般采用引道栈桥码头,用龙门架吊着预制梁上船,如图 5-3-27 所示。

将预制梁装载在一艘或两艘浮船中的支架枕木垛上,使梁底高度高于墩台支座顶面 0.2~0.3m,然后将浮船拖运至架设孔,充水入浮船,使浮船吃水加深,降低梁底高度使预制梁安装就位。在有潮汐的河流或港湾上建桥时,可利用潮汐水位的涨落来调整梁底高程以安装就位。若潮汐的水位高差不够,可在浮船中配合排水、充水解决。因此浮船应配备足够的水泵,以保证及时有效地排水和充水,且在装梁时应进行水泵的性能试验。

预制梁较短、重量较轻时,可装载在一艘浮船上。如预制梁较长且又重时,可装载在两艘浮船上或以多艘浮船连成两组使用。不论浮船多少,预制梁的支承处不宜多于两处,并有荷载分布确定。预制梁支承两端伸出长度应考虑浮船进入架设孔便利,同时应考虑因两端伸出在支承外产生的负弯矩,在浇筑梁体时适当加固,防止由负弯矩而产生的裂纹、损坏发生。

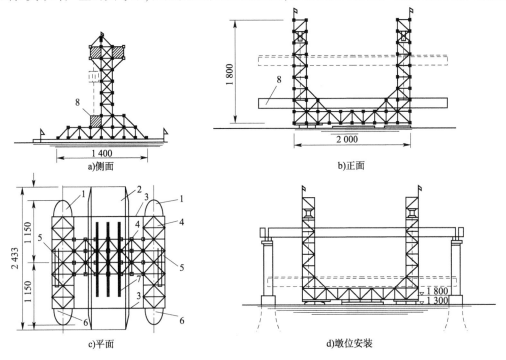

图 5-3-27 预制梁装船浮运架设法(尺寸单位:cm)

1-190kN 浮桥船;2-800kN 铁驳船;3-连接 36 号工字钢;4-万能杆件;5-吊点位置;6-50kN 卷扬机;7-56 号工字钢;8-预制梁

2) 浮船支架拖拉架梁法

浮船支架拖拉架梁法是将预制梁的一端纵向拖拉滚移到岸边的浮船支架上,再用如移动式支架架梁法相同方法沿桥轴线拖拉浮船至对岸,预制梁也相应拖拉至对岸,当梁前端抵达安装位置后用龙门架或人字扒杆安装就位,如图 5-3-28 所示。

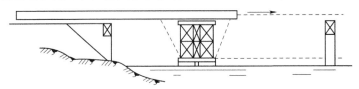

图 5-3-28 浮船支架拖拉架设

预制梁装船的方法,应根据梁的长度、质量、河岸的情况,选用不同的方法。对于河边有垂直驳岸、预制梁不太长又不太重时,可采用大起重量、大伸幅的轮胎式或履带式吊机将梁从岸上吊装到浮船上,或用大起重量、大伸幅的浮吊将梁从岸上吊装到浮船上。必须建栈桥码头时,可用栈桥码头将预制梁纵向拖拉上船,也可用栈桥码头横移预制梁上船,但此时必须与河岸垂直修建两座栈桥,其间距等于预制梁的长度。

用栈桥码头纵向拖拉将梁装船,栈桥码头必须与河岸垂直,栈桥上铺设轨道,轨道一端接梁预制场轨道,另一端接浮船支架上的轨道。利用栈桥码头将预制梁纵向拖拉上船如图 5-3-29 所示。

栈桥码头宜设在桥位下游,因为向上游牵引浮船比向下游要稳当些。栈桥的高度、长度应根据河岸与水位的高差、水下河床深度、浮船最大吃水深度、浮船支架高度等因素确定。

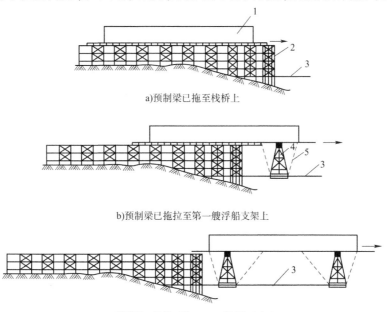

图 5-3-29 利用栈桥码头将预制梁纵向拖拉上船
1-预制梁;2-栈桥排架;3-水面;4-浮船支架;5-拉索

在预制梁被拖拉上第一艘浮船的过程中,随着梁移出栈桥端排架的长度增加,浮船所支承的梁重也逐渐增加。为了维持梁处于水平位置,就必须在与梁向前拖拉的同时,不断地将浮船中先充入的压舱水相应排出,以逐渐增加浮船的浮力,使浮船在载重逐渐增加时,浮船的吃水深度保持不变。因此,水泵的能力和排水速度应根据梁的质量和拖移的速度来决定。浮船可用缆索和绞车拉动或拖船牵引至架设孔。

3)用栈桥码头横移梁浮运架设法

用栈桥码头横移梁上船如图 5-3-30 所示。预制梁经过栈桥横向移运到两个提升塔(或龙门吊机下)之间后,就可用卷扬机将梁提升起来,然后将双艘浮船联系的浮船支架拖入,再将梁落放在浮船支架上。浮船中线宜与预制梁中线相垂直。

当栈桥排架较高,浮船支架高度稍低于栈桥上梁底高度时,可不必用卷扬机或龙门架提升预制梁,而是先将浮船充水使它吃水深些,待浮船拖到梁下的预定位置后,再用水泵将浮船中压舱水排出,使浮船升高将梁托起在支架上。但完全靠充水、排水来升降浮船支架高度比较费时,可与千斤顶联合使用。但在浮船支架拖运途中,必须撤除千斤顶,以免发生翻倒现象。

3. 高空架设法

高空架梁法是将预制梁从高空用各种方法移送到架设桥孔的上方,然后采用一定的方法安装就位。

1)联合架桥机架梁(蝴蝶架架梁法)

联合架桥机架梁法适用于架设安装 30m 以下的多孔桥梁,其优点是完全不设桥下支架,不受水深流急影响,架设过程中不影响桥下通航、通车,预制梁的纵移、起吊、横移、就位都较方便。缺点是架设设备用钢量较多,但可周转使用。

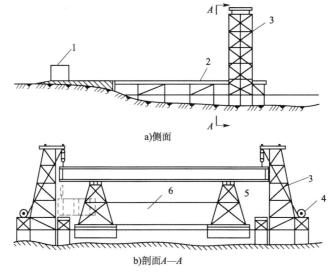

图 5-3-30 用栈桥码头横移预制梁上船

1-预制梁;2-栈桥;3-提升预制梁的塔架;4-卷扬机;5-两浮船;6-两浮船支架间连着桁架

如图 5-3-31 所示,联合架桥机由两套门式吊机、一个托架(即蝴蝶架)、一根两跨长的钢导梁三部分组成,钢导梁由贝雷装配,梁顶面铺设运梁平车和托架行走的轨道。门式吊机由工字梁组成,并在上下翼缘处及接头的地方用钢板加固。门式吊机顶横梁上设有吊梁用的行走小车。为了不影响架梁的净空位置,其立柱做成拐脚式(俗称拐脚龙门架)。门式吊机的横梁高程,由两根预制梁叠起的高度加平车及起吊设备高确定。蝴蝶架是专门用来托运门式吊机转移的,它由角钢组成。整个蝴蝶架放在平车上,可沿导梁顶面轨道行走。

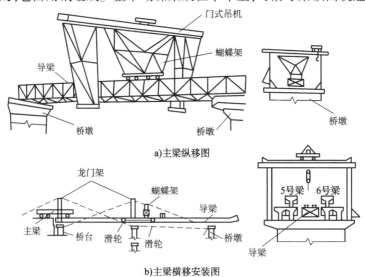

图 5-3-31 联合架桥机架梁法

联合架桥机架梁顺序如下:

(1)在桥头拼装钢导梁,梁顶铺设钢轨,并用绞车纵向拖拉导梁就位。

(2)拼装蝴蝶架和门式吊机,用蝴蝶架将两个门式吊机移运至架梁孔的桥墩(台)上。

(3)由平车轨道运送预制梁至架梁孔位,将导梁两侧可以安装的预制梁用两个门式吊机吊起,横移并落梁就位。

(4) 将导梁所占位置的预制梁临时安放在已架设好的梁上,如图 5-3-31 中的 5 号梁、6 号梁。

(5) 用绞车纵向拖拉导梁至下一孔后,将临时安放的梁由门式吊机架设就位,完成一孔梁的架设工作,并用电焊将各梁连接起来。

(6) 在已架设的梁上铺接钢轨,再用蝴蝶架将两个门式吊机托起并运至前一孔的桥墩上。如此反复,直至将各孔梁全部架设好为止。

2) 双导梁穿行式架梁法

双导梁穿行式架梁法是在架设孔间设置两组导梁,导梁上安设配有悬吊预制梁设备的轨道平车和起重行车或移动式龙门吊机,将预制梁在双导梁内吊着运到规定位置后,再落梁、横移就位。横移时一种是将两组导梁吊着预制梁整体横移,另一种是导梁设在桥面宽度以外,预制梁在龙门吊机上横移,导梁不横移,这比第一种横移方法安全。

双导梁穿行式架梁法的优点与联合架桥机法相同,适用于墩高、水深的情况下架设多孔中小跨径的装配式梁桥,但不需蝴蝶架,而配备双组导梁,故架设跨径可较大,吊装的预制梁可较重。我国用该类型的吊机架设了梁长 51m、重 1 310kN 的预应力混凝土 T 形梁桥。

两组分离布置的导梁可用公路装配式钢桥桁节、万能杆件设备或其他特制的钢桁节拼装而成。两组导梁内侧净距应大于待安装的预制梁宽度。导梁顶面铺设轨道,供吊梁起重行车行走。导梁设 3 个支点,前端可伸缩的支承设在架桥孔前方桥墩上,如图 5-3-32 所示。

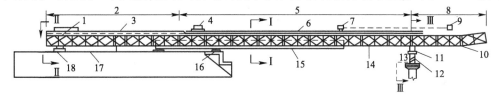

图 5-3-32 双导梁穿行式架梁法

1-平衡压重;2-平衡部分;3-人行便道;4-后行车;5-承重部分;6-行车轨道;7-前行车;8-引导部分;9-绞车;10-装置特殊接头;11-横移设备;12-墩上排架;13-花篮螺丝;14-钢桁架导梁;15-预制梁;16-预制梁纵向滚移设备;17-纵向滚道;18-支点横移设备

组成的起重横梁支承在能沿导梁顶面轨道行走的平车上,横梁上设有带复式滑车的起重行车。行车上的挂链滑车供吊装预制梁用,其架设顺序如图 5-3-33 所示。

(1) 在桥头路堤上拼装导梁和行车,并将拼装好的导梁用绞车纵向拖拉就位,使可伸缩支脚支承在架梁孔的前墩上。

(2) 先用纵向滚移法把预制梁运到两导梁间,当梁前端进入前行车的吊点下面时,将预制梁前端稍稍吊起,前方起重横梁吊起,继续运梁前进至安装位置后,固定起重横梁。

(3) 用横上的起重行车将梁落在横向滚移设备上,并用斜撑撑住以防倾倒,然后在墩顶横移落梁就位(除一片中梁处)。

(4) 用以上步骤并直接用起重行车架设中梁。

如用龙门吊机吊着预制梁横移,其方法同联合架桥机架梁。此法预制梁的安装顺序是先安装两个边梁,再安装中间各梁。全孔各梁安装完毕并符合要求后,将各梁横向焊接联系,然后在梁顶铺设移运导梁的轨道,将导梁推向前进,安装下一孔。重复上述工序,直至全桥架梁完毕。

3) 轮胎运架一体式架桥机架梁

如图 5-3-34 所示,轮胎运架一体式架桥机由运架梁机和导梁两大部分组成。运架梁机的两组轮胎可以纵横向移动,解决了在预制场内将箱梁从存梁场(或直接从制梁台座)吊出横行的问题;导梁可沿桥的纵向滑移,解决了预制梁的空中运梁问题。

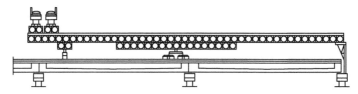

a)一孔架设完后,前后横梁移至尾部作平衡重

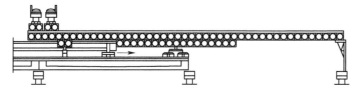

b)穿巷吊机向前移动一孔位置,并使前支腿支承在墩顶上

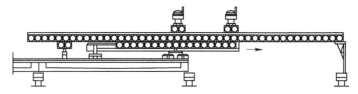

c)吊机前横梁吊起T形梁,梁的后端仍放在运梁平车上,继续前移

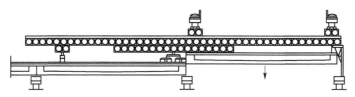

d)吊机后T形梁,缓慢前移,对准纵向梁就位后,先固定前后横梁,再用横梁上的吊梁小车横移落梁就位

图 5-3-33　双导梁穿行式架梁步骤

a)运梁　　　　　　　　　　　　　　b)架梁

图 5-3-34　运梁机架梁

4)自行式吊车桥上架梁法

在预制梁跨经不大、质量较轻且梁能运抵桥头引道上时,可直接用自行式伸臂吊车(汽车吊或履带吊)来架梁。但是,对于架桥孔的主梁,当横向尚未连成整体时,必须核算吊车通行和架梁工作时的承载能力。此种架梁方法简单方便,几乎不需要任何辅助设备,如图5-3-35所示。

5)扒杆纵向"钓鱼"架梁法

扒杆纵向"钓鱼"架梁法是用立在安装孔墩台上的两副人字扒杆,配合运梁设备,以绞车互相牵吊,在梁下无支架、导梁支托的情况下,把梁悬空吊过桥孔,再横移落梁、就位安装的架梁法,其架梁示意如图5-3-36所示。

用此法架梁时,必须以预制梁的质量和墩台间跨径为基础,在竖立扒杆、放倒扒杆、转移扒杆或架梁或吊着梁进行横移等各个工作阶段,对扒杆、牵引绳、控制绳、卷扬机、锚碇和其他附属零件进行受力分析和应力计算,以确保设备的安全。还需对各阶段的操作安全性进行检查。

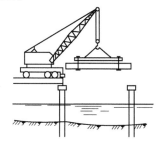
5-3-35 自行式吊车桥上架梁法

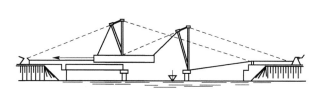
图5-3-36 扒杆纵向"钓鱼"架梁法

本法不受架设孔墩台高度和桥孔下地基、河流水文等条件影响;不需要导梁、龙门吊机等重型吊装设备而可架设30~40m以下跨径的桥梁;扒杆的安装移动简单,梁在吊着状态时横移容易,且也较安全,故总的架设速度快。但本法需要技术熟练的起重工,且不宜用于不能设置缆索锚定和梁上方有障碍物处。

 任务工单

学习情境五:梁桥施工 工作任务三:预制装配施工	班级			
	姓名		学号	
	日期		评分	

一、任务内容
分组讨论预制装配式施工的方法。
二、基本知识
1. 先张法预制空心板的工艺步骤是:_____。
2. 后张法预制T形梁的工艺流程是:_____。
3. 张拉台座的组成:_____。
4. 后张拉法管道预埋的方式有:_____,
要求有:_____。
5. 张拉控制最大力为:_____。
6. 张拉伸长量要求实际伸长量不超过理论伸长量的_____。
7. 后张法灌浆时,应维持灌浆时的压力为:_____,应从_____进_____。
8. 纵向运梁的设备有:_____。
9. 横向运梁的设备有:_____。
10. 吊梁的设备有:_____。

11.陆地架梁的方法有：_____。
12.宽穿巷式架桥机架梁施工的设备有：_____。
步骤是：_____。
13.跨墩龙门吊机安装施工所需要的设备：_____。

三、任务实施
预制装配式预应力 T 形梁施工是梁桥施工方法的一种，分组讨论其施工技术。
1.预制装配式施工的流程是什么？

2.预制装配施工的运输和吊装方法有哪几种？

3.龙门吊机导梁安装的步骤是什么？适用什么情况？

4.后张拉施工前的基本准备工作有哪些？

5.如果预应力筋采用钢绞线，应如何进行张拉工作？

6.后张法张拉的基本原则是什么？

7.后张法灌浆的配合比应满足哪些要求？

四、任务小结
通过此工作任务的实施，各小组集中完成下述工作。
1.你认为本次实训是否达到预期目的？还有什么意见和建议？

2.架桥机安装的步骤？

工作任务四　移动模架施工

1. 应知应会
(1)熟悉梁桥的移动模架施工。
(2)了解梁桥移动模架施工的技术要点。
2. 学习要求
(1)研读教材内容。
(2)学习对应方法施工案例,并结合施工规范,完成相关作业。
(3)注重理论联系实际。

一、概述

移动模架造桥机是一种自带模板,如图 5-4-1 所示,利用承台或墩柱作为支承,对桥梁进行现场浇筑的施工机械。随着施工进程不断移动,连续浇筑施工,因此移动模架法也称为"活动的桥梁预制厂"和"造桥机",这种方法对于桥长多孔的高架桥,使用十分方便。

图 5-4-1　移动模架架桥机

移动模架施工特点如下:
1. 主要优点
(1)无大型临时制梁场,少占耕地,对地方道路干扰少,适合丘陵地带和桥隧相连区域。
(2)相对于大型预制梁厂,移动模架制梁大型设备投入少,准备时间短,能快速投产。
(3)移动模架技术具有良好的适应性,不受墩高、场地、水文、地质等条件的限制,能满足施工各种作业工况的要求,转场较机动灵活,便于开展平行流水作业。
2. 主要缺点
移动模架具有野外、高空和流动三大作业特点,尤其移动模架的应用存在工序多、施工组织复杂、资源调配困难等缺点,尚无成功的经验可以借鉴,安全质量控制尤为艰巨,稍有不慎,后果难以补救。
移动模架法需要一整套设备及配件,除耗用大量钢材外还需有整套机械动力设备和自动装置,一次投资相当可观,为了提高使用效率,必须解决装配化和科学管理的问题。

采用移动模架法施工,无论哪一种形式,其共同的特点在于采用高度的机械化,其模板、钢筋、混凝土和张拉工艺等整套工序均可在模架内完成。同时由于施工作业是周期进行,且不受气候和外界因素干扰,不仅便于工程管理,又能提高工程质量,加快施工速度。根据国外 20 余座使用移动模架法施工的桥梁统计,从构造上看,大多数的桥为外形等截面梁桥,桥梁的跨径多数为 23.5～45m,也就是说,对于中等跨径的桥梁采用移动横架法施工较为适宜。此外,对于弯桥和坡桥都有成功的先例。

常用的移动模架可分为移动悬吊模架和活动模架两种。

二、移动悬吊架

移动悬吊模架的形式很多,各有差异,其基本结构包括承重梁、从承重梁伸出的肋骨状的横梁和支承主梁的移动支承三部分,如图 5-4-2 所示。

图 5-4-2 移动模架组成

1. 承重梁

承重梁也称支承梁,通常采用钢梁,长度大于两倍跨径,是承受施工设备自重、模板系统重力和现浇混凝土重力的主要构件,承重梁的前端支承在桥墩上并与前移导梁相连。承重梁的后端通过可移式支承落在已完成的梁段上,它将质量传给桥墩(或直接落在墩顶),承重梁的前端支承在桥墩上,工作状态呈单悬臂梁。承重梁除其承重作用外,在一孔梁施工完成后,作为导梁与悬吊模架一起纵移至下一施工孔,承重梁的移位以及内部运输由数组千斤顶或起重机完成,并通过中心控制操作,如图 5-4-3 所示。

2. 移动模架

移动模架是从承重梁两侧悬臂的许多横梁覆盖板梁全宽,在承重梁上左右各用 2～3 组钢索拉住横梁,以增加其刚度横梁的两端垂直向下,到主桥的下端再呈水平状态,形成下端开口的框架并将主梁包在内部。当模板支架处于浇筑混凝土的状态时,模板依靠下端的悬臂梁和锚固在横梁上的吊杆定位,并用千斤顶固定模板浇筑混凝土。当模架需要运送时,放松千斤顶和吊杆,模板固定在下端悬臂上,并转动该梁前端的可动部分,使在运送时模架可顺利地通过桥墩,如图 5-4-4 所示。

图 5-4-3 承重梁　　　　　　　图 5-4-4 移动模架

3. 支承系统

移动模架的支承系统由移动支承 R_1、R_2、R_3 和后端支承组成,移动时要放下后端支承,将 R_1、R_2、R_3 活动支承前移,之后提升后端支承,利用 R_2、R_3 上的穿心式千斤顶将承重梁前移,经过几次反复,将承重梁移至新的施工位置,如图5-4-5所示。

4. 移动模架造桥机构造

移动模架造桥机主框架由两根钢箱梁和横联桁架组成,移动模架造桥机在墩顶的工作是主要承托横梁、模板系统等设备重量及钢筋、混凝土等结构材料重量。每节纵梁由称重钢箱梁和导梁组成。钢箱梁接头采用螺栓节点连接。

本移动模架按系统自下而上可分为墩旁托架、支承台车、顶升油缸、主框架总成、内外模板系统、前后门架、电气及液压系统等,如图5-4-6所示。

移动模架造桥机的组成如下:

1) 外模板系统

外模板系统由底模、侧模和翼模及支撑杆组成。模板所承受的重力通过支撑杆传递给主框架。模板由面板和骨架组焊而成,每块模板在横向和纵向都有螺栓连接。墩顶处的底模现场使用散模组并固定牢靠。外模板应起拱,起拱度的设置按主梁承受的实际荷载加内膜自重产生的曲线特征值进行,以使成桥后设计曲线与设计值吻合。

2) 内模板系统

内模采用可拆装式小平面模,内支撑采用整体桁架片,用挂撑进行连接,可大大提高功效。

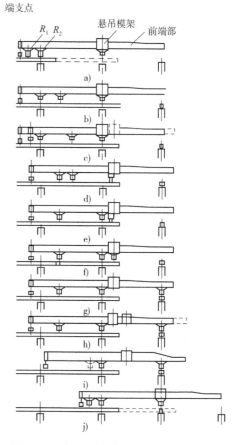

图5-4-5 移动悬吊模架施工时的支承系统

3) 墩旁托架系统

墩旁托架系统包括前后立柱和横托梁。

4) 支承台车

支承台车由横移机构、纵移机构、垂直吊挂机构及液压泵站组成,具有模架开合和纵移过孔,支腿自移过孔等功能。

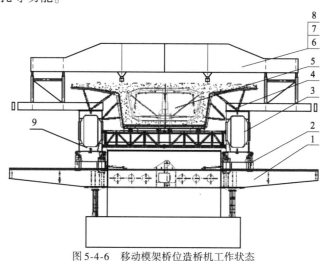

图5-4-6 移动模架桥位造桥机工作状态

1-墩旁托架;2-支承台车;3-主梁;4-外模及支承;5-内膜及支承;6-门架;7-电气系统;8-液压系统;9-顶升油缸

5）前后门架

前门架用于悬吊主梁和前导梁，在支腿自移过墩时将模架自重转移到桥面和前方桥墩。后门架具有悬吊主梁并纵移功能，在模架纵移过墩时支承于桥面轨道。后门架吊挂下设有导向轨，为主框架横移提供导向，以方便主梁横移对位安装。

6）托架纵、横移机构

托架纵移、横移由纵移机构、横移机构完成。

三、活动模架

活动模架的构造形式较多，其中的一种构造形式由承重梁、导梁、台车和桥墩托架等构件组成。在混凝土箱形梁的两侧各设置一根承重梁，支撑模板和承受施工质量，承重梁的长度要大于桥梁跨径，浇筑混凝土时承重梁支承在桥墩托架上。导梁主要用于运送承重梁和活动模架，因此需要有大于两倍桥梁跨径的长度，当一跨梁施工完成后进行脱模卸架，由前方台车（在导梁上移动）和后方台车（在已完成的梁上移动），沿纵向将承重梁和活动模架运送至下一跨，承重梁就位后导梁再向前移动，如图5-4-7所示。

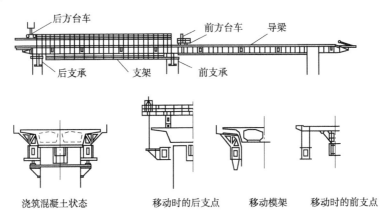

图5-4-7 活动模架的构造图

活动模架的另一种构造形式是采用两根长度大于两倍跨径的承重梁分设在箱梁面的翼缘板下方，兼作支承和移支模架的功能，因此不需要再设导梁，两根承重梁置于墩顶的临时横梁上，两根承重梁间用于支承上部结构模板的钢螺栓框架将两个承重梁连接起来，移动时为了跨越桥墩前进，需要解除连接杆件，承重梁逐根向前移动。

一、移动模架施工

1. 施工程序

移动悬吊模架的施工程序如图5-4-8所示。

2. 作业原理

移动模架利用承台安装墩旁托架，托架支承主框架，模架安装支撑于主框架上，形成一个可以纵向移动的桥梁制造平台，完成桥梁的使用，模架横向分离，使其能够通过桥墩，纵向前移过孔到达下一施工位置，横向合龙再次形成制梁施工平台，完成下一孔施工，具体内容如图5-4-9所示。

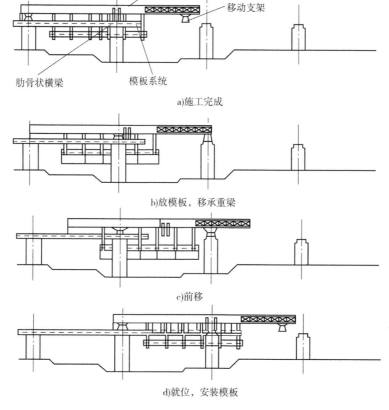

图 5-4-8 移动悬吊模架的施工程序

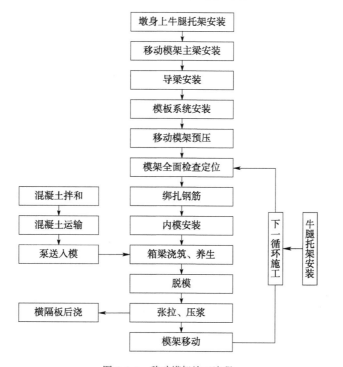

图 5-4-9 移动模架施工流程

3. 标准施工作业流程

1)步骤1

(1)原位合模、调整预拱度。

(2)绑扎底板钢筋、立内膜、绑扎顶板钢筋、安装预应力管道。

(3)浇筑箱梁混凝土。

(4)箱梁混凝土养生、等强。

(5)拆除端模、张拉预应力筋。

2)步骤2

(1)解除油顶机械支撑,油顶回收,落(脱)模。

(2)主框架及外膜横向平开。

(3)连接前后门架与主梁。

(4)依次拆开后门架、前门架左右托架连接稍,横向平开。

3)步骤3

(1)前支腿前移,后支腿前移到中间墩位置安装就位。

(2)支撑门架落梁,解除与主梁的连接,主框架及外膜由后支撑门架与托架支撑。

(3)开启纵移系统,移动模架至合理位置。

4)步骤4

安装前门架走行小车,前移一孔。和导梁连接,支撑起导梁。

5)步骤5

(1)前支撑托架前移至前一个墩位并安装。

(2)前支撑架门架落架,导梁由前支撑托架支撑。

(3)解除前支撑门架与主梁的连接。

6)步骤6

(1)模架前移到位。

(2)主框架及模板横移到位,合模,连接横梁。

(3)进行下一跨箱梁预制施工。

二、活动模架施工

活动模架施工是从岸跨开始,每次施工接缝设在下一跨的13m处($L/5$附近)连续施工,当正桥和两岸引桥施工完成后,在主跨锚孔设置临时墩现场浇筑连接段使全桥合龙。

对于每个箱梁的施工采用两次浇筑施工法,当承重梁定位后,用螺旋千斤顶调整外模,浇底板混凝土,之后安装设在轨道上的内模板,浇筑腹板及顶板混凝土。在一跨施工结束需移动模架时,将连接杆件从一个承重梁上松开半撤除纵向缆索后将承重梁逐根纵移,由于附有连接杆和模板的承重梁,在移动时不稳定,为了达到平衡,在承重梁的另一侧设有外托架和混凝土平衡梁。每跨桥的施工期,在正常情况下,需要4周时间。

施工时,浇筑孔需要有强大的移动式支承,模架的前支点设在前主桥墩上,后支点则设在已浇筑完成的悬臂端上,采用从桥一端向另一端逐孔施工程序。每孔混凝土接头设在距离桥墩支点11.2m处,即56m跨的$L/5$部位。预应力筋一半数量的接头设在距支点6.2m处,也就是说一半数量的力筋锚固在混凝土接头部位,另一半力筋接头相隔5m,保证混凝土与力筋有良好的连续性。

学习情境五:梁桥施工 工作任务四:移动模架施工	班级			
	姓名		学号	
	日期		评分	

一、任务内容
分组讨论移动模架施工方法的步骤和施工要点。

二、基本知识
1. 移动模架的组成:_____
_____。
2. 移动模架施工的基本原理:_____
_____。

三、任务实施
移动模架施工是梁桥施工方法中的一种,分组掌握其施工流程及要点。
1. 移动模架施工的流程是什么?

2. 移动模架施工的特点是什么?

四、任务小结
通过此工作任务的实施,各小组集中完成下述工作。
1. 你认为本次实训是否达到预期目的?还有什么意见和建议?

2. 移动模架施工还有哪些?各适用什么情况?

工作任务五 顶推施工

任务概述

1. 应知应会

(1) 熟悉梁桥顶推施工。
(2) 了解顶推施工的要点。

2. 学习要求

(1) 研读教材内容。
(2) 学习相应施工案例,结合桥梁施工规范,完成顶推施工相关作业。
(3) 注重理论联系实际。

相关知识

一、概述

顶推法施工是沿桥纵轴方向,在桥台后设置预制场浇筑梁段,达到设计强度后,施加预应力,向前顶推,空出底座继续浇筑梁段,随后施加预应力与先一段梁连接,直至将整个桥梁梁段浇筑并顶推完毕,最后进行体系转换而形成连续梁桥的方法。连续梁桥的主梁采用顶推法施工的概貌如图 5-5-1 所示。

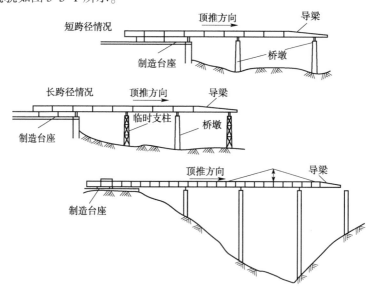

图 5-5-1 顶推法施工概貌

二、施工特点

(1) 顶推法可以使用简单的设备建造长、大桥梁,施工费用较低,施工平稳、无噪声,可在深水、山谷和高桥墩上采用,也可在曲率相同的弯桥和坡桥上使用。

(2) 主梁分段预制,连续作业,结构整体性好。由于不需大型起重设备,所以施工节段的长度可根据预制场条件及分段的合理位置选用,一般可取用 10~20m。

(3)梁段固定在同一个场地预制,便于施工管理改善施工条件,避免高空作业。同时,模板与设备可多次周转使用,在正常情况下梁段预制的周期为 7~10d。

(4)顶推施工时梁的受力状态变化较大,施工应力状态与运营应力状态相差也较多,因此在截面设计和预应力束布置时要同时满足施工与运营荷载的要求。在施工时也可采取加设临时墩、设置导梁和其他措施,减少施工应力。

(5)顶推法宜在等截面梁上使用,当桥梁跨径过大时,选用等截面梁造成材料的不经济,也增加了施工难度,因此以中等跨径的连续梁为宜,推荐的顶推跨径为 40~45m,桥梁的总长也以 500~600m 为宜。

总之顶推施工,不需要支架和大型机械,工程质量容易控制,占地场地少,不受季节影响。但仅适用于等高度的直线桥或等半径的曲线桥,顶推梁造价比同等跨径简支梁和现浇变截面连续梁造价高。

迄今,世界各国采用顶推法施工的大桥约有 200 座。推荐的顶推跨径为 42m,不设临时支墩也无其他辅助设施的最大顶推跨径为 63m,顶推法施工的最大跨径是联邦德国的沃尔斯(Worth)桥,该桥为 3 跨连续梁,全长 404m,最大跨径为 168m,其间采用两个临时支墩,顶推跨径为 56m。

 任务实施

一、顶推法施工的主要程序

顶推施工的施工要点为:需固定预制场地,采用摩阻系数小的滑移装置,要满足施工受力要求。其主要施工过程为:预制场准备工作→制作底座→预制节段→张拉预应力筋→顶推预制节段→顶推就位→张拉后期预应力筋→更换支座。预应力混凝土连续梁桥的上部结构采用顶推法施工的顺序可大致用图 5-5-2 表示,这一施工框图主要反映我国目前采用顶推法施工的主要工序。

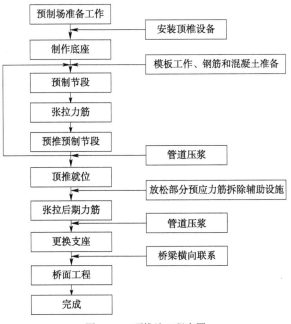

图 5-5-2 顶推施工程序图

二、顶推方法与设备

1. 顶推方法

顶推施工前,应根据主梁长度、实际顶推跨度、桥墩能承受的水平推力、顶推设备和滑移装置等条件,选择适宜的顶推方式。

1)单点顶推

单点顶推的装置集中在主梁预制场附近的桥台或桥墩上,前方墩各支点上设置滑动支承。顶推时,滑块在不锈钢板上滑动,并在前方滑出,通过在滑道后方不断喂入滑块,带动梁身前进,如图5-5-3所示。它的施工程序为:顶梁→推移→落下竖直千斤顶→收回水平千斤顶的活塞杆。

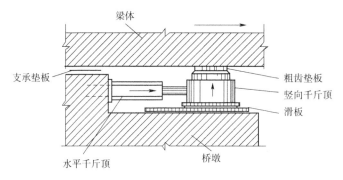

图5-5-3 水平千斤顶与垂直千斤顶联用的装置

单点顶推限用于直线桥、顶推梁段长度较短、桥墩可承受较大水平荷载、后座能提供足够的水平反力时。多数箱梁两侧安设顶推千斤顶或拉杆牛腿。

1991年建成的杭州钱塘江二桥,是一座公铁两用并列桥。主桥两侧的铁路引桥均为三联预应力混凝土连续梁桥,每联分别为7×32m、8×32m及9×32m,最大联长288m,采用单点顶推法施工。顶推设备采用4台大行程水平穿心式千斤顶,设置在牵引墩的前侧托架上,顶推是通过梁体顶、底板预留孔内插入强劲的钢锚柱,由钢横梁锚定4根拉杆,牵引梁体前进,当千斤顶回油时,需拧紧拉杆上的止退螺母,为保证施工安全,在牵引墩的后侧安装两个专供防止梁体滑移的制动架。

2)多点顶推

多点顶推是在每个墩台上设置一对小吨位(400~800kN)的水平千斤顶,将集中的顶推力分散到各墩上。由于利用水平千斤顶传给墩台的反力来平衡梁体滑移时在桥墩上产生的摩阻力,从而使桥墩在顶推过程中承受较小的水平力,因此可以在柔性墩上采用多点顶推施工。同时,多点顶推所需的顶推设备吨位小,容易获得,所以我国在近年来用顶推法施工的预应力混凝土连续梁桥,较多地采用了多点顶推法,如图5-5-4所示。

单点顶推法与多点顶推法相比较,可以免去大规模的顶推设备,能有效控制顶推梁的偏离,墩身受到水平推力小,便于在柔性墩上采用。在弯桥采用多点顶推时,各墩施力均匀。

2. 顶推设备

1)滑道

如何减小摩阻力是顶推施工的关键技术问题。施工中通过在梁底、墩顶设置滑道的办法来解决。

滑道用聚四氟乙烯板和不锈钢板组成,滑移面的摩擦系数很小,为0.02~0.04;顶推时,组合的聚四氟乙烯板在不锈钢板滑动,并在前方滑出,通过在滑道后方不断喂入滑块,带动梁身前进。

图 5-5-4 多点顶推图示

滑道支常用临时支承,由光滑的不锈钢板与组合的聚四氟乙烯滑块组成,其中的滑块由四氟板与具有加劲钢板的橡胶块构成。临时支承搁置在混凝土临时垫块上,待主梁就位后拆除,再更换正式支座,如图 5-5-5 所示。

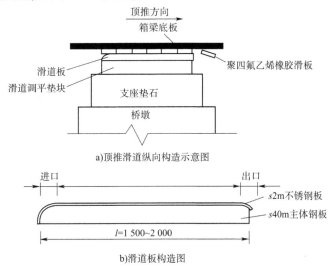

a)顶推滑道纵向构造示意图

b)滑道板构造图

图 5-5-5 滑道装置示意图(尺寸单位:mm)

也可将滑道设置在永久支座上,但为避免顶推过程中支座损坏,应对支座进行必要的防护。通常的做法是在支座周边设置垫块,使滑道板的压力通过垫块传递给墩台而不是直接经支座传递,这样可使支座的安装、更换工作更加方便,并提高支座的安装精度,如图 5-5-6 所示。

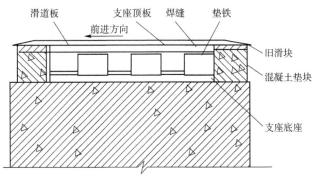

图 5-5-6 在永久支座上布置滑道

还有一类滑动装置为连续滑动装置,其构造如图 5-5-7 所示,通过卷绕装置使滑动带连续、循环滑动从而实现不间断顶推。这种装置在施工完成后即成为永久支座,无须拆除,但支座本身构造复杂、造价高。

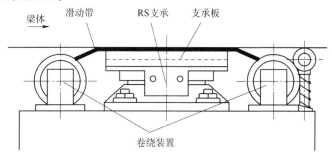

图 5-5-7　支承构造

2) 千斤顶与油泵

顶推装置集中在主梁预制场附近的桥台或桥墩上,前方各支点设置滑动支承。顶推装置分为两种:一种是由水平千斤顶通过箱梁两侧的牵动钢杆给预制梁一个顶推力;另一种是由水平千斤顶与竖直千斤顶配合使用,顶推预制梁前进。在顶推设备方面,国内一般较多采用拉杆式顶推方案,每个墩位上设置一对液压穿心式水平千斤顶,每侧的拉杆使用一根或两根 $\phi 25$ 高强螺纹钢筋,杆的前端通过锥楔块固定在水平顶活塞杆的头部,另一端使用特制的拉锚器、锚定板等连接器与箱梁连接,水平千斤顶固定在墩身特制的台座上,同时在梁位下设置滑板和滑块。当水平千斤顶施顶时,带动箱梁在滑道上向前滑动,拉杆式顶推装置如图 5-5-8 所示。

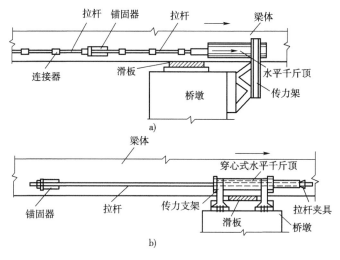

图 5-5-8　拉杆式顶推装置

3) 临时设备

(1) 导梁。导梁设置在主梁的前端,为等截面或变截面钢桁梁或钢板梁,主梁前端装有预埋构件与钢导梁栓接。导梁在外形上,底缘与箱梁底应处于同一平面,前端底缘呈向上圆弧形,以便于顶推时顺利通过桥墩,如图 5-5-9 所示。钢导梁的作用是减小顶推过程中梁的前端悬臂负弯矩。

钢导梁的技术要求如下:钢导梁受力主要为正弯矩和剪力,负弯矩较小,长度一般为顶推跨径的 0.6~0.7 倍,较长的导梁可以减小主梁悬臂负弯矩,合理的导梁长度应使主梁最大悬臂负弯矩与使用状态(运营状态)支点负弯矩基本接近。导梁的刚度宜选为主梁的1/9～1/5。在导梁的刚度满足稳定和强度的条件下,选用较小的刚度及变刚度的导梁。钢导梁要考虑动力系数,使结构有足够的安全储备。

a) b)

图 5-5-9 顶推时的钢导梁

曲线桥顶推施工也可设置导梁,其导梁的平面线形沿呈圆曲线的切线方向;当曲线半径较小时,也可采用折线形导梁。

(2)临时墩。临时墩的作用与钢导梁相似,通过设置临时墩(图 5-5-10)减小顶推的标准跨径从而减小梁顶推过程交替变化的正、负弯矩。特别是当顶推跨径超过50m,或者顶推其他形式的桥梁,如斜拉桥、钢管系杆拱桥或连续刚构桥梁时采用。

临时墩的设计原则如下:临时墩受力主要为梁体的垂直荷载和顶推水平摩阻力,故要考虑顶推的启动和停止的惯性作用,以及施工期间通洪水杂物作用对临时墩的影响;临时墩要满足强度和刚度要求;要考虑临时墩的变形(受力温度)对顶推高程误差的影响;临时墩拆除、恢复航道方案的费用要列入成本。

三、顶推施工中的几个问题

1. 确定分段长度和预制场地布置

顶推法制梁有两种方法:一种是在梁轴线的预制场上连续预制段顶推;另一种是在工厂制成预制块件,运送桥位连接后进行顶推。后者必须根据运输条件决定节段的长度和重量(长度一般不超过5m),同时增加了接头工作,需要起重、运输设备。因此,以现场预制为主。

如图 5-5-11 所示,预制场是预制箱梁和顶推过渡的场地,包括主梁节段的浇筑平台和模板、钢筋和钢索的加工场地,混凝土搅拌站以及砂、石、水泥的堆入和运输路线用地。预制场一般设在桥台后,长度需要有预制节段长的3倍以上。顶推过渡场地需要布置千斤顶和滑移装置,因此它又是主梁顶推的过渡孔。

图 5-5-10 顶推法设置临时墩　　　　图 5-5-11 顶推法预制场地

主梁阶段预制完成后,要将节段向前顶推,空出浇筑平台继续浇筑下一节段。对于顶出的梁段要求顶推后无高程变化,梁的尾端不能产生转角,因此在到达主跨之前要设置过渡孔,并通过计算确定分孔和长度。主要的节段长度划分主要考虑段间的连接处不要设在连续梁受力最大的支点与跨中截面。同时还要考虑应制作加工容易,尽量减少分段,缩短工期。因此一般常取每段长 10～30m。同时根据连续梁反弯点的位置,参考国外有关设计规范,连续梁的顶推节段长度应使每跨梁不多于两个连接缝。

2. 节段的预制工作

节段的预制对桥梁施工质量和施工进度起决定作用。由于预制工作固定在一个位置上进行周期生产,所以完全可以仿照工厂预桥梁的条件设临时厂房、吊车,使施工不受气候影响,减轻劳动强度,提高工效。

1) 模板制作

箱梁模板由底模、侧模和内模组成。一般来说,采用顶推法施工多选用等截面,模板可以多次周期使用。因此宜使用钢模板,以保证预制梁尺寸的准确性。

底模板安置在预制平台上,平台的平整度必须严格控制,因为顶推时的微小高差就会引起梁内力的变化,而且梁底不平整将直接影响顶推工作。通常预制平台要有一个整体框架基础,要求总下沉量不超过 5mm,其上是型钢及钢板制作的底模和在腹板位置的底模滑道。在底模和基础之间设置卸落设备放下时,底模能自动脱模,将节段落在滑道上,如图 5-5-12 所示。

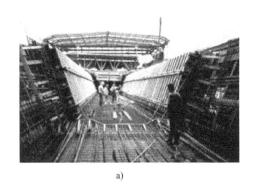

a)　　　　　　　　　　　　　　　b)

图 5-5-12　模板组成

2) 预制周期

根据统计资料得知,梁段预制工作量占全部结构工作量的 55%～65%,加快预制工作的速度对缩短工期具有十分重要的意义。为达到此目的,除在设计上尽量减少梁段的规格外,在施工上应采取一定的措施加快预制周期。目前国内外的预制梁段周期为 7～15d,加快预制周期的措施有:组织专业施工队伍,在统一指挥下实行岗位责任制;采用墩头锚、套管连接器,前期钢索采用直索,加快张拉速度;在混凝土中加入减水剂,增加施工和易性,提高混凝土的早期强度;采用强大振捣,大型模板安装,提高机械化和装配化的程度;顶推施工中的横向导向

3. 横向导向

为了使顶推能正确就为,施工中的横向导向是不可少的。通常在桥墩台上主梁的两侧各安置一个横向水平千斤顶,千斤顶的高度与主梁的底板位置平齐,由墩台上的支架固定千斤顶位置。在千斤顶的顶杆与主梁侧面外缘之间放置滑块,顶推时千斤顶的顶杆与滑块的

聚四氟乙烯板形成滑动面,顶推时由专人负责不断更换滑块。顶推施工时的横向导向装置如图 5-5-13 所示。

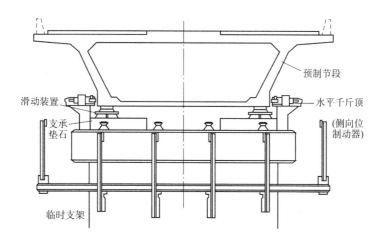

图 5-5-13　顶推施工时横向导向装置

横向导向千斤顶在顶推施工中一般只控制两个位置,一个是在预制梁段刚刚离开预制场的部位,另一个设置在顶推施工最前端的桥墩上,因此梁前端的导向位置将随着顶推梁的前进不断更换位置。施工中发现梁的横向位置有误而需要纠偏时,必须在梁顶推前进的过程中进行调整。对于曲线桥,由于超高而形成单面横坡,横向导向装置比直线处强劲,且数量要增加,同时应注意在顶推时,内外弧两侧前进的距离不同,应加强控制和观测。

4. 落梁

落梁时将顶推到位的箱梁顶起来,拆除顶推临时滑道装置,安装永久支座,再将梁平稳地降落在支座上。

1) 落梁前的准备工作

(1) 拆除临时索,张拉预应力索,所有管道必须灌浆。

(2) 复测桥墩位的高程,检查桩基是否有沉降,特别是摩阻桩基。

(3) 清理桥墩盖梁平面,解除对梁体的约束。

2) 落梁的方法

因为箱梁是长条形,采取分段落梁方案,例如,每次顶取 3 个桥墩(台)完成 2 个桥墩落梁,其中一个桥墩作为高差过渡,相邻两墩台顶高程(相对设计高程)差控制在 10mm。落梁的原则如下:

(1) 充分做好准备工作,尽量使顶起、落梁的时间越短越好。

(2) 确定千斤顶的布置位置,要求纵、横对称,既考虑桥墩盖梁受力,又考虑箱梁梁体受力都处于有利部位。

(3) 竖直千斤顶要求有足够的富余的顶力和工作行程,顶起时,桥墩的垫石与箱梁底必须有保险装置。

(4) 尽量控制梁的顶起高度,注意顶起和降落的顺序,一个墩上千斤顶起落要同步均匀,纵向桥墩顶起高度要合理分配。

(5) 纵向应注意梁的温度伸缩,注意固定墩和伸缩缝桥墩支座的安装。

学习情境五:梁桥施工	班级			
工作任务五:顶推施工	姓名		学号	
	日期		评分	

一、任务内容
分组讨论梁桥顶推施工方法。

二、基本知识
1. 顶推法施工的一般程序：_____
_____。
2. 顶推的方法：_____。
3. 顶推的设备：_____。
4. 临时设施：_____。
5. 落梁前的准备工作：_____。
6. 落梁的原则：_____。

三、任务实施
顶推施工是梁桥施工方法中的一种,分组掌握其施工方法及要求。

1. 顶推施工方法的特点是什么？适用什么情况？

2. 顶推施工的流程？

3. 何为顶推施工的落梁？

四、任务小结
通过此工作任务的实施,各小组集中完成下述工作。

1. 你认为本次实训是否达到预期目的？还有什么意见和建议？

2. 顶推的方法有哪些？

工作任务六　悬 臂 施 工

1. 应知应会

(1)熟悉悬臂施工法的基本概念。
(2)掌握悬臂施工法的基本流程。
(3)了解悬臂施工法的设备和技术要点。
(4)根据规范,进行悬臂施工方法的验收。

2. 学习要求

(1)研读教材内容。
(2)学习相应施工案例,结合桥梁施工技术规范,完成相关作业。
(3)注重理论联系实际

一、概述

悬臂施工是在已建桥墩顶部,沿桥梁跨径方向,对称逐段施工的方法,所以也分称为分段施工法。每延伸一段,待混凝土达到强度后施工预应力与已成部分形成整体。如图5-6-1所示,根据混凝土施工方式的不同,又分为悬臂浇筑施工和悬臂拼装施工。

a)悬臂浇筑施工

b)悬臂拼装施工

图 5-6-1　悬臂施工方法

悬臂浇筑是用挂篮(即悬吊模架)就地分段浇筑,待每段混凝土养护并张拉加力后,再将挂篮前移,以供浇筑下一节段之用。悬臂浇筑的每个节段长度一般为3~4m,特大桥也不超过6m。因为节段太长,一方面将增加混凝土自重与挂篮结构的重量,另一方面还要相应增加平衡。

悬臂拼装是将预制好的节段,用支承在已完成悬臂上的专门悬拼吊机悬吊于梁位上逐段拼装,一个节段张拉锚固后,再拼装下一节段。悬臂拼装的预制长度,主要决定于悬拼吊机的起重能力,一般为2~5m为宜。节段过长则块件自重大,需要庞大的起重设备。节段过短则拼装接缝多,并使工期延长。一般在悬臂根部因截面积较大,节段长度较短,以向端部逐段增长。

对预应力混凝土连续梁桥来讲,悬臂施工时墩和梁铰接,不能承受施工荷载产生的不平衡弯矩,因此,施工过程中墩和梁应临时固结,以承受施工荷载产生的不对称负弯矩,待悬臂施工至少一端合龙后恢复原状态。

悬臂拼装和悬臂浇筑均利用悬臂原理逐段完成全联梁体的施工，悬浇是以挂篮为支承进行主段浇筑，悬拼是以吊机逐段完成梁体拼装。悬臂施工法是大跨连续梁桥主要施工方法，其中悬臂浇筑法更具有竞争实力。

二、悬臂施工法的特点

1. 悬臂浇筑施工法的优点

施工不受季节、河道水位的影响，不影响桥下通航，不需要大量的支架和临时设备，因此这种施工方法在国内外都得到了广泛的应用。

悬臂浇筑法与悬臂拼装法比较如下：

1) 施工进度方面

利用挂篮进行浇筑时，每个节段的施工周期通常为 6～9d。采用底板、腹板一次浇筑的施工工艺时，一个节段的施工周期可缩短到 5～7d。

悬臂拼装的节段预制工序和悬臂浇筑法大体相同，但其预制工作是在预制场提前进行的。拼装时占用施工周期的仅有吊装定位和穿束张拉等工序，一个节段的施工周期仅为 1～1.5d。故从施工进度方面看，悬臂拼装要比悬臂浇筑快得多。

2) 施工质量方面

用悬臂浇筑法施工时，梁体的钢筋连续性好，混凝土的整体性亦较好，但空中作业工作量大，工作面小，节段混凝土浇筑质量较难保证，悬臂拼装法施工时，块件在预制场预制、布料、振捣、养护条件均较好，预制块的质量易于保证。梁的整体性在采用湿接缝和环氧树脂胶接缝以后，也能得到改善。

3) 施工变形的控制

悬臂拼装时对施工变形较不易控制，个别桥在拼装过程中，上翘值达 30cm 以上。通过许多桥的悬拼施工实践，已从多方面研究摸索了一些控制施工上翘的有效方法。悬臂浇筑时，对施工过程中的变形则较易控制，可以逐段测量调整。

4) 适应性

悬臂浇筑用挂篮施工一般不受桥孔下的地形、地质、水文、船只或建筑物的影响，而悬臂拼装就必须要求桥孔下的地形或水文情况允许安全运送块件，吊装预制段。

悬臂浇筑施工时，一般希望气温比较高，使混凝土易于早强。若冬季施工，在悬浇挂篮上采用蒸汽养生则比较复杂。悬臂拼装预制节段时，就不受或少受气候的影响。拼装时若用干接缝结合，则不怕低温影响。即使是环氧树脂胶接缝，也有在零下15℃施工成功的实例。

5) 施工起重能力

用挂篮悬浇时，仅要求起重量为1.5t 以上的吊机吊运钢筋骨架和混凝土。挂篮本身的转移可视起重能力的大小而将杆件拆成相应的单元。预制拼装时，一般需要有 40t 以上的起重能力。从当前情况看，用贝雷桁架或万能杆件拼装起重量为100t 左右的悬拼吊机，也是比较容易的。

2. 悬臂拼装施工法的优点

悬臂拼装的分段，主要决定于悬拼吊机的起重能力，一般节段长 2～5m。节段过长则自重大，需要悬拼吊机起重能力大，节段过短则拼装接缝多，工期也延长。一般在悬臂根部，因截面积较大，预制长度比较短，以后逐渐增长。悬拼施工适用于预制场地及运吊条件好，特别是工程量大和工期较短的梁桥工程。

实践表明,悬拼和悬浇与支架施工等施工方法相比除有许多共同优点外,悬拼还有以下特点:

(1)进度快。传统的悬浇法灌注一节段梁周期在天气好时也需要1个星期左右;而采用悬拼法,梁体节段的预制可与桥梁下部构造施工同时进行,平行作业缩短了施工工期,且拼装速度快。

(2)制梁条件好,混凝土质量高。悬拼法将大跨度梁化整为零,在地面施工,预制场或工厂化的梁体节段预制有利于整体施工的质量,操作方便、安全。悬浇的混凝土有时会因达不到强度而造成事故,处理起来较麻烦,延误了工期,损失较大。采用悬拼法,节段梁在地面有足够的时间,可以想办法弥补工程施工中的不足。

(3)收缩、徐变变形小。预制梁段的混凝土龄期比悬浇成梁的长,从而减少了悬拼成梁后混凝土的收缩和徐变。

(4)线形好。节段预制采用长线法,长线法是在按梁底曲线制作的固定底模上分段浇筑混凝土的方法,能保证梁底线形。

(5)适合多跨梁施工。桥梁跨度越大、桥跨越多,则越能体现悬拼法的优越性,也越经济。

悬拼按照起重吊装的方式的不同可分为:浮吊悬拼、牵引滑轮组悬拼、连续千斤顶悬拼、缆索起重机(缆吊)悬拼及移动支架悬拼等。悬拼的核心是梁的吊运与拼装,梁体节段的预制是悬拼的基础。

从上面几点分析,可以看出悬臂浇筑法具有结构整体性好,可以不受桥下地形条件限制,优越性较明显,所以大部分大跨径预应力混凝土桥梁采用悬臂浇筑法施工。

三、悬臂施工挂篮

挂篮是悬臂浇筑施工的主要机具。挂篮是一个能沿着轨道行走的活动脚手架,悬挂在已经张拉锚固的箱梁梁段上,悬臂浇筑时箱梁梁段的模板安装、钢筋绑扎、管道安装、混凝土浇筑、预应力张拉、压浆等工作均在挂篮上进行。当一个梁段的施工程序完成后,挂篮解除后锚,移向下一梁段施工。所以挂篮既是空间的施工设备,又是预应力筋未张拉前梁段的承重结构。

1. 挂篮分类

作为施工梁段的承重结构,同时又是施工梁段的作业现场,随着施工技术的不断改进,挂篮已由过去的压重平衡式发展成现在通用的自锚平衡式。自锚式施工挂篮结构的形式主要有桁架式和斜拉式两类。

桁架式挂篮按其构成部件的不同,可分为万能杆件挂篮、贝雷梁或装配式公路钢桁梁组合式和挂篮、型钢组合桁架组合式挂篮等。按桁架构成形状的不同,又可分为平行桁架式、平弦无平衡重式、弓弦式、菱形式等多种,平行桁架式挂篮如图5-6-2所示。

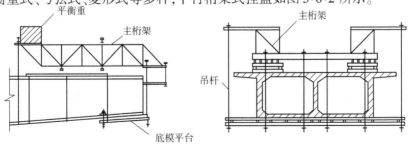

图 5-6-2 平行桁架式挂篮

斜拉式挂篮也叫轻型挂篮。随着桥梁跨径越来越大,为了减轻挂篮自重,以达到减少施工节段增加的临时钢丝束,在桁架式挂篮的基础上研制了斜拉式挂篮,如图 5-6-3 所示。

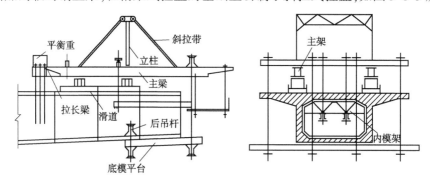

图 5-6-3　斜拉式挂篮

2. 挂篮的主要构造

挂篮纵横桁梁系布置图如图 5-6-4 所示。

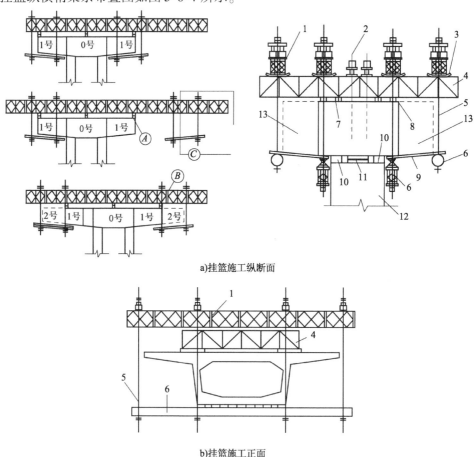

a) 挂篮施工纵断面

b) 挂篮施工正面

图 5-6-4　挂篮纵横桁梁系布置图

1-主横桁梁;2-后锚点;3-行走滑板;4-主纵桁梁;5-吊杆;6-底篮横梁(钢管);7-后支点;8-前支点;9-底模;10-临时固定支座;11-永久支座;12-桥墩;13-待浇梁段;Ⓐ-底模架;Ⓑ-锚固系统;Ⓒ-行走系统

1)主纵桁梁

主纵桁梁是挂篮悬臂承重结构,可由万能杆件或贝雷桁架(或装配式公路钢桁架)组拼或采用钢板或大号型钢加工而成。

2) 悬吊系统

悬吊系统的作用是将底模架、张拉工作平台的自重及其上面的荷重传递到承重结构上，悬吊系统可采用钻有销孔的扁钢或两端有螺纹的圆钢组成，如图5-6-5和图5-6-6所示。

3) 后锚系统

后锚是主纵桁梁自锚平衡装置，由锚杆压梁、压轮、连接件、升降千斤顶等组成，目的是防止挂篮在行走状态及浇筑混凝土梁段时倾覆失稳。

4) 行走系统

行走系统包括支腿和滑道及拖移收紧设备。采用电动卷扬机牵引，通过圆棒滚动或在铺设的上、下滑道上移动。滑道要求平整光滑，摩阻力小，拆装方便，能反复使用。目前大多采用上滑道覆一层不锈钢薄板，下滑道用槽钢，内设聚四氟乙烯板，行走方便，安全，稳定性好。

5) 底模架

底模架直接承受悬浇梁段的施工重力，可供立模板、绑扎钢筋、浇筑混凝土、养生等工序用由下横桁梁和底模纵梁及吊杆(吊带)组成。横梁可用万能杆件或贝雷桁架或型钢、钢管构成，底模纵梁用多根24～30号槽钢或工字钢；吊杆一般可用φ32的精轧螺纹钢筋或16Mn钢带，如图5-6-5所示。

图5-6-5 挂篮的结构

初始几个梁段用梁式挂篮施工时，由于墩顶位置限制，施工中常将两侧挂篮的承重结构临时连接在一起，待梁段浇筑一定长度后，再将两侧承重结构分开，如图5-6-6所示。

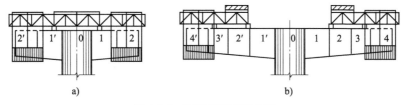

图5-6-6 挂篮的两种施工状态

3. 挂篮安装

挂篮组拼后，应全面检查安装质量，并做载重试验，以测定其各部位的变形量，并设法消除其永久变形。在起步长度内梁段浇筑完成并获得要求的强度后，在墩顶拼装挂篮。有条件时，应在地面上先进行试拼装，以便在墩顶熟练有序地展开挂篮拼装工作。拼装时应对称进行，挂篮的操作平台下应设置安全网，防止物件坠落，以确保施工安全。挂篮应呈全封闭形式，四周设维护，上下应有专用扶梯，方便施工人员上下挂篮。挂篮行走时，须在挂篮尾部压平衡重，以防倾覆。浇筑混凝土梁段时，必须在挂篮尾部将挂篮与梁进行锚固。

4. 挂篮试压

为了检验挂篮的性能和安全,并消除结构的非弹性变形,应对挂篮试压。试压通常采用试验台加压法、水箱加压法等。

1)试验台加压法

新加工的挂篮可用试验台加压法检测桁架受力性能和状况。试验台可利用桥台或承台和在岸边梁中预埋的拉力筋锚住主桁梁后端,前端按最大荷载计算值施力,并记录千斤顶逐级加压变化情况,测出挂篮弹性变形和非弹性变形参数,用作控制悬浇高程依据,如图5-6-7所示。

2)水箱加压法

对就位待浇混凝土的挂篮,可用水箱试压法检查挂篮的性能和状况。加压的水箱一般设于前吊点处,后吊杆穿过紧靠墩顶梁段边的底篮和纵桁梁,锚固于横桁梁上,或穿过已浇箱梁中的预留孔,锚于梁体,在后吊杆的上端装设带压力表的千斤顶,反压挂篮上横桁梁,计算前后施加力后,分级分别进行灌水和顶压,记录全过程挂篮变化情况即可求得控制数据。挂篮水箱法试压示意图如图5-6-8所示。

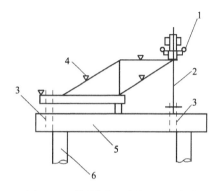
图5-6-7 菱形挂篮试验台试压示意图
1-压力表千斤顶;2-拉杆;3-预埋钢筋;4-观测点;
5-承台;6-桩

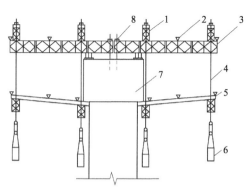
图5-6-8 挂篮水箱法试压示意图
1-横桁梁;2-观测点;3-纵桁梁;4-吊杆;5-底篮;6-水箱;
7-墩顶梁段;8-后锚固

 任务实施

一、悬臂浇筑施工

如图5-6-9所示,悬臂浇筑施工是悬臂浇筑(简称悬浇)采用移动式挂篮作为主要施工设备,以桥墩为中心,对称向两岸利用挂篮浇筑梁段混凝土,待混凝土达到要求强度后,张拉预应力束,再移动挂篮,进行下一节段的施工。

悬臂浇筑每个节段长度一般为2~6m,节段过长,将增加混凝土自重及挂篮结构重力,同时还要增加平衡重及挂篮后锚设施;节段过短,影响施工进度。所以施工时应根据设备情况及工期,选择合适的节段长度。悬臂浇筑法是桥梁施工中难度较大的施工工艺,需要一定的施工设备及一支熟悉悬臂浇筑工艺的技术队伍。由于80%左右的大跨径桥梁均采用悬臂浇筑法施工,通过大量实

图5-6-9 悬臂浇筑施工

桥施工,使悬臂浇筑施工工艺日趋成熟。

下面按悬浇施工程序(一般施工程序、0号块梁般施工、梁墩临时固结措施、预应力管道的设置、悬臂段浇筑施工主要工序、结构体系转换、合龙段施工)及施工控制两个方面进行详细介绍。

1. 悬臂浇筑施工程序

悬臂浇筑施工时,梁体一般要分四部分浇筑,如图5-6-10所示。Ⅰ为墩顶梁段(又称0号块),Ⅱ为由0号块两侧对称分段悬臂浇筑部分,Ⅲ为边孔在支架上浇筑部分,Ⅳ为主梁在跨中合龙段。主梁各部分的长度视主梁形式和跨径、挂篮的形式及施工周期而定。0号块一般为5~10m,悬浇分段一般为3~5m,合龙段一般为1~3m。

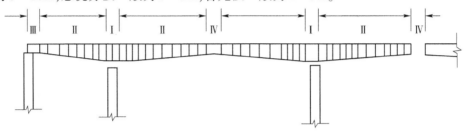

图5-6-10 悬臂浇筑分段示意图

Ⅰ-墩顶梁段;Ⅱ-0号块两侧对称分段悬臂浇筑;Ⅲ-支架浇筑梁段;Ⅳ-主梁跨中合龙段

1)一般施工程序

如图5-6-11所示,一般施工程序如下:

(1)在墩顶托架上浇筑0号块并实施墩梁临时固结系统。

(2)在0号块上安装悬臂挂篮,向两侧依次对称地分段浇筑主梁至合龙前段。

(3)悬臂对称浇筑各个梁段。

(4)主梁合龙段可在改装的简支挂篮托架上浇筑。多跨合龙段浇筑顺序按设计或施工要求进行。

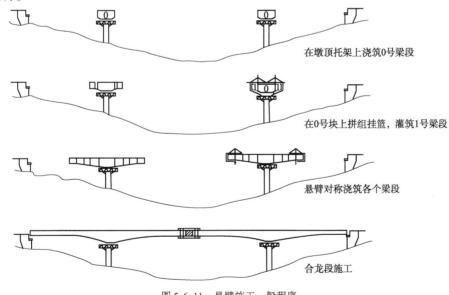

图5-6-11 悬臂施工一般程序

2)0号块梁段施工

0号块梁段结构复杂,预埋件、钢筋、各向预应力钢束及其孔道、锚具密集交错,梁面有纵横坡度,端面与待浇段密切相连,务必精心施工。视其结构形式及高度,一般分2~3层浇筑,先底板、再腹板、后顶板。由于墩顶位置受限,无法设置挂篮,故0号块梁段施工通常采用在托架上立模现浇,并在施工过程中设置临时梁墩锚固,使其能承受悬臂施工产生的不平衡力矩。

施工托架可分别支承在墩身、承台或地面上。托架可采用万能杆件、贝雷梁、型钢等构件拼装。常用施工托架有扇形、门式托架等形式,如图5-6-12所示。在混凝土浇筑以前,应对托架进行试压,以消除因其非弹性变形引起混凝土出现裂缝。试压方法可采用水箱灌水多次加压或用千斤顶张拉加压等。

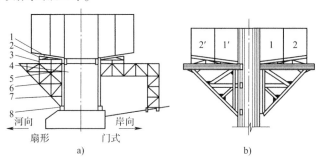

图5-6-12 常用施工托架

1-三角垫架;2-木楔;3-工字钢垫梁;4-墩柱;5-预埋钢筋;6-托架;7-硬木垫块;8-混凝土垫块

3)梁墩临时固结措施

大跨径预应力混凝土桥梁采用悬臂施工法施工,如结构采用T形刚构,因墩身与梁本身采用刚性连接,所以不存在梁墩临时固结问题。悬臂梁桥及连续梁桥采用悬臂施工法时,为保证施工过程中结构的稳定可靠,必须采取0号块梁段与桥墩间临时固结或支承措施。

临时固结措施或支承措施有下列几种形式,如图5-6-13所示。

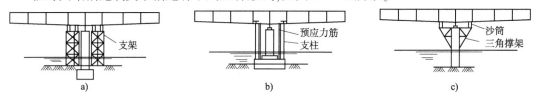

图5-6-13 临时支承措施

(1)在桥墩一侧或两侧加临时支承或支墩,如图5-6-13a)所示。

(2)将0号块梁段与桥墩钢筋或预应力钢筋临时固结,待需要解除固结时切断,如图5-6-13b)和图5-6-14所示。

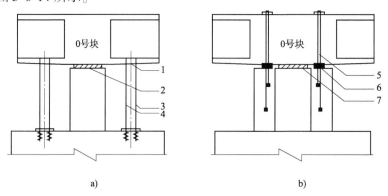

图5-6-14 0号块与桥墩的临时固结构造

1、3、6-临时支座;2-永久支座;4-预应力钢绞线;5-锚固钢筋

(3)将0号块梁段临时支承在扇形或门式托架的两侧,如图5-6-13c)所示。

(4)临时支承可用 10~20cm 厚夹有电阻丝的硫磺砂浆层、砂筒或混凝土块等卸落设备,以使体系转换时,较方便地解除临时支承。

临时支座的作用是在施工阶段临时固结墩、梁,承受施工时由墩两侧传来的悬浇梁段荷载,在梁体合龙后便于拆除和体系转换。

4)预应力管道的设置

为确保预应力筋布置、穿管、张拉、灌浆的施工质量,必须确保预应力管道的质量,一般采用预埋铁皮管或铁皮波纹管和橡胶抽拔管。

三向预应力筋管孔铁皮管和波纹管需由专用设备加工卷制,孔径按设计要求而定,橡胶抽拔管管壁用多层橡胶夹布在专业厂家制作,宜在混凝土浇筑 150~200℃·h(混凝土全部埋设胶管时间与平均的温度乘积)内抽拔。拔时用尼龙绳锁住外露胶管,启动卷扬机拖拔,视设置管的长度和阻力一次可抽拔 5~8 根。为避免抽拔时塌孔,宜将波纹管与胶管相间布置,采用架立钢筋固定管道的坐标位置。浇筑后的铁皮管和抽拔管后的管道,必须用小于内径 10mm 的梭形钢锤清孔,以便清除异物、补救塌孔,保证力筋穿孔畅通。

5)悬臂段浇筑施工主要工序

当挂篮安装就位后,即可在其上进行梁段悬臂浇筑的各项作业,其施工工艺流程如图 5-6-15 所示。图中所示工艺流程是按每一梁段的混凝土分两次浇筑排列的,即先浇筑底板后浇肋板及顶板。悬臂浇筑梁段混凝土时需注意以下几点:

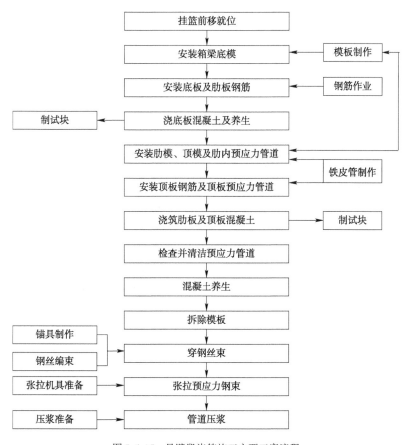

图 5-6-15 悬臂段浇筑施工主要工序流程

(1)挂篮就位后,吊架安装并校正模板,此时应对浇筑预留梁段混凝土进行抛高,以使施工完成的桥梁符合设计高程。抛高值包括施工期结构挠度、因挂篮重力和临时支承释放时支座产生的压缩变形等。

(2)模板安装应核准中心位置及高程,模板与前一段混凝土面应平整密贴。如上一节段施工后出现中线或高程误差需要调整时,应在模板安装时予以调整。

(3)安装预应力预留管道时,应与前一段预留管道接头严密对准,并用胶布包贴,防止灰浆渗入管道。管道四周应布置足够定位钢筋,确保预留管道位置正确,线形平顺。

(4)浇筑混凝土时,可以从前端开始,应尽量对称平衡浇筑。浇筑时应加强振捣,并注意对预应力预留管道的保护。

(5)为提高混凝土早期强度,以加快施工速度,在设计混凝土配合比时,一般加入早强剂或减水剂。上海地区一般采用SN-2减水剂。混凝土梁段浇筑一般5~7d一个周期。为防止混凝土出现过大的收缩、徐变,应在配合比设计时按规范要求控制水泥用量。

(6)梁段拆模后,应对梁端的混凝土表面进行凿毛处理,以加强接头混凝土的连接。

(7)箱梁梁段混凝土浇筑,一般采用一次浇筑法,在箱梁顶板中部留一窗口,混凝土由窗口注入箱内,再分布到底模上。当箱梁断面较大时,考虑梁段混凝土数量较多,每个节段可分二次浇筑,先浇筑底板到肋板倒角以上,待底板混凝土达一定强度后,再支内模,浇筑肋板上段和顶板。其接缝按施工缝要求进行处理。

(8)箱梁梁段分次浇筑混凝土时,为了不使后浇混凝土的重力引起挂篮变形,导致先浇混凝土开裂,要有消除后浇混凝土引起挂篮变形的措施。

6)结构体系转换

预应力混凝土连续梁及悬臂梁采用悬臂施工时需要进行体系转换,即在悬臂施工时,梁墩采取临时固结,结构为T形刚构;合龙前,撤销梁墩临时固结,结构呈悬臂梁受力状态;待结构合龙后形成连续梁体系。

连续梁悬浇施工的过程就是其应力体系转换的过程,也就是悬浇时实行支座临时固结、各T构的合龙、固结的适时解除、预应力的分配以及分批依次张拉的过程。

通常多跨连续梁合龙段施工的顺序为先各边跨,再各次边跨,最后为中跨。次边跨和中跨合龙段施工的原则和要求类似边跨合龙施工,中跨合龙段因温差引起的变形大,由此产生的应力也大,对合龙临时连续约束的设施亦有更高要求。

对采用悬臂法施工的悬臂梁桥和连续梁桥,为保证施工阶段的稳定,在结构体系转换的施工中应注意以下几点:

(1)梁墩临时锚固的放松,应均衡对称进行,确保逐渐均匀地释放。在放松前应测量各梁段高程,在放松过程中,注意各梁段的高程变化,如有异常情况,应立即停止作业,找出原因,以确保施工安全。

(2)对转换为超静定结构,需考虑钢束张拉、支座变形、温度变化等因素引起结构的次内力。

(3)在结构体系转换中,临时固结解除后,将梁落于正式支座上,并按高程调整支座高度及反力。

7)合龙段施工

连续梁的分段悬浇施工,常采用对称施工,但在一定条件下也可用不对称施工。全梁施工过程是从各墩顶0号段开始至该T构的完成,再将各T构拼接而形成整体连续梁。这种T

构的拼接就是合龙。合龙是连续梁施工和体系转换的重要环节,合龙施工必须满足受力状态的设计要求和保持梁体线形,控制合龙段的施工误差。

合龙段施工要点如下:

(1)合龙段长度在满足施工操作要求的前提下应尽量缩短,一般多采用 1.4~2.0m。

(2)合龙宜在低温时进行,一般应选择日气温较低、温度变化幅度较小(即太阳下山之后至太阳出来之前)时,一般夏天 20:00~6:00 或冬天 20:00~8:00 锁定合龙口并灌注合龙段混凝土。

(3)合龙口的锁定,如图 5-6-16 所示,应迅速、对称地进行,先将外刚性支撑一端与梁端预埋件焊接(或栓接),而后迅速将外刚性支撑另一端与梁连接,临时预应力束也应随之快速张拉。在合龙口锁定后,立即释放一侧的固结约束,使梁一端在合龙口锁定的连接下能沿支座左右伸缩。

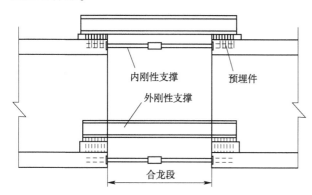

图 5-6-16 合龙段临时锁定

(4)合龙段混凝土宜比梁体提高一级,并要求早强

(5)为保证浇注混凝土过程中合龙口始终处于稳定状态,必要时浇筑之前可在各悬臂端加与混凝土重量相等的配重,加、卸载均应对称梁轴线进行。

(6)混凝土达到设计要求的强度后,先部分张拉预应力钢索,然后解除劲性骨架,最后按设计要求张拉全桥剩余预应力束,当利用永久束时,只需按设计顺序将其补拉至设计张拉力即可。

2. 施工控制

1)高程控制

为保证箱形梁续梁结构在跨中正确合龙,符合设计竖曲线高程要求,各箱梁段施工中间的梁端的高程控制是施工中关键问题之一。各节段施工高程受以下 4 个因素控制:

(1)各箱梁段在自重作用下产生的挠度应符合设计要求,因而各箱梁段浇筑混凝土量应与设计要求相符。

(2)各节段施加预应力的大小误差应在设计要求范围内,同时要注意不要发生同号的累积误差。

(3)各节段在挂篮及施工机具上的重量要严格控制,不宜勿大勿小。

(4)各节段原设计的竖曲线高程要逐日在温度平均时进行检查,并同设计要求进行核对。

2)悬臂浇筑箱梁段挂篮施工控制

悬臂箱梁的施工,主跨与边跨应同时对称施工,要求主墩两侧箱梁施工位置、挂篮停放位置及钢筋、混凝土浇筑等各施工工序必须同步一致;对可能产生的施工工序时间差所造成的不平衡力矩,必须控制在主墩固结及抗不平衡措施所能够提供的抗不平衡力矩范围之内,以确保悬臂挂篮浇筑混凝土施工工艺的安全稳定。

悬臂浇筑箱梁段的各项主要允许偏差值见表 5-6-1。

悬臂浇筑箱梁段允许偏差值表 表 5-6-1

序号	检查项目		允许偏差	检查方法和频率
1	混凝土强度		在合格边准内	按《公路桥涵施工技术规范》(JTG/T F50—2011)
2	轴线偏差(mm)		10	用经纬仪检查,每跨 5 处
3	顶面高程(mm)		±10	用水准仪检查,每跨 5 处
4	断面尺寸(mm)	高度	+5,-10	检查施工记录,每跨 5 个断面
		顶宽	±30	
		顶、底腹板厚	+10,-0	
5	同跨对称点高程差(mm)	连续梁、连续刚构	20	用水准仪检查,每跨 5 处
		带挂梁的刚构	25	

二、悬臂拼装施工

悬拼施工工序主要包括梁体节段的预制、移位、堆放、运输;梁段起吊拼装;悬拼梁体体系转换;合龙段施工。

1. 预制方法

悬拼施工是将梁沿纵轴向根据起吊能力分成适当长度的节段,在工厂或桥位附近的预制场进行预制,然后运到桥位处用吊机进行拼装。节段预制的质量直接关系着梁段悬拼施工的质量和速度,因此预制时应严格控制梁段断面和形体的精确度,并充分注意预制场地的选择与布置;台座和模板支架的制作;工艺流程的拟订以及养护和储运的每一环节。梁段预制的方法通常有长线浇筑或短线浇筑的立式预制方法。

1)长线预制

长线预制是在预制厂或施工现场按桥梁下缘曲线制作固定台座,在台座上安装底模进行节段混凝土浇筑工作。组成 T 构半悬臂或全悬臂的诸梁段均在固定台座上的活动模板内浇筑且相邻段应相互贴合浇筑,缝面浇前涂抹隔离剂,以利脱模。

长线预制需要较大的场地,台座两侧常设挡土墙,内填不沉降的砂石加 20cm 混凝土封顶并涂抹高强找平砂浆,其上加铺一层镀锌铁皮,待砂浆未达到要求强度前用铁钉固定。其底座的最小长度应为桥孔跨径的一半。

底座的形成有多种方法,它可以利用预制场的地形堆筑土台,经加固夯实后铺砂石层并在其上面做混凝土底板;盛产石料的地区可用石砌圬工筑成所需的梁底缘的形状;在地质情况较差的预制场地,可采用打短桩基础,在桩基础上搭设排架形成梁底缘曲线。排架可用木材或型钢组成。如图 5-6-17 所示为某 T 形刚构件的箱梁预制台座的构造。长线法的台座可靠,梁体线性较好,但占地较大,宜用于具有固定梁底缘形状的多跨桥。

2)短线预制

短线预制是按箱梁纵面的变化尺寸设计出单个浇筑单元,在配有纵移及调整底板高度设备的底模上浇筑梁段。梁段一端是刚度很大、平整度很好的固定端模,称封闭模;另一端是已浇筑梁端,称配合单元。浇筑好地梁段当达到强度时,则从浇筑位置移到配合位置,原来的配合单元即可移到存梁场检修、暂存待装运,所需预制底座只要 3 倍梁段长度即可,如图 5-6-18 所示。短线预制法亦称活动底座法。

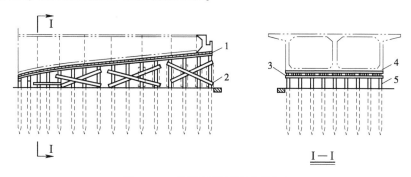

图 5-6-17 长线法预制箱梁块件台座
1-底板;2-斜撑;3-帽木;4-纵梁;5-木桩

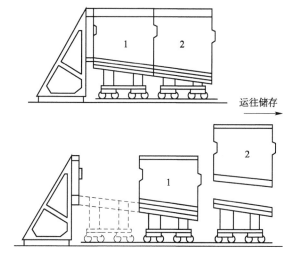

图 5-6-18 梁块短线预制

2. 梁段运输

梁段运输有水、陆、栈桥及缆吊等各种形式。

梁体节段自预制底座上出坑后,一般先存放于存梁场,拼装时节段由存梁场移至桥位处的运输方式,一般可分为场内运输、装船和浮运三个阶段。

1)场内运输

节段的出坑和运输一般由预制场上的龙门吊机担任,节段上船也可用预制场的龙门吊机。节段的运输,当预制场与栈桥距离较远时,应首先考虑采用平车运输。

当采用无转向架的运梁平车时,运输轨道不得设平曲线,纵坡一般应为平坡。当地形条件限制时,最大纵坡也不得大于 1%。

2)装船

梁段装船在专用码头上进行。码头的主要设施是施工栈桥和节段装船吊机。栈桥的长度应保证在最低施工水位时驳船能进港起运,栈桥的高度应满足在最高施工水位时栈桥主梁不被水淹,栈桥宽度应满足运梁驳船两侧与栈桥之间需有不小于 0.5m 的安全距离。栈桥起重机的起重能力和主要尺寸(净高和跨度)应与预制场上的吊机相同。

3)浮运

浮运船只应根据节段重量和高度来选择,可采用铁驳船、坚固的木趸船、水泥驳船或用浮箱装配。为了保证浮运安全,应设法降低浮运重心。开口舱面的船应尽量将节段置于船舱底板。必须置放在甲板面上时,应在舱内压重。

节段的支垫应按底面坡度用碎石子堆成,满铺支垫或加设三角形垫木,以保证节段安放平稳。节段一般较大,还需以缆索将节段系紧固定。

3. 悬臂拼装

预制节段的悬臂拼装可根据现场布置和设备条件采用不同的方法来实现。当靠岸边的桥跨不高且可在陆地或便桥上施工时,可采用自行式吊车、门式吊车来拼装。对于河中桥孔,也可采用水上浮吊进行安装。如果桥墩很高,或水流湍急而不便在陆上、水上施工时,就可利用各种吊机进行高空悬拼施工。

1)浮吊拼装法

重型的起重机械装配在船舶上,全套设备在水上作业就位方便,40m 的吊高范围内起重力大,辅助设备少,相应的施工速度较快,但台班费用较高。一个对称干接悬拼的工作面,一天可完成 2~4 段的吊拼。

2)悬臂吊机拼装法

悬臂吊机由纵向主桁架、横向起重桁架、锚固装置、平衡重、起重系、行走系和工作吊篮等部分组成,如图 5-6-19 所示。纵向主桁为吊机的主要承重结构,可由贝雷片、万能杆件、大型型钢等拼制。一般由若干桁片构成两组,用横向连接系连成整体,前后用两根横梁支承。

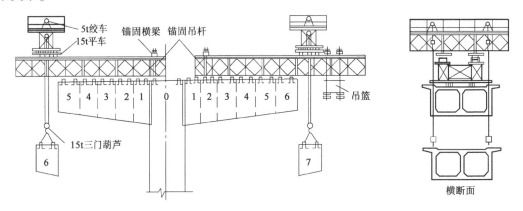

图 5-6-19 悬臂吊机拼装示意图

横向起重桁是供安装起重卷扬机直接起吊箱梁节段之用的构件,多采用贝雷架、万能杆件及型钢等拼配制作。纵向主桁的外荷载就是通过横向起重桁传递给它的。横向起重桁支承在轨道平车上,轨道平车搁置于铺设在纵向主桁上弦的轨道上,起重卷扬机安置在横向起重桁上弦。这种起重机结构简单、使用方便,施工单位可自行拼制。

3)连续桁架(闸式吊机)拼装法

连续桁架悬拼施工可分移动式和固定式两类。移动式连续桁架的长度大于桥的最大跨径,桁架支承在已拼装完成的梁段和待拼墩顶上,由吊车在桁架上移运节段进行悬臂拼装。固定式连续桁架的支点均设在桥墩上,而不增加梁段的施工荷载。

如图 5-6-20 所示移动式连续桁架,其长度大于两个跨度,有三个支点。这种吊机每移动一次可以同时拼装 2 孔桥跨结构,有 3 个支点。

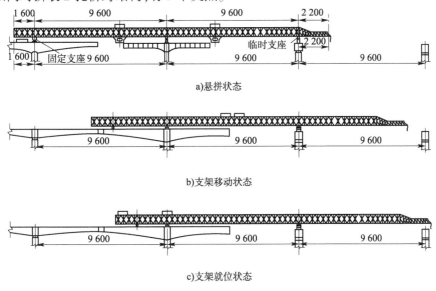

图 5-6-20 移动式连续桁架拼装示意图(尺寸单位:cm)

4) 缆索起重机(缆吊)拼装法

缆吊无须考虑桥位状况,且吊运结合,机动灵活,作业空间大,在一定设计范围内缆吊几乎可以负责从下部到上部,从此岸到彼岸的施工作业,因此缆吊的利用率和工作效率很高。其缺点是一次性投入大,设计跨度和起吊能力有限,一般起吊能力不宜大于 500kN,而一般混凝土预制梁段的重力多达 500kN。目前我国使用缆吊悬拼连续梁都是由两个独立单箱单室并列组合的桥型,为了充分利用缆吊的空间特性,特将预制场及寸梁区布设在缆吊作用面内。缆吊进行拼合作业时增加风缆和临时手拉葫芦,以控制梁段即位的精度。

缆机运吊结合的优势,大大缩短了采用其他运吊方式所需的转运时间,可以将梁段从预制场直接吊至悬拼结合面。施工速度可达日拼 2 个作业面 4 段,甚至可达 3 个作业面 6 段。

5) 起重机拼装法

还可采用伸臂吊机(图 5-6-21)、龙门吊机、人字扒杆、汽车吊、浮吊等起重机进行悬臂拼装。根据吊机的类型和桥孔处具体条件的不同,吊机可以支承在墩柱上,已拼装好的梁段上或处在栈桥上、桥孔下。

图 5-6-21 吊机悬臂吊装钢箱梁

不管是利用现有起重机设备或专门制作,悬臂吊机需满足如下要求:

(1) 起重能力能满足起吊最大节段的需要。

(2) 吊机能便于作纵向移动,移动后又能固定于一个拼装位置。

(3) 吊机处在一个位置上进行拼装时,能方便地吊起节段作三个方向的运动,即竖向提升和纵、横向移动,以便调整节段拼装位置。

(4)吊机的结构尽量简单,便于装拆。

4. 接缝处理

悬臂拼装时,预制块件间接缝的处理,分干接缝、湿接缝、胶接缝等几种方法。

1)干接缝

干接缝是相邻块件拼装时,将两端面直接贴合,接缝上的内力通过预施力及肋板上的齿形键传递。这种接缝不易保证接缝密合,易受水气侵袭而导致钢筋锈蚀,且容易产生局部应力集中现象。

2)湿接缝

湿接缝是在相邻块件间现浇一段10~20cm宽的高强度等级的砂浆或小石子混凝土,将块件连接成整体。这种接缝工序复杂,且现浇混凝土需要养生,致使工期延长。因此通常只在悬臂的个别地点(例如墩柱顶现浇的0号块件与预制的1号悬臂块件之间)设置,以保证接缝的闭合,并用以调整拼装误差。

3)胶接缝

胶接缝是在接缝端面涂一薄层环氧树脂等胶结材料,如图5-6-22所示,可提高相邻接缝端面的整体刚度和不透水性。它既具有湿接缝的优点又不影响工期,因此我国国内近来较多采用。在采用胶接缝时,应注意胶层的厚薄均匀,一般厚0.8mm左右。如悬臂过长,还可在悬臂中部或端部设置湿接缝。

图5-6-22 接缝涂抹环氧树脂

5. 拼装程序

1)0号块件施工

0号块大多数采用在墩旁的托架上就地浇筑施工。在后面的悬拼过程中,悬拼吊机必须要有一定的起步长度和工作空间。为此,可将0号、1号块都在墩顶现浇,甚至有将0~2号块现浇施工的。

2)其他块件拼装

其他块件利用悬拼吊机分块对称拼装,其施工程序可参考图5-6-23。1号块件是悬臂梁的基准块件,是全跨安装质量的关键。因此,必须确保其定位的精度。

6. 合龙段施工

合龙段的施工常采用现浇和拼装两种方法。现浇合龙段预留1.4~2m,在主梁高程调整后,现场浇筑混凝土合龙。节段拼装合龙对预制和拼装的精度要求较高,但工序简单、施工简单、施工速度快。合龙时间以在当天低温时为宜。

7. 施工控制

(1)桥位纵轴线的观测。桥梁纵轴线的施工控制是悬拼法的主要控制点之一。为此,在主桥上部结构施工前,应在主桥两端搭设测量三脚架,其高度应保证在施工时经纬仪(最好是全站仪)能直视全桥桥面结构表面的各测点,以便随时测量各有关测点的位置是否有偏差。

(2)拼装块件各测点的高程应根据浇制块件假定的相对高程值,通过实测逐点计算各相应点的绝对高程,以便悬拼时控制。

(3)块件的拼装。为便于控制,在预制成形拆模后,在块件两外侧各画一道通长的色线,在块件表面亦同样画一道通长墨线,在吊装前操作工人直接控制三线吻合,则可节约测量时间,质量容易掌握。

(4)0号块件与1号块件的测量工作要精益求精,以使后吊装易于控制。

(5)在块件吊装时,如果发生线形误差,最好及时用湿接缝纠正,以免误差加大,造成明显的线性偏差。

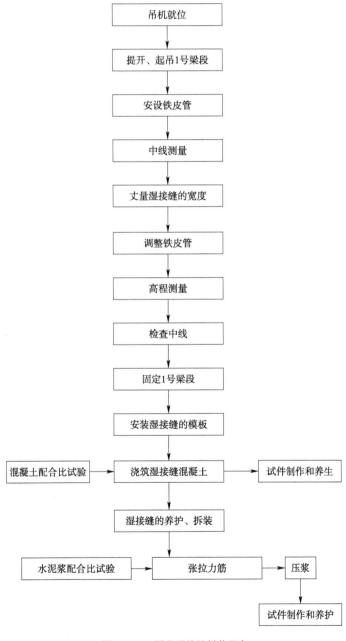

图 5-6-23　梁段湿接缝拼装程序

学习情境五：梁桥施工	班级			
工作任务六：悬臂施工	姓名		学号	
	日期		评分	

一、任务内容

分组讨论梁桥悬臂浇注施工的方法。

二、基本知识

1. 悬臂浇筑施工法。

悬臂浇筑施工法的一般施工程序：

_____

2. 下图为挂篮的组成结构示意图。

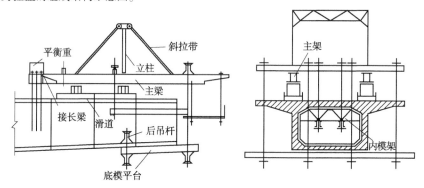

(1) 试指出挂篮的组成：

_____

(2) 挂篮的试压方法有：_____

(3) 悬臂段浇筑施工的主要工序：

_____

(4) 体系转换的要点：

_____

(5) 合龙段施工的要点：

_____

(6) 施工控制内容：

_____

3. 悬臂拼装施工法。

(1) 悬臂拼装施工法的一般施工程序：

_____

(2) 悬臂拼装梁段的方法：

_____

(3) 接缝的处理方法和工艺：

_____

(4) 施工控制内容：

_____

三、任务实施

悬臂浇筑法施工是梁桥施工中的一种,分组掌握其施工方法及要求。

1. 悬臂施工法的流程为何?

2. 挂篮的结构形式和基本组成?

3. 悬臂浇筑施工时结构体系如何转换?

4. 悬臂浇筑施工时,应如何进行合龙段的施工?

5. 悬臂浇筑施工时,应如何进行施工控制?

四、任务小结

通过此工作任务的实施,各小组集中完成下述工作。

1. 你认为本次实训是否达到预期目的?还有什么意见和建议?

2. 悬臂施工方法还有哪一种?

学习情境六 拱 桥 施 工

情境概述

一、职业能力分析

1. 学习能力
(1)掌握拱桥的分类和构造。
(2)学习拱桥的施工方法。
(3)通过本任务的学习应掌握知识要点。

2. 职业能力
(1)认知拱桥的施工设计图,核算拱桥的几何尺寸和工程数量。
(2)学习相应的拱桥施工案例并结合桥涵施工技术规范,编写拱桥的施工方案。

二、学习情境描述

施工小组在接到拱桥施工任务后,小组分析施工任务,合理选择施工方法,各成员根据拟定的方法编写总体方案和施工技术要点,提交成果,小组讨论其可行性,教师参与小组讨论并进行评定,各成员完善施工方案,提交实施成果报告。

三、教学环境要求

学习情境要求在理实一体化的专业教室和专业实训室完成。要求配备相关拱桥构造模型、标准图、施工设计图、施工案例和施工技术规范,可以用于资料查询的计算机、任务工单、多媒体教学设备、课件和视频教学资料等。

工作任务一 认 识 拱 桥

任务概述

1. 应知应会
(1)应知拱桥的分类和构造。
(2)熟悉拱桥拱铰的设置。
(3)应会拱桥几何尺寸的校核和工程数量的计算。

2. 学习要求
(1)研读教材内容。

(2)学习相关施工案例,结合拱桥施工技术规范,编写拱桥工程量清单。
(3)注重理论联系实际。

相关知识

一、概述

拱桥是人类最早也是最广泛使用的桥型之一,是一种集美观和承重为一体的桥梁。各文明古国都有建造拱桥的悠久历史,其中我国的拱桥建造历史更为辉煌。例如,建于隋代大业年间的赵州桥是当今世界上现存最早、保存最完善的古代敞肩石拱桥,如图6-1-1a)所示。卢沟桥始建于1189年,是北京市现存最古老的石造连拱桥,也是著名的燕京八景之一,如图6-1-1b)所示。世界上绝无仅有的要数宋朝首都汴京(今河南开封)虹桥式样的木拱桥,桥见于中国十大传世名画之一的《清明上河图》。这些拱桥在世界桥梁史中享有盛誉。目前也是拱桥快速发展的时期,新型的拱桥形式和先进的拱桥施工方法不断出现,大跨径拱桥的兴建有方兴未艾之势。

a)赵州桥　　　　　　　　　　　　　　b)卢沟桥

图6-1-1　古代拱桥

1. 拱桥的受力特点

拱桥是一种在竖向荷载作用下,主要承重结构(拱圈)既要承受压力,但也要承受弯矩的结构。可采用抗压能力强的圬工材料,墩台除承受竖向压力和弯矩外,还承受水平推力。

拱可看作是由直梁竖向弯曲而成。这一改变除了使人产生美的感觉之外,主要优点还在于结构内力发生重大变化:在竖向荷载作用下,梁的截面是以受弯、剪为主,而拱则以受压为主。梁式结构不产生水平反力,而拱式结构会产生水平反力,如图6-1-2所示。

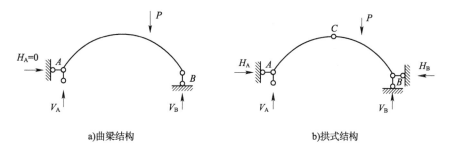

a)曲梁结构　　　　　　　　　　　　　b)拱式结构

图6-1-2　拱和曲梁受力比较

正是这个水平推力,使拱内产生轴向压力,从而大大减小了拱圈的截面弯矩,使之成为偏心受压构件,截面上的应力分布比受弯梁的应力分布均匀。因此,拱式结构可以充分利用主拱截面材料强度,使跨越能力增大。

2. 拱桥的适用范围

拱桥不仅可以用钢、混凝土等材料来修建,还可以充分利用抗压性能较好的圬工材料(砖、石料、素混凝土等)来修建。

一般来说,在地质条件较好的山区,中、小跨径拱桥是最具竞争力的;在地质条件较差或平原地区,也常选择无推力拱桥的方案;在跨径为100～600m的大、中跨径桥梁中,拱桥也有相当大的竞争优势。

大跨径拱桥的发展关键是施工问题。随着拱桥跨径的不断增大,如何减轻拱桥结构自重、改进施工方法和高强混凝土的开发使用,则成为修建和发展拱桥的重要问题。随着施工技术的发展,国内在箱形拱桥的基础上,出现的刚架拱桥、预应力混凝土组合桁架拱桥、钢管混凝土拱桥和劲性骨架混凝土拱桥等新型拱桥应用也越来越广。

我国拱桥建设所取得的成就异彩纷呈。混凝土拱桥采用转体法施工,跨径达到200m,其施工设备十分轻便;用小型起吊设备建造的桁架拱桥,跨径达330m;钢管混凝土拱桥的跨径达360m。1997年建成的重庆万县长江大桥横跨长江的劲性骨架拱跨径为420m,2005年正式竣工通车的重庆巫山长江大桥跨径达460m,为同类桥梁当今世界之最。2000年建成的山西丹河大桥,为传统的石砌拱桥,以146m的跨径刷新了同类桥的世界纪录。2002年建成的上海卢浦大桥为钢箱拱桥,跨径达550m,为同类桥梁世界第一。2009年建成的重庆朝天门大桥,以主跨552m成为世界最大跨径的钢桁架拱桥,其双层桥面设计为城市轨道交通提供了便利。我国近现代拱桥如图6-1-3所示。

a)重庆巫山长江大桥

b)山西晋城丹河大桥

c)上海卢浦大桥

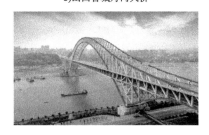
d)重庆朝天门大桥

图6-1-3 我国近现代拱桥

二、拱桥的主要组成和分类

1. 拱桥的主要组成

拱桥由桥跨结构(上部结构)和下部结构两大部分组成,图6-1-4所示为拱桥各主要组成部分的名称。

主拱圈是拱桥的主要承重结构,承受主拱上的全部作用,并将其传递给墩台和基础。由于拱圈是曲线形,一般情况下车辆都无法直接在弧面上行驶,所以在桥面与主拱圈之间需要有传递压力的构件或填充物,以使车辆能在平顺的桥面上行驶。桥面系和这些传力构件或填充物统称为拱上结构或拱上建筑。桥面系包括行车道、人行道及两侧的栏杆或砌筑的矮墙(又称雉墙)等构造。

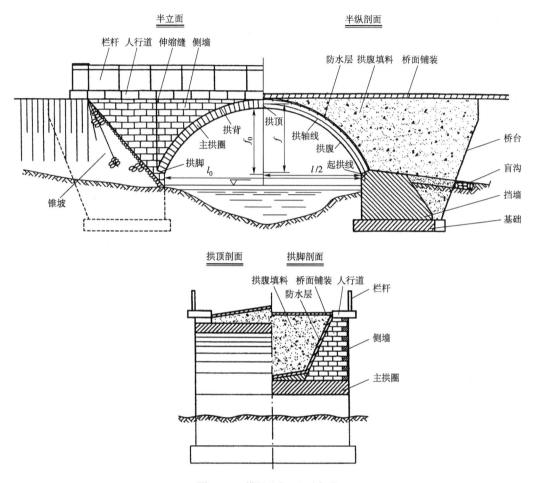

图 6-1-4 拱桥的主要组成部分

拱桥的下部结构包括桥墩、桥台和基础,用以支承桥跨结构,将桥跨结构的荷载传至地基。桥台还起到与两岸路堤衔接,防止路堤滑塌的作用,并使路桥形成一个协调的整体。

2. 拱桥的名词术语和主要尺寸

1) 拱桥的名词术语

主拱圈:支承于墩、台之间,用以承受桥上全部荷载的弧形构件。

拱顶:对称拱为跨中截面,不对称拱为拱圈最高处的截面。

拱脚:拱圈与墩台或其他支承结构连接处的拱圈截面。

拱轴线:拱圈各截面重心(或形心)的连线。

起拱线:拱圈拱脚截面的下缘线。

拱腹:拱圈的下缘曲面,即拱的向下凹面。在上承式拱桥中,拱腹以下的空间即为桥下净空范围。

拱背:拱圈的上缘曲面,即拱的向上凸面。对于实腹拱,拱背上支承侧墙和填料;对于空腹拱,拱背上筑有横墙或立柱。

2)拱桥的主要尺寸

计算跨径 l:两拱脚间拱轴线上的水平距离。

净跨径 l_0:两拱脚间拱腹面上的水平距离(或两拱脚起拱线间的水平距离)。

计算矢高 f:拱顶至拱脚拱轴线上的垂直距离。

净矢高 f_0:拱顶至拱脚在拱腹面上的垂直距离。

矢跨比 f/l:拱桥中拱圈(或拱肋)的计算矢高与计算跨径之比。一般将矢跨比小于 1/5 的拱称为坦拱,反之称为陡拱。

3. 拱桥分类

1)按拱轴线的形式分类

(1)圆弧拱。如图 6-1-5a)所示,拱轴线为圆弧线。这类拱桥,线形简单,施工方便。因此圆弧拱常用于 20m 以下的小跨径拱桥。对于较大跨径的预制装配式钢筋混凝土拱桥,有时为了简化施工,也可采用圆弧拱。

(2)抛物线拱。如图 6-1-5b)所示,拱轴线为二次抛物线。对于永久荷载作用集度比较接近均布的拱桥,往往可以采用二次抛物线作为拱轴线。钢筋混凝土桁架拱和钢架拱等轻型拱桥,为了使拱轴线尽可能与永久荷载作用压力线相吻合,也可采用高次抛物线(如四次或六次抛物线)作为拱轴线。

(3)悬链线拱。如图 6-1-5c)所示,拱轴线为悬链线。大跨二次抛物线实腹式拱桥的永久作用集度(单位长度上的重力),从拱顶向拱脚是均匀增加的,这种荷载分布图式拱圈的压力线是一条悬链线。大跨径拱桥在结构自重和活载作用下的压力线接近悬链线。

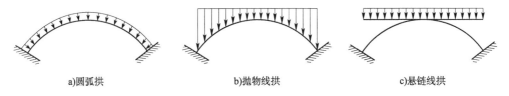

a)圆弧拱　　　　　　b)抛物线拱　　　　　　c)悬链线拱

图 6-1-5　拱桥按拱轴线形式分类

一般情况下,小跨径拱桥可采用实腹式圆弧拱或实腹式悬链线拱,大、中跨径拱桥可采用空腹式悬链线拱,轻型拱桥或矢跨比较小的大跨径拱桥可以采用抛物线拱。

2)按桥面的位置分类

按桥面的位置可将拱桥分为上承式拱桥、中承式拱桥和下承式拱桥,形式的选择主要取决于拱圈或拱肋建筑高度和两侧道路接线的相对位置,如图 6-1-6 所示。

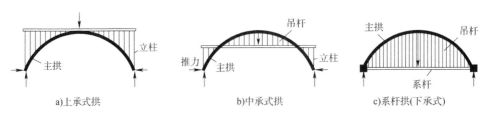

a)上承式拱　　　　　　b)中承式拱　　　　　　c)系杆拱(下承式)

图 6-1-6　拱桥按桥面位置分类

(1)上承式拱桥。上承式拱桥是桥面系设置在拱圈(肋)之上的拱桥。可设计成实腹式的或空腹式的。优点是桥面系构造简单,拱圈与墩台的宽度较小,桥上视野开阔,施工较下承式拱桥方便;但缺点是桥梁建筑高度大、纵坡大和引道(桥)长。

(2)下承式拱桥。下承式拱桥是桥面系设置在拱肋之下的拱桥。由于可做成外部静定结构(见无推力组合体系拱桥),适用于地基差的桥位处。优点是桥梁建筑高度很小,纵坡小,可节省引道(桥)长度;缺点是构造复杂,拱肋施工较麻烦,须注意裸拱施工时的稳定性。

(3)中承式拱桥。中承式拱桥是桥面系设置在近拱肋中部的拱桥。较上承式拱桥的建筑高度小,纵坡小,引道(桥)短;但桥梁宽度大,构造较复杂,施工也较麻烦。

3)按结构体系分类

按主拱圈与桥面系之间相互作用的性质及其相互影响的程度,可将拱桥分为简单体系拱桥和组合体系拱桥。

(1)简单体系拱桥。简单体系拱桥是指主要承重结构以拱为唯一受力体系的拱桥,均为有推力拱。其桥面系结构(拱上结构或拱下悬吊结构)不参与主拱一起受力,主拱以裸拱的形式作为主要承重结构。简单体系拱桥按静力图式可分为三种类型,如图 6-1-7 所示。

a)三铰拱　　　　b)两铰拱　　　　c)无铰拱

图 6-1-7　简单体系拱圈图式

①三铰拱。三铰拱是在拱顶与拱脚处均设铰的拱桥,属外部静定结构。温度变化、混凝土收缩、支座沉降等因素引起的变形不会对它产生附加内力。但其构造复杂,施工难度增大;拱的挠度曲线在顶铰处有转折,对行车不利;拱圈的刚度减小,稳定性差,抗震能力差。因此常用来作为空腹式拱上建筑的腹拱,主拱圈一般不采用三铰拱。

②两铰拱。两铰拱是拱圈中间无铰而两拱脚处设铰与墩台铰接的拱桥,属外部一次超静定结构。由于取消了拱顶铰,使结构整体刚度较三铰拱的大。基础位移、温度变化、混凝土收缩和徐变等引起的附加内力比对无铰拱的影响要小,因此可在地基条件较差时或坦拱中采用。

③无铰拱。无铰拱是拱圈两拱脚嵌固在桥墩上且拱顶无铰的拱桥,属外部三次超静定结构。由于无铰拱的超静定次数高,温度变化、材料收缩、结构变形,特别是墩台位移会在拱内产生较大的附加内力,所以无铰拱一般在地基条件良好时修建。无铰拱构造简单,必要时可将拱脚浸没在水中以获得较大的矢跨比,因此在桥梁中应用广泛。

(2)组合体系拱桥。组合体系拱桥是由拱和梁(或系杆)组成主要承重结构的拱桥。将桥面系结构与主拱按不同的构造方式构成一个受力整体,以共同承受荷载。根据不同的组合方式和受力特点,又分为无推力的和有推力的。

①无推力组合体系拱桥。无推力组合体系拱桥是在竖向荷载作用下拱脚对墩台无水平推力作用的拱桥。其推力由刚性梁或柔性系杆承受,属内部超静定、外部静定的组合体系拱桥。适用于地质不良的桥位处,墩台体积较大。多做成下承式桥,可用钢筋混凝土或钢材建成。

系杆拱是一种最为常见的无推力拱桥,多用于中、大跨径桥梁。无推力拱桥又可分为柔性系杆刚性拱(又称系杆拱)、刚性系杆柔性拱(又称蓝格尔拱)和刚性系杆刚性拱(又称洛泽拱)三种,如图6-1-8所示。

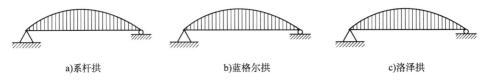

a)系杆拱　　　　　　b)蓝格尔拱　　　　　　c)洛泽拱

图6-1-8　无推力组合体系拱

【工程实例6-1-1】(1)江苏丹阳云阳桥:该桥全长162.5m,矢跨比为1/5,拱轴系数$m=1.0$,单箱高1.5m。主跨为70m无黏结预应力系杆拱,行车道刚性纵梁和无黏结预应力柔性系杆分开,每根系杆布置22束6×7ϕ5钢绞线,如图6-1-9a)所示。

(2)甘肃兰州新城黄河桥:该桥全长246.27m,主跨采用62.4m拼装预应力混凝土系杆拱。系杆拱梁高1.8m,矢跨比为1/4.5,拱肋与主梁的刚度比为1/78,属刚性梁柔性拱组合体系,如图6-1-9b)所示。

(3)台湾台北碧潭桥:该桥全长781.5m,主跨为160m及2×100m上承式无推力拱桥,桥面由预制预应力混凝土单箱组成,并配以Y形悬臂拱圈,如图6-1-9c)所示。

(4)广东开平三埠桥:该桥全长737.6m,主桥为40m+60m+40m单拱肋预应力混凝土系杆拱,单拱肋置于车行道中央分隔带上,如图6-1-9d)所示。

a)江苏丹阳云阳桥　　　　　　b)甘肃兰州新城黄河桥

c)台湾台北碧潭桥　　　　　　d)广东开平三埠桥

图6-1-9　无推力组合体系拱桥实例

②有推力组合体系拱桥。有推力组合体系拱桥是在竖向荷载作用下拱脚对墩台有水平推力作用的拱桥。常用形式有梁拱体系、刚架拱、桁架拱等,也称这些拱为拱片桥,即桥是由两个或多个整体拱片组成,每一拱片的上面与道路平直,下面是曲线形,上、下两部分用直杆、斜杆或两者兼有的构件连成一个整体拱片。它没有明确的理论拱轴线,有水平推力,仅适用于上承式桥梁。这类拱桥的构造多变,适应性强,在经济上、施工上各有其特点,所以有

较广泛的适用空间。有推力组合体系拱如图 6-1-10 所示。

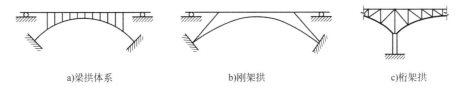

a) 梁拱体系　　　　　b) 刚架拱　　　　　c) 桁架拱

图 6-1-10　有推力组合体系拱

组合体系拱桥常用钢筋混凝土或钢材建造,系杆拱桥的系杆宜用预应力混凝土,以免开裂。此类拱桥比简单体系拱桥构造复杂,适用于大、中跨度的桥梁。

4) 按主拱圈截面分类

拱圈截面厚度和宽度沿拱轴线可以相等,也可以变化,其值主要根据桥梁跨径、矢高、建筑材料、荷载大小等因素通过试算确定。所谓等截面拱就是指在沿桥跨方向主拱圈的横截面尺寸是相同的。而变截面拱的主拱圈横截面,从拱顶到拱脚是逐渐变化的,如图 6-1-11 所示。

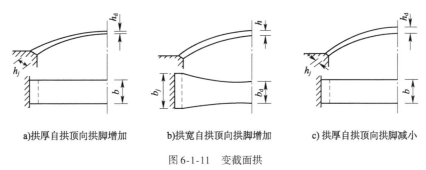

a) 拱厚自拱顶向拱脚增加　　b) 拱宽自拱顶向拱脚增加　　c) 拱厚自拱顶向拱脚减小

图 6-1-11　变截面拱

主拱圈横截面通常可用下面几种形式,如图 6-1-12 所示。

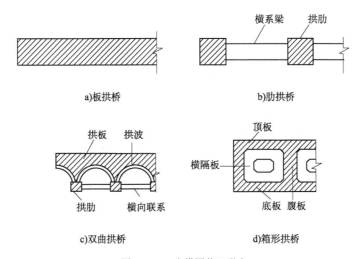

a) 板拱桥　　　　　　　　　　b) 肋拱桥

c) 双曲拱桥　　　　　　　　　d) 箱形拱桥

图 6-1-12　主拱圈截面形式

(1) 板拱桥。主拱圈采用矩形实体截面的拱桥称为板拱桥。它的构造简单、施工方便,但在相同截面积的条件下,实体矩形截面比其他形式截面的抵抗矩小。通常只在地基条件较好的中、小跨径圬工拱桥中才采用这种形式,如图 6-1-13 和图 6-1-14 所示。

(2)肋拱桥。在板拱桥的基础上,将其划分成两条(或多条)分离的、高度较大的拱肋,肋间用横系梁相连,从而节省材料,减轻自重,以增加截面抵抗矩,因此多用于大、中跨径的拱桥,如图 6-1-15 和图 6-1-16 所示。

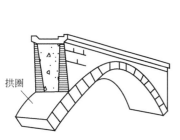  

图 6-1-13 板拱桥　　6-1-14 浙江杭州拱宸桥—板拱桥　　图 6-1-15 肋拱桥

图 6-1-16 肋拱桥实例

(3)双曲拱桥。双曲拱桥的主拱圈横截面是由一个或数个横向小拱组成,由于主拱圈的纵向及横向均呈曲线形,故称之为双曲拱桥,如图 6-1-17 所示。这种截面抵抗矩较相同材料用量的板拱大,故可节省材料。施工中可采用预制拼装,较之板拱有较大的优越性,一般用于中、小跨径拱桥。但由于存在着施工工序多、组合截面整体性较差和易开裂等缺点,现已很少修建。

a)江苏无锡民主桥　　　　　　b)浙江兰溪兰江桥

图 6-1-17 双曲拱桥实例

(4)箱形拱桥。箱形拱桥将实体的矩形拱截面挖空形成空心的箱形截面,使其截面抵抗矩大大增加,从而节省材料,减轻自重,对于大跨径拱桥则效果更为显著。又因它是闭口箱形截面,截面抗扭刚度大,横向整体性和结构稳定性均较好,特别适用于无支架施工。虽然箱形截面施工制作较复杂,但它是目前大跨径钢筋混凝土拱桥主拱圈的基本形式。

钢管混凝土拱桥和劲性骨架混凝土拱桥应用日趋增长,如图 6-1-18 和图 6-1-19 所示。钢管混凝土属于钢—混凝土组合结构中的一种,使核心混凝土处于三向受压,从而具有更高的抗压强度,增强钢管拱肋的刚度和稳定。劲性骨架以钢骨拱桁架作为受力筋,它可以是型钢,也可以是钢骨。

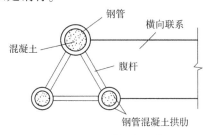
图 6-1-18 钢管混凝土拱

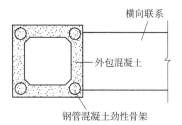
图 6-1-19 劲性骨架混凝土拱

任务实施

一、认识上承式拱桥

桥面在主拱圈之上的称上承式拱桥,其上部结构由拱圈(肋)和拱上结构构成。

1. 拱圈(肋)的构造

拱圈(肋)是主要承重结构。小跨度拱桥一般做成实体矩形拱圈,多用石料或混凝土砌体组成。用来砌筑拱圈的石料的强度等级应该符合设计要求,当设计没有提出要求时,片石和块石的强度等级不得小于 MU40,粗料石的强度等级不应小于 MU60。当采用混凝土砌块砌筑跨度为 30m 及以下拱桥时,砌块强度等级不应小于 C25;跨度大于 30m 时,不应小于 C30。砌筑用的砂浆强度等级,对大于 30m 跨径的拱桥,不得低于 M15;对小于或等于 30m 跨径的拱桥,不得低于 M10。

在中等跨度拱桥中,为减轻主拱自重,常用两条或多条分离式的平行拱肋来代替拱圈,称为肋拱。肋拱一般用钢筋混凝土制作。在分离的肋拱之间,拱肋最外缘间的距离,一般不应小于跨径的 1/20,且须在拱顶和每一拱上横向刚架处设置刚劲的横撑,以保证拱肋的横向稳定性,如图 6-1-20 所示。

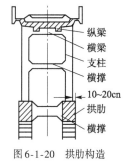
图 6-1-20 拱肋构造

拱肋的配筋,纵向受力钢筋按计算确定,一般上下对称配置,并弯成拱的形状,如图 6-1-21 所示。

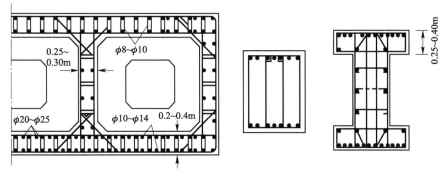
图 6-1-21 拱肋配筋

大跨径拱桥的主拱圈,可采用箱形截面。箱形拱的拱圈,可以由一个闭合箱(单室箱)或由几个闭合箱(多室箱)组成。每个闭合箱又由顶板、底板、肋板(侧板)组成,如图 6-1-22 所示。为提高箱形拱的抗扭能力,加强箱壁的局部稳定性,拱箱内每隔一定距离设一道横隔板。

箱拱中的受力钢筋通常均匀、对称地布置在顶底板上,沿肋板高度上配有分布钢筋。其间距应按有关规范和规定确定。

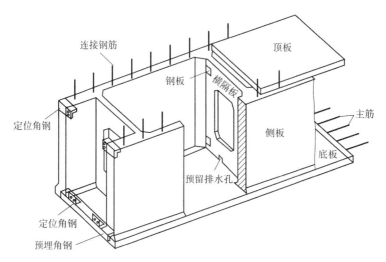

图 6-1-22 箱形拱闭合箱的构造

2. 拱上建筑构造

按照拱上建筑采用的不同构造方式,可将拱桥分为实腹式和空腹式两种。由于实腹式拱上建筑的构造简单,施工方便,但填料的数量较多,恒载较重,一般情况下小跨径拱桥多采用实腹式,大、中跨径拱桥多采用空腹式,以利于减小恒载,并使桥梁显得轻巧美观。

1) 实腹式拱上建筑

实腹式拱上建筑由侧墙、拱腹填料、护拱以及变形缝、防水层、泄水管和桥面等部分组成,如图 6-1-23 所示。

侧墙是围护拱腹填料的挡墙,应按挡土墙验算其截面强度。其顶部应盖以帽石,帽石突出侧墙表面至少 0.1m 以形成飞檐,避免雨水沿侧墙流下,并增加桥的美观。

拱腹填料可用填充和砌筑两种方式。砌筑用低强度等级的混凝土或片石混凝土,填充则用经过挑选和冲洗的卵石、坚硬碎石或粗砂材料。对于铁路桥,填充物的厚度(由轨底至拱圈顶面)在拱顶处不应小于 1.0m。

在圆弧形拱和多孔实腹拱桥中,为便于敷设防水层,通常在拱脚段设置护拱。护拱一般用低强度等级的混凝土或浆砌片石砌筑。

为保证拱上结构不因拱圈在温差变化或偏载作用下产生变形而破坏,在拱上结构的墩台间需设置 20mm 的变形缝(伸缩缝)。变形缝可做成一条整齐空缝,在缝中填以沥青胶砂或者在表面做成一条无砂浆的干砌缝。

2) 空腹式拱上建筑

大、中跨径的拱桥,特别是当矢高较大时,实腹式拱上建筑的填料用量多、重量大,因而以采用空腹式拱上建筑为宜。空腹式拱上建筑除具有实腹式拱上建筑相同的构造外,还具有腹孔和腹孔墩。根据腹孔结构的不同可分为拱式腹孔和梁式腹孔,如图 6-1-24 所示。

拱式腹孔在一般的圬工拱桥上采用较多,外观显的笨重,对地基的要求也高。腹拱的拱圈,可采用板拱、微弯板和扁壳等形式。板拱的矢跨比一般为 1/6~1/2,微弯板的矢跨比一般为 1/12~1/10;腹拱的拱轴线多用圆弧线。

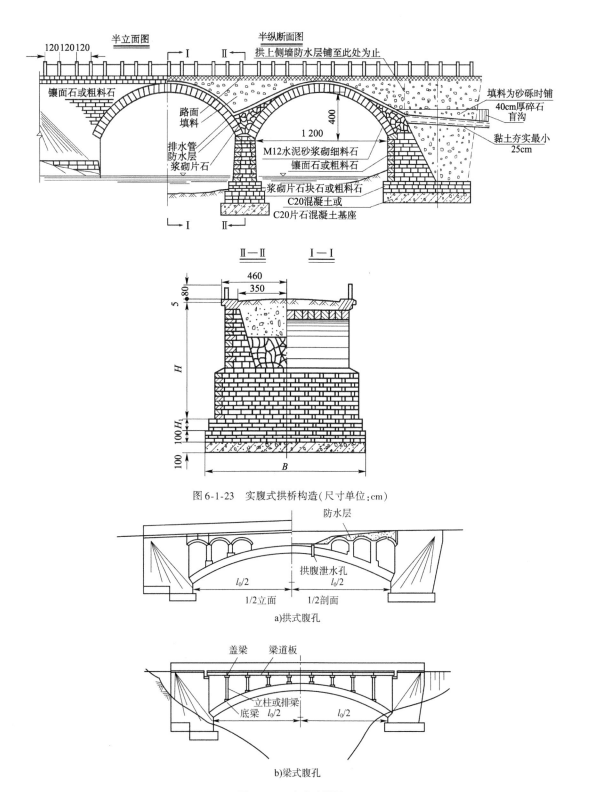

图 6-1-23 实腹式拱桥构造(尺寸单位:cm)

图 6-1-24 空腹式拱桥

大跨径的钢筋混凝土拱桥绝大多数采用梁式腹孔。其桥道体系可以做成简支、连续和框架式等形式。

简支腹孔:纵铺桥道板梁,当腹孔跨径在 10m 以下时,常采用钢筋混凝土空心板构成 Ⅱ

形板;当腹孔跨径在 10m 以上时,采用预应力空心板或 T 形梁结构,如图 6-1-25a)、b)所示。

连续腹孔:横铺桥道板梁,拱顶上只有一个板厚(含垫墙)及桥面铺装,建筑高度很小,适合于建筑高度受限制的拱桥,主要用于肋拱桥,如图 6-1-25c)所示。

框架腹孔:框架腹孔在横桥向根据需要设置,两片腹孔间通过系梁形成整体,如图6-1-25d)所示。

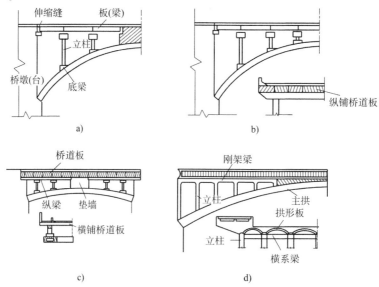

图 6-1-25 梁式拱上建筑

靠墩台的腹孔有两种做法:一是直接支承在墩台上,如图 6-1-26a)、b)所示;二是跨过墩顶,使桥墩两侧的腹孔相连,如图 6-1-26c)所示。

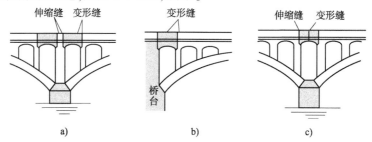

图 6-1-26 腹拱与墩、台的连接

腹孔墩由底梁、墩身和墩帽组成,墩身又可分为横墙式和立柱式两种。

横墙式:墩身一般采用圬工材料砌筑或现浇混凝土做成实体墙,施工简便。为了减轻自重或便于检修人员在拱上建筑内通行,横墙也可在横向挖孔。底梁常采用素混凝土结构。墩帽宽度宜大于墙宽 5cm,也采用素混凝土,如图 6-1-27a)所示。

立柱式:是由立柱和盖梁组成的钢筋混凝土排架结构,底梁可以与拱圈一起施工完成。如采用混凝土浇筑时,可按构造要求布置钢筋。腹孔墩的侧面一般做成竖直的,若采用斜坡式,则其坡度以不超过 30:1 为宜。如果拱圈会被部分淹没,不宜采用立柱式腹孔墩,如图6-1-27b)所示。

3. 其他细部构造

拱桥的细部构造包括拱上建筑物的填料、变形缝、防水和排水系统、拱铰等,如图 6-1-28所示。

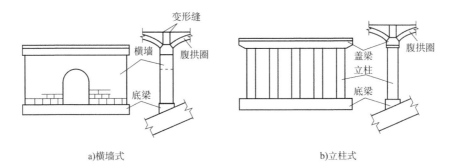

a) 横墙式　　　　　　　　b) 立柱式

图 6-1-27　腹孔墩构造形式

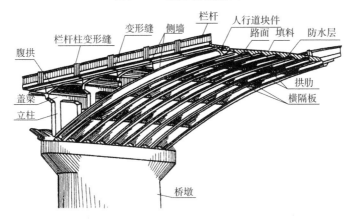

图 6-1-28　拱桥的细部构造

1) 拱顶填料、桥面铺装及人行道

拱上建筑物的填料,一方面可以扩大车辆荷载作用的面积,同时还可以减小车辆荷载对拱圈的冲击,但也增加了拱桥的恒载重力。一般情况下,主拱圈及腹拱圈的拱顶处,填料厚度(包括路面厚度)均不宜小于30cm,如图 6-1-29 所示。

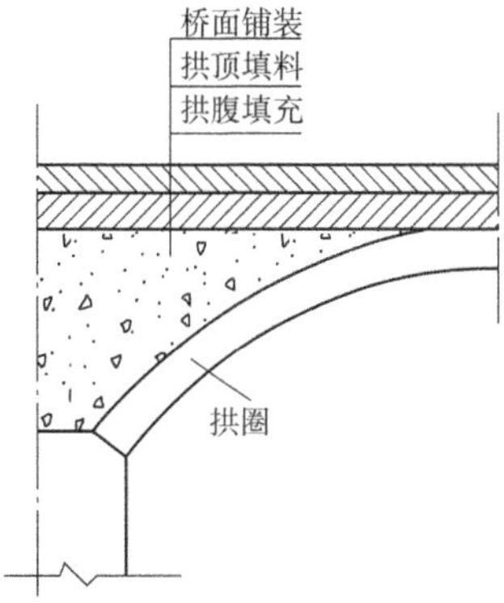

拱桥桥面铺装应根据桥梁所在的公路等级、使用要求、交通量大小以及桥型等条件综合考虑确定。目前常采用混合碎(砾)石桥面和沥青混凝土桥面。为便于排水,桥面应设置横坡,其坡度一般为 1.5% ~ 3.0%。

行车道的两侧,根据需要可设置人行道和栏杆,其构造与梁桥相似。

2) 伸缩缝与变形缝

图 6-1-29　拱上填料示意图

由于拱上建筑既能提高主拱圈的承载能力又对主拱圈变形起约束作用,为避免共同作用时产生附加内力,应该把墩台和拱上建筑用一条横向的贯通缝分离,断缝有宽度时叫伸缩缝,无宽度或宽度较小(<2cm)时叫变形缝。

对于实腹式拱桥,在主拱圈拱脚的上方设置伸缩缝,缝宽 2~3cm,直线布置,纵向贯通侧墙全高,横桥向贯通全宽,从而使拱上建筑和主拱圈一起自由变形。目前多将伸缩缝做成直线形,以使构造简单,施工方便,如图 6-1-30 所示。

对于大跨径空腹式拱桥的拱式腹拱拱上建筑,一般将紧靠墩、台的第一个腹拱圈做成三铰拱,并在靠墩(台)拱铰上方的侧墙设置伸缩缝,在其余两铰上方的侧墙设置变形缝(断开而无缝宽)。在特大跨径的拱桥中,靠近主拱圈拱顶的腹拱,宜设置成两铰或三铰拱,腹拱铰上方的侧墙仍需设置变形缝,如图6-1-31所示。

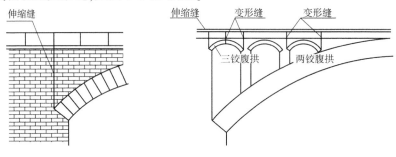

图6-1-30 实腹式拱的伸缩缝　　　　图6-1-31 拱式腹孔的伸缩缝及变形缝

伸缩缝宽度一般为2~3cm,缝内填料可用锯末屑与沥青按1:1的比例制成预制板,在施工时嵌入,并在上缘设置能活动而不透水的覆盖层,另外,也可采用沥青砂等其他材料填塞伸缩缝。变形缝一般不留缝宽,其缝可干砌、用油毛毡隔开或用低强度等级的砂浆砌筑。

3) 排水与防水层

对于拱桥,不仅要求将桥面雨水及时排除,而且也要求将透过桥面铺装渗入到拱腹内的雨水及时排除。桥面雨水的排除,除了桥梁设置纵坡和桥面设置横坡外,一般还沿桥面两侧缘石边缘每隔适当距离设置泄水管。通过桥面铺装渗入到拱腹内的雨水,应由防水层汇集于预埋在拱腹内的泄水管排出,防水层和泄水管的设置方式,与上部结构的形式有关。对跨线桥、城市桥或其他特殊桥梁,应设置全封闭式的排水系统。

泄水管可以采用铸铁管、混凝土管、陶瓷(瓦)管或塑料管。泄水管的内径一般为6~10cm。在严寒地区需适当加宽,但不宜超过15cm。泄水管应伸出结构表面至少10cm,以免雨水顺着结构物的表面流下。为便于泄水,泄水管应尽可能采用直管,并减小管节的长度。泄水管不宜设置在墩台边缘附近,以免排水集中冲刷砌体。

实腹式拱桥防水层应沿拱背护拱、侧墙铺设。如果是单孔,可不设泄水管,积水沿防水层流至两个桥台后面的盲沟,然后沿盲沟排出路堤。如果是多孔拱桥,可在 $L/4$ 处设泄水管[图6-1-32a)]。对于空腹式拱桥,防水层应沿腹拱上方与主拱圈跨中实腹段的拱背设置,泄水管也宜布置在 $L/4$ 处[图6-1-32b)]。

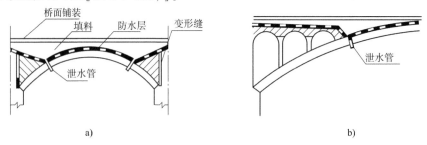

图6-1-32 泄水管的设置

防水层在全桥范围内不宜断开,通过伸缩缝或变形缝处应妥善处理,使其既能防水又能适应变形,其构造如图6-1-33所示。对跨线桥、城市桥或其他特殊桥梁,应设置全封闭式的排水系统。

防水层有粘贴式和涂抹式两种。粘贴式是由2~3层油毛毡与沥青胶交替贴铺而成,效果较好,但造价较高,施工麻烦,适用于雨水较多地区。涂抹式采用沥青或柏油涂抹于砌体表面,施工简便,造价低廉,但效果较差。对于道路等级很低的小型圬工拱桥可采用石灰三合土、石灰黏土砂浆、黏土胶泥等简易方法代替粘贴式防水层。

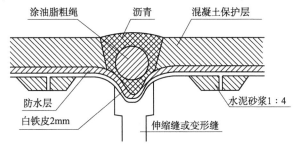

图 6-1-33　伸缩缝或变形缝处的防水层

4）拱铰

拱铰按其作用,可分为永久性铰和临时性铰两种。永久性铰主要用在三铰拱或两铰拱体系中,或空腹式拱上建筑中腹拱圈按构造要求需要采用的两铰拱或三铰拱。永久性拱铰除要满足设计计算的要求外,还要能保证长期的正常使用,因此,构造比较复杂,造价高。临时性铰是在施工中,为消除或减少主拱的部分附加内力,以及对主拱内力做适当调整时在拱脚或拱顶设置的铰或主拱圈转体施工时设置的铰。由于临时性铰在施工结束后要将其封固,因此构造较简单,但必须可靠。

拱铰按其所处的位置、作用、受力大小、使用材料等条件综合考虑,目前常用的形式有以下几种。

（1）弧形铰。弧形铰可用石料或钢筋混凝土做成,由于构造复杂,加工铰面既费工,又难以保证质量,故主要用于主拱圈的拱铰,如图 6-1-34 和图 6-1-35 所示。

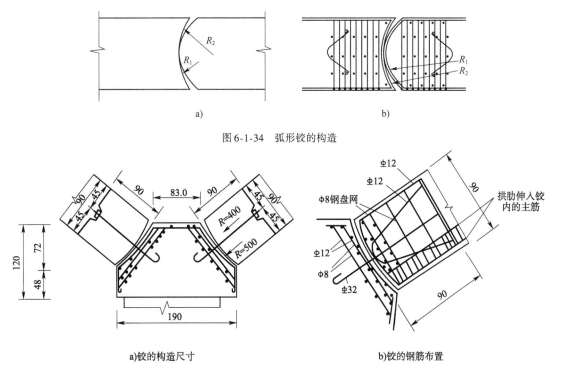

图 6-1-34　弧形铰的构造

a)铰的构造尺寸　　　　　　b)铰的钢筋布置

图 6-1-35　两铰双曲拱桥的弧形拱铰构造(单位:钢筋直径为 mm,其他为 cm)

(2)铅垫铰。铅垫铰由厚度为15~20mm的铅垫板,外部包以锌、铜薄片做成,主要用于中、小跨径的板拱或肋拱,也可用作临时铰,如图6-1-36所示。

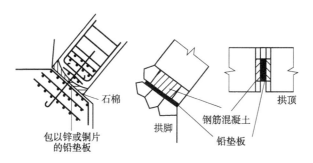

图6-1-36 铅垫铰

(3)平铰。平铰的接缝间可用低强度等级的砂浆填塞,也可用垫衬油毛毡或者直接干砌接头,因其构造简单,常用于跨径较小的空腹式拱上建筑的腹拱圈,如图6-1-37所示。

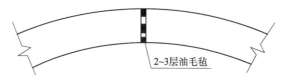

图6-1-37 平铰

(4)不完全铰。不完全铰多用在小跨径或轻型的拱圈以及空腹式拱桥的腹孔墩柱上,如图6-1-38所示。

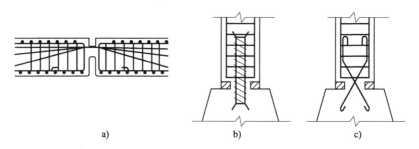

图6-1-38 不完全铰

(5)钢铰。钢铰通常做成理想铰,除用于少数有钢铰拱桥的永久性铰结构外,更多的用于施工需要的临时铰,如图6-1-39所示。

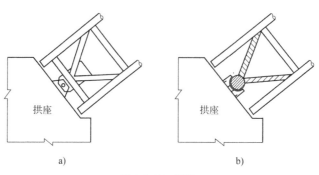

图6-1-39 钢铰

二、认识中、下承式拱桥

桥面位于拱肋下方的拱脚水平面处的拱桥称下承式拱桥,下承式拱桥的桥跨结构由拱肋、悬吊结构和横向连接系三部分组成。拱肋是主要承重结构,由于汽车车辆在两片拱肋之间行驶,故需要用吊杆将纵、横梁系统悬挂在拱肋下,在纵、横梁系统上支承着桥面板,组成桥面系,桥墩面系和这些传力构件统称悬吊结构。由于桥面布置在两拱肋间,故拱肋间距比上承式拱桥的大。为保证肋拱的横向刚度和稳定,必须在两拱肋之间设置横向连接系。横撑的宽度不应小于其长度的1/15。

中承式拱桥的桥跨结构也由拱肋、悬吊结构和横向连接系三部分组成。中承式拱桥的行车道位于拱肋的中部,桥面系(行车道、人行道和栏杆等)一部分用吊杆悬挂在拱肋下,一部分用刚架立柱支撑在拱肋上,拱肋间用横向连接系连接,如图6-1-40所示。

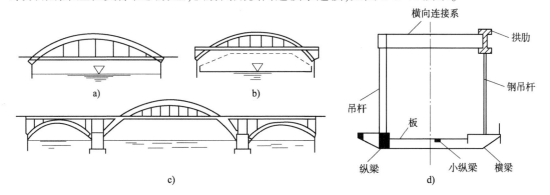

图6-1-40 中承式和下承式拱桥

中、下承式拱桥一般用于建筑高度受到限制时,采用中、下承式的拱桥以满足桥下净空要求,也可降低桥面高程。或在多孔拱桥中,将跨度大的一孔做成中承式以获得较大的矢跨比,从而减少来自大跨的推力。

1. 拱肋

中、下承式拱桥的拱圈由两个分离式的拱肋组成,拱肋结构常用的材料是钢筋混凝土或钢管混凝土,拱肋的横截面形状可以根据跨径大小、荷载等级和结构的总体尺寸等选择采用矩形、工字形或箱形,如图6-1-41所示。

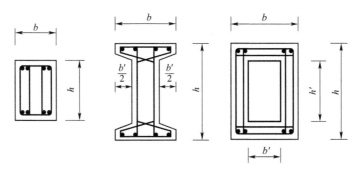

图6-1-41 常见的拱肋横截面形状

截面沿拱轴可以为等截面或变截面,有时为了增强拱肋横向刚度和稳定性,可以增大拱脚段的肋宽和高度。两片拱肋一般在两个相互平行的平面内,有时为了提高拱肋的横向稳定性的承载力,也可使两拱肋顶部互相内倾(即提篮式拱),如图6-1-42所示。中、下承式拱桥的拱肋一般不采用有铰拱而采用无铰拱形式,因铰将降低拱肋的横向刚度和稳定性。

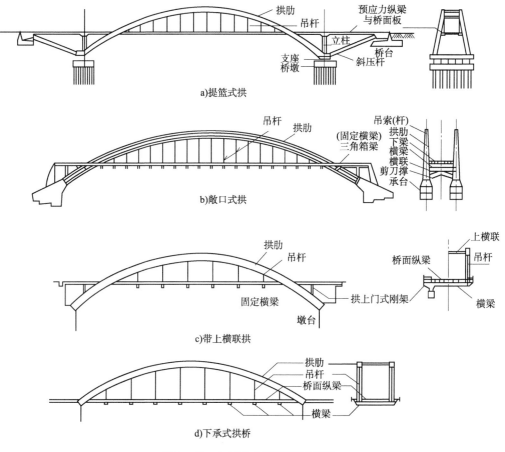

图 6-1-42 中、下承式钢筋混凝土拱桥

2. 吊杆

桥面系悬挂在吊杆上,吊杆主要承受拉力。吊杆分刚性吊杆和柔性吊杆两类。使用刚性吊杆可以增强拱肋横向刚度,但用钢量大,施工工序多,工艺复杂。而柔性吊杆可部分消除拱肋与桥面系之间的相互影响,且省钢。吊杆间距,一般根据构造要求和经济、美观等因素决定。

刚性吊杆两端的钢筋应扣牢在拱肋与横梁中。刚性吊杆一般设计为矩形,它除了承担轴向拉力之外,还须抵抗上下节点处的局部弯曲,其与拱肋或横梁的连接,如图 6-1-43 所示。

柔性吊杆一般用高强钢丝索或冷轧粗圆钢制作。高强钢丝索做的吊杆通常采用墩头锚,而粗钢筋则采用轧丝锚与拱肋和横梁相连。柔性吊杆必须进行防护,主要是防止钢索锈蚀。施工中多采用 PE 热挤索套防护工艺,它是直接将 PE 材料被覆在钢索表面制成成品索,如图 6-1-44 所示。

3. 横向连接系

横向连接系可做成横撑、对角撑或空格式构造等形式。有时为了满足桥面净空高度的要求,也可不设横撑而形成所谓敞口桥。但是,为了满足肋拱的横向刚度,必须采用刚性吊杆,以使其与横梁共同形成一个刚性的半框架,给拱肋提供足够刚劲的侧向弹性支撑,以承受拱肋上的横向水平力,或者加大拱肋的断面尺寸,使其本身具有足够的横向刚度和稳定。然而敞口桥费料较多,因而很少使用。

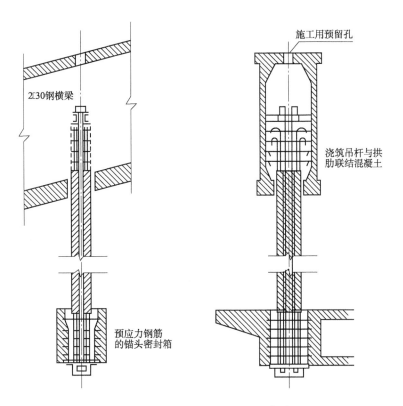

图 6-1-43 预应力混凝土刚性吊杆构造

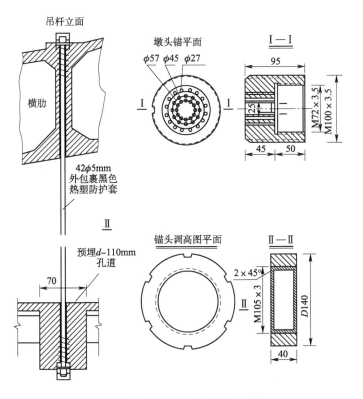

图 6-1-44 高强钢丝柔性吊杆构造(尺寸单位:mm)

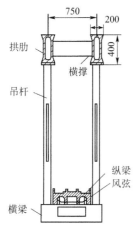

图 6-1-45　风弦(尺寸单位:mm)

横向连接系还可以将作用在拱肋上的横向水平力传递到墩台并保证拱肋的横向稳定,拱肋在行车道要求的净高以上部分用横撑(有时用对角撑或兼用横撑和对角撑)相连,形成一个能承受横向水平力的曲面形刚架(顶部连接系)。对于大跨度单线拱桥,由于桥面较窄,横向刚度较弱,在横向水平力作用下,桥面偏移可能很大,为此可在桥面之外另设与纵梁平行的杆件(也称风弦),来抵抗横向水平力,加强桥面的横向刚度,如图 6-1-45 所示。

4. 桥面系

桥面系由桥面板和纵、横梁组成。桥面板有时与纵梁连成整体,形成 T 形梁或 Π 形梁,有时在预制的纵梁上现浇桥面板形成组合梁,还可采用在横梁上密铺预制空心板或实心板来取代桥面板和纵梁两者的作用。桥面板一般为普通钢筋混凝土结构,也可采用预应力或部分预应力结构。桥面板上铺设桥面铺装,安设人行道和栏杆等。

在中承式拱桥中桥面通常是通过 B 点处的横梁(称固定横梁)与拱肋连在一起的,如图 6-1-46a)所示。很明显,如果在桥面不设断缝,则拱肋在外力(包括拱肋和桥面之间温度变化差别的影响)作用下发生变形时,桥面将受到附加的拉伸,桥面的防水层和混凝土可能被拉裂,影响桥梁的耐久性,如图 6-1-46b)所示。

如图 6-1-46c)所示的断缝是在跨中将桥面系完全横断开来,为此必须设置双吊杆和双横梁,并将桥面系于断缝处在水平面内做成企口(如 CC 仰视图),这种断缝构造简单,但双吊杆有损桥的外观。

还有的是将中央节间的桥面纵梁改成一个小的悬挂梁,如图 6-1-46d)所示,其两端分别用活动支座和固定支座支承在横梁 C 和 D 的特设托臂上。这样在桥面设置的两条断缝,从桥的外观而言比较好,但托臂的构造往往比较复杂。

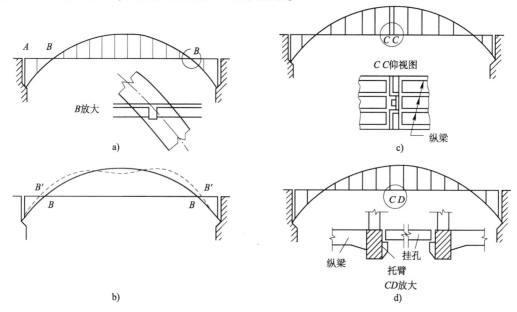

图 6-1-46　中承式拱桥桥面断缝的设置

三、认识其他类型拱桥构造

1. 桁架拱

桁架拱桥又称拱形桁架桥,如图6-1-47所示。桁架拱桥是一种有水平推力的桁架结构,其上部结构由桁架拱片、横向连接和桥面组成。

a)浙江余杭里仁桥

b)浙江三门上叶桥

图6-1-47 桁架拱桥实例

桁架拱片是主要的承重结构,是由上下弦杆、腹杆以及跨中由上下弦杆靠近而形成的实腹段所组成的桁架拱片,其立面布置如图6-1-48所示。

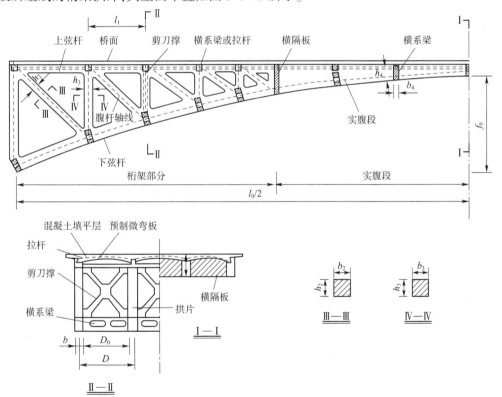

图6-1-48 桁架拱桥的主要组成部分

桁架拱的拱上建筑与拱肋融为一体共同受力,各杆件主要承受轴向力,具有普通桁架的受力特点。实腹段具有拱的受力特点:拱的水平推力减少了跨中弯矩,使跨中实腹段在恒载作用下,主要承受轴向压力;在活载作用下将承受弯矩,成为偏心受压构件。桁架拱综合了桁架和拱的有利因素,以承受轴向力为主,可采用圬工材料修建,并能充分发挥圬工材料的特性。同时，拱上结构与拱肋已形成桁架，能充分发挥全截面材料的作用，与同跨梁桥相比，节省钢材较多，圬工用量与梁桥接近，但比同跨拱桥要少。另外，由于桁架拱外部通常采用两铰结构，因而地基位移、温度变化等产生的附加内力较小。

桁架拱各节点均为刚性连接，如图 6-1-49 所示。由于桁架拱节点的次应力容易导致杆件两端开裂，影响桁架拱的耐久性；是推力结构，支点反力大，对地基有一定的要求；一般采用预制安装，由此安装的块件较大，运输和安装过程中需要具有 10t 以上的起重设备；预制和安装中对施工工艺要求较高等特点，因此，应用范围以 20~50m 的中等跨径为宜。但是，如果采用预应力的桁架拱，可克服受拉杆件开裂的问题，并可使跨径增大。特别应注意桁架拱与墩台的连接形式，如图 6-1-50 所示。

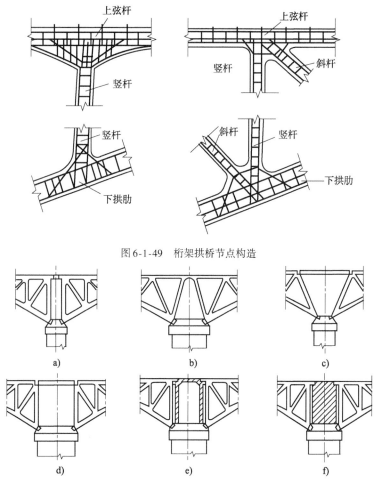

图 6-1-49 桁架拱桥节点构造

图 6-1-50 桁架拱与墩台的连接形式

2. 刚架拱桥

刚架拱桥是在桁架拱桥、斜腿刚架桥等基础上发展起来的另一种桥型，属于有推力的高次超静定结构，如图 6-1-51 所示。由于它具有构件少、质量轻、整体性好、刚度大、施工简便、造价低、造型美观等优点，被广泛用于跨径 25~70m 的桥梁，如图 6-1-52 所示。

刚架拱桥的上部结构由刚架拱片、横向连接系和桥面等部分组成。其特点是在顺桥方向，将常规的主拱圈与拱上建筑部分组成为整体受力的结构，拱上建筑不是单纯的传递荷载，而是参与承受荷载；在横桥向，通过加腋板或微弯板将拱肋与现浇桥面组成整体的受力结构。

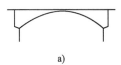 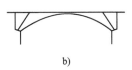 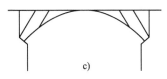

  a)   b)   c)

图 6-1-51　刚架拱桥的基本图式

a)江苏无锡金城桥　　　　　　　　b)江苏无锡金匮桥

 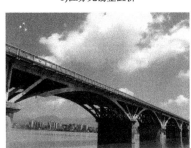

c)江苏无锡下甸桥　　　　　　　　d)广东清远北江大桥

图 6-1-52　刚架拱桥实例

  刚架拱片是刚架拱桥的主要承重结构,一般由跨中实腹段的主梁、空腹段的次梁、主拱腿(主斜撑)、次拱腿(斜撑)等构成,与桥面板一起形成刚架拱的主拱片。主梁和主拱腿的交接处称为主节点,次梁和次拱腿的交接处称为次节点,如图 6-1-53 所示。

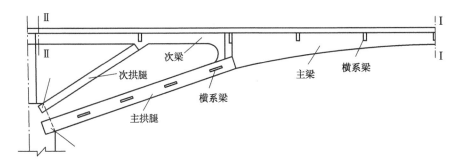

1/2跨刚架拱片

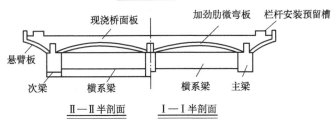

Ⅱ—Ⅱ半剖面　　Ⅰ—Ⅰ半剖面

图 6-1-53　刚架拱桥构造

横向联系作用是将刚架拱片联成整体共同受力,并保证其横向稳定。为了简化构造,横向联系可采用预制装配式的横系梁或横隔板形式,其间距视跨径大小酌情布置。一般在刚架拱片的跨中、主次梁端部等处设置横系梁。当跨径较大或者跨径小但桥面很宽时,为了加强跨中实腹段刚架拱片间的横向整体性,有利于荷载的横向分布,可增设直抵桥面板的横隔板。

桥面板可由预制微弯板、现浇混凝土填平层、桥面铺装等部分组成,也可由预制空心板、现浇混凝土层及桥面铺装等构成。

刚架拱片可以采用现浇或预制安装的方法施工,应根据运输条件和安装能力确定,目前大多数采用后者。为了减小吊装质量,可将主梁和次梁、斜撑等分别预制,用现浇混凝土接头连接。当跨径较大时,次梁还可以分段预制。

任务工单

学习情境六:拱桥施工 工作任务一:认识拱桥	班级			
	姓名		学号	
	日期		评分	

一、任务内容

分组讨论拱桥的类型和构造。

二、基本知识

1. 拱桥的分类。

(1)按静力体系将拱桥分为哪几类?

(2)按拱轴线形式将拱桥分为哪几类?

(3)按拱上建筑形式将拱桥分为哪几类?

(4)按拱圈截面形式将拱桥分为哪几类?

2. 主拱圈的构造。

(1)肋拱桥由什么组成?

(2)双曲拱桥由什么组成?

(3)桁架拱桥由什么组成?

(4)刚架拱桥由什么组成?

3.拱上建筑的构造。
(1)实腹式拱上建筑由什么组成?

(2)拱上伸缩缝和变形缝应如何设置?

(3)拱腹填料的要求有哪些?

(4)护拱应如何设置?

三、任务实施
上承式拱桥是拱桥中的一种,分组讨论其主拱圈构造及细部构造。
1.对修筑拱圈所选用的材料有什么要求?

2.空腹式拱桥的梁式腹孔有哪些形式?如何选用?

3.伸缩缝和变形缝有什么不同?如何施工?

4.拱铰有哪些?设置过程中要注意哪些事项?

四、任务小结
通过此工作任务的实施,各小组集中完成下述工作:
1.你认为本次实训是否达到预期目的?还有什么意见和建议?

2.防水层及变形缝(或伸缩缝)处的防水层应如何设置?

工作任务二　有支架施工

1. 应知应会
(1) 应知拱桥的有支架施工方法。
(2) 了解拱架的类型、制作、安装及卸架。
(3) 应会拱桥有支架施工方案技术要点。
(4) 理解拱圈施工中要求的注意事项。

2. 学习要求
(1) 研读教材内容。
(2) 学习相关施工案例,结合拱桥施工技术规范,编写拱桥有支架施工技术作业。
(3) 注重理论联系实际。

拱桥的有支架施工可用于石拱桥、预制或现浇混凝土拱桥及大跨度钢筋混凝土拱桥。以下主要介绍钢筋混凝土拱桥的施工。

一、拱架的制作与安装

1. 拱架的类型

拱架的种类很多,按其使用材料可分为木拱架、钢拱架、竹拱架、钢木组合拱架以及土牛胎拱架等;按结构形式可分为立柱式、撑架式、桁架式、组合式等形式。在整个施工期间,为保证拱圈的形状符合设计要求,拱架应具有足够的强度、刚度和稳定性。

1) 木拱架

常用的木拱架有满布立柱式木拱架(图6-2-1)、撑架式木拱架(图6-2-2)和三铰桁式木拱架(图6-2-3)。前两种在桥孔中间设有支架,三铰桁式木拱架跨中一般不另设支架,适用于墩高、水深、流急或要求通航的河流。满布式拱架一般在桥孔逐杆进行安装。

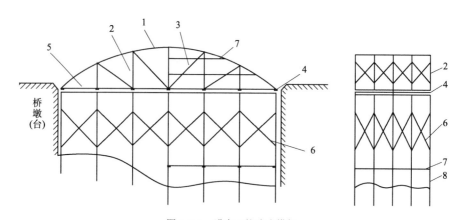

图 6-2-1　满布立柱式木拱架

1-弓形木;2-立柱;3-斜撑;4-卸架设备;5-水平拉杆;6-斜夹木;7-水平夹木;8-桩木

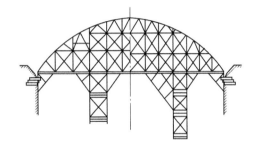

图 6-2-2 撑架式木拱架

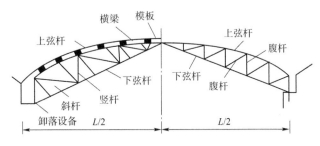

图 6-2-3 三铰桁式木拱架

2) 钢拱架

(1) 工字梁钢拱架。工字梁钢拱架有两种形式：一种是有中间木支架的钢木组合拱架，如图 6-2-4 所示；另一种是无中间木支架的活用钢拱架，如图 6-2-5 所示。由于这种拱架重量较轻，多采用半孔吊装的方法安装。

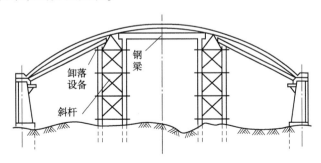

图 6-2-4 钢木组合拱架

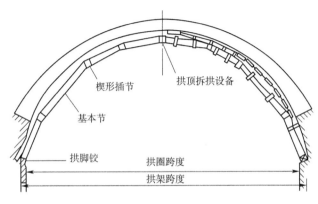

图 6-2-5 工字梁活用钢拱架

（2）桁架拱架。一般由单片拱形桁架构成，可被拼接成三铰（$L<80\mathrm{m}$）、两铰（$L<100\mathrm{m}$）或无铰拱架（$L>100\mathrm{m}$），如图 6-2-6 和图 6-2-7 所示。这种拱架一般采用旋转法安装、悬臂法逐节拼装和缆索吊安装等，如图 6-2-8 所示。

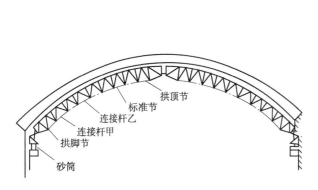

图 6-2-6　常备拼装式桁架拱架　　　　图 6-2-7　装配式公路钢桁架节段拼装式拱架

图 6-2-8　钢拱架实例

2. 拱架的制作与安装

为使拱架具有准确的外形和尺寸，在制作拱架前，一般要在样台上按拱圈内弧线放出拱架大样。放大样时应计入预拱度。拱架与拱圈内弧线间一般需留出 30～50mm 的间隙，以便放置横梁、弓形木和模板等构件。放出大样后，便可制作杆件样板，以便按样板加工制作。

杆件加工完后，一般须先试拼。据试拼情况，对构件作局部修改后，即可在桥孔中进行安装。

满布式拱架一般在桥孔逐杆进行安装。工字梁拱式拱架由于重量较轻多采用半孔吊装的方法安装，常备式钢桁拱架一般采用旋转法安装（图 6-2-9）、悬臂法逐节拼装（图 6-2-10）和缆索吊安装（图 6-2-11）。

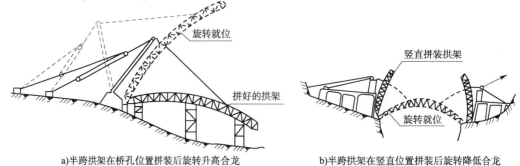

a）半跨拱架在桥孔位置拼装后旋转升高合龙　　b）半跨拱架在竖直位置拼装后旋转降低合龙

图 6-2-9　旋转法安装拱架

各类拱架安装时,都应及时进行测量,以保证设计尺寸的准确,同时应注意施工安全,在风力较大的地区,拱架需设置风缆索,以增强稳定性。

拱架安装好后,其轴线偏离应符合设计要求,拱架上用于拼装或浇筑拱圈(肋)的垫木或底模的顶面高程误差不应超过 +20mm 或 -10mm,而纵轴的平面位置不应大于跨径的 ±1/100,也不超过 ±30mm。

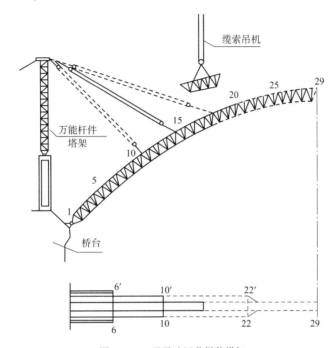

图 6-2-10 悬臂法逐节拼装拱架

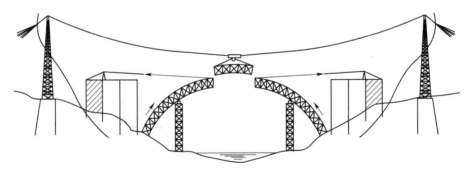

图 6-2-11 缆索吊装拱架

二、拱架卸架

在圬工浇筑或砌筑期间,拱架拆除必须待圬工达到一定的设计强度后方可进行。此外还必须考虑拱上建筑、拱背填料、连拱等因素对拱圈受力的影响,尽量选择对拱体产生最小应力时卸落拱架。为了能使拱架所支承的拱圈重力能逐渐转给拱圈自身来承受,拱架不能突然卸除,而应按一定的程序进行。

1. 卸架设备

为保证拱架能按设计要求均匀下落,必须采用专门的卸架设备。常用的卸架设备有砂筒、木楔和千斤顶。

1）砂筒

砂筒一般用钢板制成,筒内装以烘干的砂子,上部插入活塞(木制或混凝土制)组成,如图 6-2-12 所示。卸落是靠砂子从筒的下部预留泄砂孔流出,因此要求筒内的砂子干燥、均匀、清洁。砂筒与活塞间用沥青填塞,以免砂子受潮而不易流出。由砂子泄出量来控制拱架卸落高度,这样就能由泄砂孔的开与关,分数次进行卸架,并能使拱架均匀下降而不受振动,使用效果良好。

2）木楔

木楔有简单木楔和组合木楔等不同构造,如图 6-2-13 所示。图 6-2-13a)为简单木楔,由两块 1:10～1:6 斜面的硬木楔组成,落架时,只需轻轻敲击木楔小头,将木楔取出,拱架即下落。图 6-2-13b)为组合木楔,由三块楔形木和一根拉紧螺栓组成,卸架时只需扭松螺栓,使木楔下降,拱架即降落。

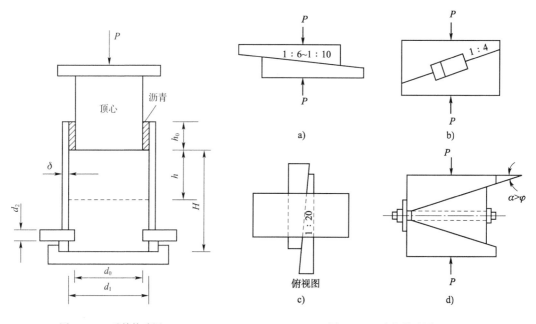

图 6-2-12　砂筒构造图　　　　　　　　图 6-2-13　木楔构造图

3）千斤顶

采用千斤顶卸落拱架常与拱圈调整内力同时进行。其方法一般在两个半拱拱顶预留放置千斤顶的缺口,待拱圈混凝土达到强度后,在缺口上安好千斤顶。当千斤顶供油时,则对两半拱施加推力,使两半拱既分开又抬高,随后进行封顶合拢。由于拱被抬升而脱离拱架,因而拱架很容易拆除。

2. 卸架程序

1）满布式拱架的卸落

满布式拱架可根据算出和分配的各支点的卸落量,从拱顶开始,逐次同时向拱脚对称地卸落。多孔连续拱桥,拱架的卸落应考虑相邻孔的影响。若桥墩设计为单向推力墩,就可以直接卸落拱架,否则应多孔同时卸落拱架。

2）工字梁活用钢拱架的卸落

工字梁活用钢拱架的卸落设备一般放于拱顶,卸落布置如图 6-2-14 所示。

卸落拱架时,先将绞车摇紧,然后将拱顶卸拱设备上的螺栓松两转,即可放松绞车,敲松拱顶卸拱木,如此循环松降,直至降落到设定的卸落量。

3) 钢桁架拱架的卸落

当钢桁架拱架的卸落设备架设于拱顶时,可在系吊或支撑的情况下,逐次松动卸架设备,逐次卸落拱架,直至拱架脱离拱圈后,才将拱架拆除,如图 6-2-15 所示。当卸架设备架设于拱脚时(一般为砂筒),为防止拱架与墩台顶紧阻碍拱架下降,应在拱脚三角垫与墩台之间设置木楔,如图 6-2-16 所示。卸落拱架时,先松动木楔,再逐次对称地泄砂落架。

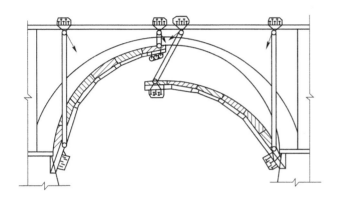 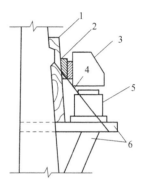

图 6-2-14　工字梁活用钢拱架的卸落　　图 6-2-15　钢桁架拱架拱脚处卸落设备
1-垫木;2-木楔;3-混凝土三角垫;4-斜拉杆;5-砂筒;6-支架

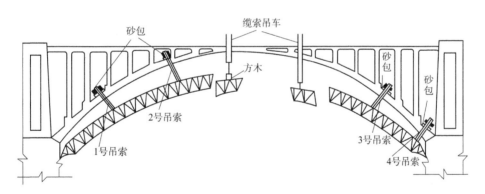

图 6-2-16　拼装钢桁架拱架的卸落与拆除

任务实施

一、拱圈的施工

1. 施工程序

1) 上承式拱桥

承式拱桥浇筑一般可分成三个阶段进行。第一阶段,浇筑拱圈(拱肋)及拱上立柱的柱脚(又称底座);第二阶段,浇筑拱上立柱、连接系及横梁等;第三阶段,浇筑桥面系。后一阶段的混凝土应在前一阶段混凝土具有一定强度后才能浇筑。拱圈或拱肋的拱架,可在拱圈混凝土强度达到设计强度的 70% 以上后,在第二阶段或第三阶段开始前拆除。但应事先对拆除拱架后拱圈的稳定性进行验算。

2) 中、下承式拱桥

中、下承式拱桥按拱肋、桥面系及吊杆三个阶段进行浇筑,并注意下列事项。

(1) 吊杆的钢筋或钢丝束、锚环应在上弦混凝土浇筑前穿挂于上弦钢筋骨架上。

(2) 悬挂式的桥面系,应在上弦拱架拆除后才能浇筑混凝土。

(3) 在桥面混凝土达到能承受荷载的强度后,拆除支架(吊架)横梁下的木楔,降落支架,使桥面系处于悬吊状态。然后,在桥面上施加全部设计荷载,使吊杆钢筋或钢丝束产生应有的应力,以减少吊杆混凝土的拉应力。

(4) 吊杆钢筋或钢丝束产生应有的应力后,即可浇筑吊杆混凝土。吊杆混凝土应对称浇筑,待其强度达到设计强度的 100% 后,再进行钢丝束的张拉工作。

3) 系杆拱桥

系杆拱桥应首先浇筑拉杆(下弦)和桥面系混凝土,然后在桥面上安装拱架,浇筑拱肋混凝土,最后浇筑吊杆混凝土。吊杆钢筋应在浇筑拉杆的拱肋混凝土之前安装完毕,并在浇筑吊杆混凝土前使其承受全部设计荷载。

2. 拱圈施工

1) 连续浇筑法

跨径小于 16m 的拱圈(或拱肋)混凝土,应按拱圈全宽度、自两端拱脚向拱顶对称、连续地浇筑,并在拱脚处混凝土初凝前全部完成。否则,须在拱脚处预留一个隔缝,并最后浇筑隔缝混凝土。

2) 分段浇筑

拱桥的跨径大于 16m 时,为避免拱架变形而产生裂缝以及减小混凝土的收缩应力,应采用分段浇筑的施工方法。根据浇筑能力、拱架结构和跨度大小,分段长度一般为 6.0~15.0m。分段位置应使拱架受力对称均匀,并使拱架变形小,一般分段点应设在拱架支点、节点处及拱顶、拱脚等处。

一般宜设置分段点并适当预留间隔缝。间隔缝的宽度一般为 50~100cm,以便于施工操作和钢筋连接。为缩短拱圈合龙和拱架拆除的时间,间隔缝内的混凝土强度可采用比拱圈高一等级的半干硬性混凝土。各段的接缝面应与拱轴线垂直。

施工中应注意,填充间隔缝混凝土应在拱圈分段混凝土强度达到 70% 的设计强度后进行,且应由两拱脚向拱顶对称进行,最后填充拱顶和两拱脚的间隔缝。封拱合龙温度应符合设计要求,一般宜在接近当地的年平均温度或在 5~15℃ 之间进行。

3) 分环浇筑法

大跨径拱桥一般采用箱形截面的拱圈或拱肋,为减轻拱架负担,一般采取分环、分段的浇筑方法。分环的方法一般是先分段浇筑底板(第一环),然后分段浇筑上面一环(腹板、隔墙与顶板)。

对有些大跨径拱桥,也可以采用分环和分段综合的方法进行施工,如图 6-2-17 所示。

二、拱上建筑的施工

拱上建筑施工,应对称均衡地进行。施工中浇筑的程序和混凝土数量应符合设计要求。在拱上建筑施工过程中,应对拱圈的内力和变形及墩台的位移进行观测和控制。

1. 伸缩缝及变形缝的施工

伸缩缝的缝宽为 1.5~2cm,要求笔直,两侧对应贯通。现浇混凝土侧墙时,须预先安设塑料泡沫板,将侧墙与墩台分开,缝内采用锯末沥青,按 1:1(质量比)配合制成填料填塞。

变形缝不留缝宽,设缝处现浇混凝土时用油毛毡隔断,以适应主拱圈变形。

当护拱、缘石、人行道、栏杆和混凝土桥面跨越伸缩缝或变形缝时,在相应位置应设置贯通桥面的伸缩缝或变形缝(栏杆扶手一端做成活动的)。

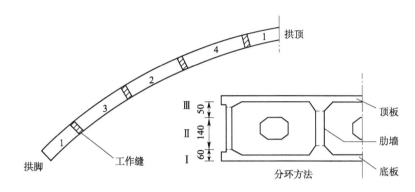

图 6-2-17 箱形截面拱圈施工程序示意图(尺寸单位:cm)

2. 拱上防水设施

1)拱圈混凝土自防水

采用优良品质的粗、细集料和优质粉煤灰或硅灰制作高耐久性的混凝土,同时严格控制施工工艺。

2)拱背防水层

小跨径拱桥可采用石灰土防水层。对于具有腹拱的拱腔防水可采用砂浆或小石子混凝土防水层。大型拱桥及冰冻地区的砖石拱桥一般设沥青毡防水层,其做法常为三油两毡或二油一毡。

当防水层经过拱上结构物的伸缩缝或变形缝时,要做特殊处理。一般采用"U"形防水土工布过缝,或橡胶止水带过缝。泄水管处的防水层,要紧贴泄水管漏斗之下铺设,防止漏水。在拱腔填料填充前,要在防水层上填筑一层砂性细粒土,以保证防水层完好。

3. 拱圈排水处理

拱桥的台后应设排水设施,使表面积水集中于盲沟或暗沟排出路基外。拱桥的桥面纵向、横向均设坡度,以利顺畅排水,桥面两侧与护轮带交接处隔 15~20m 设泄水管。渗入到拱腹内的水应通过防水层汇积于预埋在拱腹内的泄水管排出。泄水管可采用混凝土管、陶管或 PVC 管。泄水管内径一般为 6~10cm,严寒地区须适当增大,但不宜大于 15cm。泄水管宜尽量避免采用长管和弯管,进口处周围防水层应做积水坡度,并用大块碎石做成倒滤层,以防堵塞。

4. 拱背填充

拱背填充应采用透水性强和摩擦角较大的材料,一般可用天然砂砾、片石、碎石夹砂混合料以及矿渣等材料。填充时应按拱上建筑的顺序和时间,对称且均匀地分层填充并碾压密实,但须防止损坏防水层、排水管和变形缝。

学习情境六：拱桥施工	班级			
工作任务二：有支架施工	姓名		学号	
	日期		评分	

一、任务内容
分组讨论拱桥的有支架施工。

二、基本知识
1. 拱架的结构形式：
_____。

2. 拱架的作用和要求：
_____。

3. 现浇混凝土拱桥的施工程序：
_____。

4. 拱圈混凝土浇筑流程：
_____。

5. 卸除拱架的设备：
_____。

6. 卸架的程序：
_____。

三、任务实施
拱圈施工是施工中的重要环节，分组掌握其施工方法及适用条件。
1. 连续浇筑有哪些施工条件及注意事项？

2. 分段浇筑施工中应注意哪些问题？

3. 分环施工的程序是什么？

4. 拆除拱架有哪些具体要求？

四、任务小结
通过此工作任务的实施，各小组集中完成下述工作。
1. 你认为本次实训是否达到预期目的？还有什么意见和建议？

2. 如何处理拱圈排水问题？

工作任务三　装配式施工

任务概述

1. 应知应会

(1)应知拱桥的装配式施工方法。
(2)了解缆索吊装系统的组成和施工原理。
(3)应会拱桥装配式缆索吊装施工方案的技术要点。
(4)掌握拱圈预制方法和施工中的注意事项。

2. 学习要求

(1)研读教材内容。
(2)学习相关施工案例,结合拱桥施工技术规范,编写拱桥装配式缆索吊装施工技术作业。
(3)注重理论联系实际。

相关知识

为了改进拱桥的施工方法,提高其在大跨度桥梁中的竞争能力,拱桥必须向轻型化和装配化的方向发展。目前,也较多采用无支架预制装配施工的方法。下面以缆索吊装施工为例来介绍拱桥的装配式施工。

一、缆索吊装概述

在峡谷或水深流急的河段上,或在通航的河流上需要满足船只的通行,或在洪水季节施工并受漂浮物影响等条件下修建拱桥时,可以采用无支架预制装配的施工方法。

缆索吊装施工主要用于预制安装的钢筋混凝土拱桥,同时在劲性骨架施工拱桥的骨架安装、拱上建筑安装、桁架和刚架拱桥施工中也得到广泛运用,如图6-3-1所示。

缆索吊装设备,按其用途和作用可以分为主索、工作索、塔架和锚固装置四个基本组成部分,主要包括主索、起重索、牵引索、结索、扣索、缆风索、塔架(包括索鞍)、地锚、滑车(轮)、电动卷扬机或手摇绞车设备和机具。缆索吊装布置示意图如图6-3-2所示。

图6-3-1　海螺猛洞河大桥—缆索吊装施工

1. 主索

主索亦称为承重索或运输天线。它横跨桥墩,支承在两侧塔架的索鞍上,两端锚固于地锚。吊运构件的行车支承于主索上。

2. 起重索

起重索主要用于控制吊物的升降(即垂直运输),一端与卷扬机滚筒相连,另一端固定于对岸的地锚上,如图6-3-3所示。

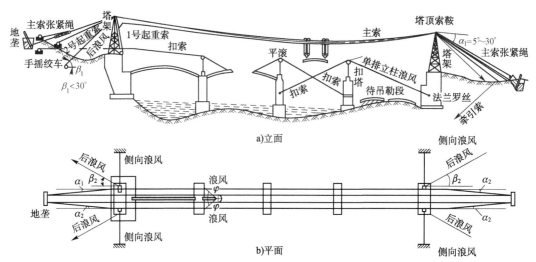

图 6-3-2 缆索吊装布置示意图

3. 牵引索

牵引索用于拉动行车沿桥跨方向在主索上移动(即水平运输),故需一对。既可分别连接在两台卷扬机上,也可合拴在一台双滚筒卷扬机上,便于操作。

4. 结索

结索用于悬挂分索器。使主索、起重索、牵引索不致相互干扰,它仅承受分索器重量及自重。

5. 扣索

当拱箱(肋)分段吊装时,需用扣索悬挂端段箱(肋)及中段箱(肋),并可利用扣索调整端、中段箱(肋)接头处高程。扣索的一端系在拱箱(肋)接头附近的扣环上,另一端通过扣索排架或塔架固定于地锚上。

6. 缆风索

缆风索亦称浪风索。用来保证塔架的纵横向稳定及拱肋安装就位后的横向稳定。

7. 塔架及索鞍

塔架是用来提高主索的临空高度及支承各种受力钢索的结构物。塔架的形式多种多样,按材料可分为木塔架和钢塔架两类。

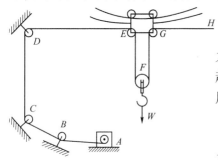

图 6-3-3 起重索示意图

8. 电动卷扬机及手摇绞车

电动卷扬机及手摇绞车主要用作牵引、起吊等的动力装置。电动卷扬机速度快,但不易控制,一般多用于起重索和牵引索。对于要求精细调整钢束的部位,多采用手摇绞车,以便于操纵。

9. 地锚

地锚亦称地垄或锚碇,用于锚固主索、扣索、起重索及绞车等。可以利用桥梁墩、台座锚定,这样能节约材料,否则需设置专门的地锚。

10. 其他附属设备

其他附属设备有在主索上行驶的行车(俗称跑马滑车)、起重滑车组、各种倒链葫芦、法兰螺栓、钢丝卡子(钢丝轧头)、千斤绳、横移索等。

缆索吊机设备的形式及规格都非常多,必须按照因地制宜的原则,结合各工程的具体情况合理地选择,才能取得良好的效果。

二、构件的预制、堆放与运输

1. 预制方法

1) 拱肋立式预制

采用立式浇筑方法预制拱肋,具有起吊方便、节省木材的优点。底模采用土牛拱胎密排浇筑时,能减小预制场地,是预制拱肋最常用的方法,尤其适用于大跨径拱桥。立式预制常用的方法有土牛拱胎立式预制,如图6-3-4所示。

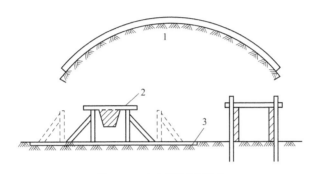

图6-3-4 土牛拱胎预制拱肋
1-土牛拱胎;2-凹形拱肋扶手;3-横木

2) 拱肋卧式预制

采用卧式预制,拱肋的形状和尺寸较易控制,特别是空心拱肋,浇筑混凝土时操作方便,且节省木材,但起吊时容易损坏。卧式预制常用的方法有木模卧式预制[图6-3-5a)]、土模卧式预制[图6-3-5b)]和卧式叠浇(图6-3-6)。

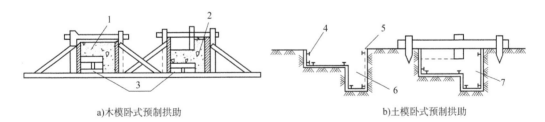

a) 木模卧式预制拱肋　　　　　　　　b) 土模卧式预制拱肋

图6-3-5 拱肋卧式预制
1、6-边肋;2、7-中肋;3-砖砌垫块;4-圆钉;5-油毛毡

2. 拱肋分段与接头

1) 拱肋的分段

拱肋跨径在30m以内时,可不分段或仅分二段;在30~80m范围时,可分三段;大于80m时,一般分五段。拱肋分段吊装时,理论上接头宜选择在拱肋自重弯矩最小的位置及其附近,但一般为等分,这样各段重力基本相同,吊装设备较省。

2) 拱肋的接头形式

(1) 对接。对接接头在连接处为全截面通缝,要求接头的连接材料强度高,一般采用螺栓或电焊钢板等,如图6-3-7a)和b)所示。

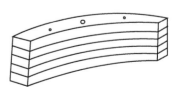

图6-3-6 拱肋卧式叠浇

（2）搭接。分三段吊装的拱肋,因接头处在自重弯矩较小的部位,一般宜采用搭接形式,如图6-3-7c)所示。搭接接头受力较好,但构造复杂,预制也较困难,须用样板校对、修凿,确保拱肋安装质量。

（3）现浇接头。用简易排架施工的拱肋,可采用主筋焊接或主筋环状套接的现浇接头,如图6-3-7d)所示。

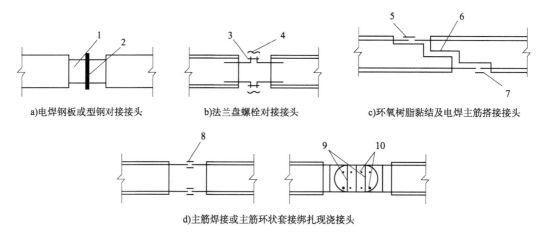

图6-3-7 拱肋接头形式

1-预埋钢板或型钢;2-电焊缝;3-螺栓;4、5、7-电焊;6-环氧树脂;8-主筋对接和绑焊;9-箍筋;10-横向插销

3）接头连接方法及要求

用于拱肋接头的连接材料,有型钢电焊、钢板（或型钢）螺栓、电焊拱肋钢筋、环氧树脂水泥胶等,其优缺点见表6-3-1。

用于拱肋接头的连接材料优缺点　　　　表6-3-1

连接材料	优　点	缺　点
电焊型钢	接头基本固结,强度高	钢材用量多,高空焊接量大,焊固后不能调整标高
螺栓连接	拱肋合龙时不需要电焊,安装方便,可反复调整,接头能承受部分弯矩	拱肋预制时,精度要求高
电焊拱肋钢筋	拱肋受力具有连续性,钢材用量少,施工方便	拱肋钢筋未电焊前,接头不能承受拉力
环氧树脂水泥胶	加强接头混凝土接触面的黏结,填补钢结构的空隙	硬化时间不能受力,应严格控制配比,不能单独作连接措施

接头处的混凝土强度等级应比拱肋混凝土强度等级高一级。对连接钢筋、钢板（或型钢）的截面要求,应按计算确定。钢筋的焊缝长度,应满足《公路桥涵设计通用规范》（JTG D60—2004）有关规定。

3. 拱座

拱肋与墩台的连接,称为拱座。拱座主要有如图6-3-8所示几种形式,其中插入式及方形拱座因其构造简单、钢材用量少、嵌固性能好采用较为普遍。

4. 拱肋起吊、运输及堆放

1）拱肋脱模、运输、起吊时间的确定

装配式拱桥构件在脱模、移运、堆放、吊装时,混凝土的强度等级不应低于设计所要求的吊装强度等级;若无设计要求,一般不得低于设计强度的80%。为加快施工进度,可掺入适量早强剂。在低温环境下,可用蒸汽养护。

2)场内起吊

拱肋移运起吊时的吊点位置应按设计图上的设计位置,若图上无要求应结合拱肋的形状、拱肋截面内的钢筋布置以及吊运、搁置过程中的受力情况综合考虑确定,以保证移运过程中的稳定安全。

大跨径拱桥拱肋构件的脱模起吊一般采用龙门架,小跨径拱桥拱肋及小型构件可采用三角扒杆、马凳、吊车等机具进行。

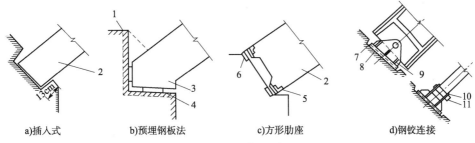

a)插入式　　　b)预埋钢板法　　　c)方形肋座　　　d)钢铰连接

图 6-3-8　拱座形式

1-预留槽;2-拱肋;3-肋座;4-铸铁垫板;5-预埋角钢;6-预埋钢板;7-铰座底板;8-预埋钢板;9-加劲钢板;10-铰轴支承;11-钢铰轴

3)场内运输(包括纵横移)

场内运输可采用龙门架、胶轮平板挂车、汽车平板车、轨道平车或船只等机具进行。

4)构件堆放

拱肋堆放时应尽可能卧放,卧放时应垫三点,特别是矢跨比小的构件(拱肋、拱块)。如必须立放时,应搁放在符合拱肋曲度的弧形支架上。

堆放构件的场地应平整夯实,不致积水。当采用堆垛时,应设置垫木。堆放高度按构件强度、地面承载力、垫木强度以及堆放的稳定性而定,一般以两层为宜,不应超过三层。

构件应按吊运及安装次序顺序堆放,并留适当通道,防止越堆吊运。

任务实施

一、吊装方法

1. 缆索设备的检查与试吊

缆索吊装设备在使用前必须进行试拉和试吊。

1)地锚试拉

一般每一类地锚取一个进行试拉。缆风索的土质地锚要求位移小,因此在有条件时宜全部试拉,使其预先完成一部分位移。可利用地锚相互试拉,受拉值一般为设计荷载的1.3~1.5倍。

2)扣索对拉

扣索是悬挂拱肋的主要设备,因此必须通过试拉来确保其可靠性。可将两岸的扣索用卸夹连在一起,将收紧索收紧进行对拉,这样可全面检查扣索、扣索收紧索、扣索地锚和动力装置等是否达到了要求。

3)主索系统试吊

主索系统试吊一般分跑车空载反复运转、静载试吊和吊重运行三步骤。必须待每一步骤检查、观测工作完成并无异常现象后,方可进行下一步骤。试吊重物可以利用钢筋混凝土预制构件、钢轨和钢梁等,一般按设计吊重的60%、100%、130%,分几次进行。

试吊后应综合各种观测数据和检查情况,对设备的技术状况进行分析和鉴定,然后提出改进措施,确定能否进行正式吊装。

2. 吊装方法

采用缆索吊装施工的拱桥,其吊装方法应根据桥的跨径大小,桥的总长及桥的宽度等具体情况而定。

拱桥的构件一般在河滩上或桥头岸边预制和预拼后,送至缆索下面,由起重车起吊牵引至指定位置安装。为了使端段基肋在合龙前保持在一定位置,在其上用扣索临时系住后才能松开,吊索应自一孔桥的两端向中间对称进行。在最后一节构件吊装就位,并将各接头位置调整到规定高程以后,才能放松吊索,并将各接头接整合龙,最后才将所有扣索撤去。

基肋(指拱箱、拱肋或桁架拱片)吊装合龙要拟定正确的施工程序和施工细则并坚决按照执行。拱桥跨径较大时,最好采用双肋或多肋合龙。基肋之间必须紧随拱段的拼装及时焊接(或临时连接)。端段拱箱(肋)就位后,除上端用扣索拉住外,还应在左右两侧用一对称缆风索牵住,以免左右摇摆。中段拱箱(肋)就位时,宜缓慢地放松吊索,务必使各接头顶紧,尽量避免简支搁置和冲击作用。

二、加载程序

1. 加载程序设计的目的和意义

当拱箱(肋)吊装合龙成拱后,对后续各工序的施工,如拱箱之间的纵缝混凝土的拱上建筑等,如何合理安排,对保证工程质量和施工安全都有重大影响。如果采用的施工步骤不当(例如工序安排不合理、拱顶或拱脚步的压重不恰当、左右半拱施工进度不平衡、加载不对称等),就会导致拱轴线变形不均匀,而使拱圈开裂,严重的甚至造成倒塌事故。因此,对施工程序必须做出合理的设计。

施工加载程序设计的目的,就是在裸拱上加载时,使拱肋各个截面在整个施工过程中,都能满足强度和稳定的要求,并在保证施工安全和工程质量的前提下,尽量减少施工工序,便于操作,以加快桥梁建设速度。

2. 施工加载程序设计的一般原则

对于中、小跨径拱桥,当拱肋的截面尺寸满足一定的要求时,可不作施工加载程序设计,按有支架施工方法对拱上结构作对称、均衡的施工。

对于大、中跨径的箱形拱桥或双曲拱桥,一般多按分环、分段、均衡对称加载的总原则进行设计。即在拱的两个半跨上,按需要分成若干段,并在相应部位同时进行相等数量的施工加载。但对于坡拱桥,必须注意其特点,一般应使低拱脚半跨的加载量稍大于高拱脚半跨的加载量。

在多孔拱桥的两个邻孔之间,也须均衡加载。两孔的施工进度不能相差太远,以免桥墩承受过大的单向推力而产生过大的位移,造成施工进度快的一孔拱顶下沉,而邻孔拱顶上冒,导致拱圈开裂。

3. 加强稳定性的措施

1) 横向稳定缆风索

拱肋稳定缆风索在吊装过程的不同施工阶段具有不同的作用。在边段拱肋就位时,用以调整和控制拱肋中线;在拱肋合龙时,可以约束接头的横向偏移;在拱肋成拱以后,相当于一个弹性支承,从而减少拱肋自由长度,增大拱肋的横向稳定;在拱肋受外力作用时,约束拱肋的位移。

2)拱肋纵向稳定措施

当拱肋接头处可能发生上冒变形时,可在其位置下方设置下拉索控制变形,下拉索一般对称布置,如图6-3-9所示。

3)拱肋横向联系

在吊装过程中,为了减少拱肋的自由长度和增强拱肋的横向整体性,拱肋之间的横向联系是一项必不可少的施工措施。一般采用的横向联系有木夹板、木剪刀撑、钢筋拉杆、钢横梁和钢筋混凝土横系梁等形式,如图6-3-10所示。

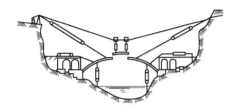

图6-3-9 拱肋设置下拉索

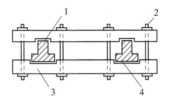

图6-3-10 拱肋间的横夹木构造
1-拱肋;2-螺栓;3-横夹木;4-坎口凹槽

【工程实例6-3-1】复兴大桥缆索吊装施工,如图6-3-11所示。杭州市钱塘江四桥(复兴大桥)是杭州市第一座跨钱塘江的城市桥梁。大桥采用多跨双层双主拱的钢管混凝土系杆拱桥的结构形式,全桥包含了上承式、中承式、下承式三种拱桥结构形式,结构受力体系为刚拱刚梁外部简支的静定体系。该桥全长1376m,宽26.4m,主桥为2孔190m跨下承式和中承式系杆组合桁架式钢管混凝土拱桥与9孔85m跨下承式和上承式系杆组合钢管混凝土拱桥的组合,该桥型为国内外首创桥型。

a)无支架缆索系统

b)190m跨拱肋吊装

c)主跨拱肋合龙

d)85m跨拱肋吊装

图 6-3-11

e)横向联系施工　　　　　　　　　　　f)复兴大桥鸟瞰图

图 6-3-11　复兴大桥缆索吊装施工

 任务工单

学习情境六:拱桥施工 工作任务三:装配式施工	班级			
	姓名		学号	
	日期		评分	

一、任务内容

分组讨论拱桥的装配式施工。

二、基本知识

1. 拱肋悬吊施工流程:
_____。

2. 拱肋缆索起吊的方法:
_____。

3. 拱肋的分段要求:
_____。

4. 拱肋的接头形式:
_____。

三、任务实施

构件预制和接头处理是施工中的重要环节,分组掌握其施工方法及注意事项。

1. 立式预制和卧式预制的优缺点有哪些?

2. 缆索吊装施工中拱肋应如何分段?

3. 接头处理的类型和施工要求有哪些?

4. 用于拱肋接头的连接材料优缺点有哪些?

四、任务小结

通过此工作任务的实施,各小组集中完成下述工作。

1. 你认为本次实训是否达到预期目的? 还有什么意见和建议?

2. 拱座的类型有哪些,如何正确选择拱座?

工作任务四 转体施工

1. 应知应会
(1)应知拱桥的转体施工方法。
(2)理解平面转体、竖向转体的施工原理。
(3)应会拱桥转体施工方案技术要点。
(4)理解有、无平衡重施工的差异。
2. 学习要求
(1)研读教材内容。
(2)学习相关施工案例,结合拱桥施工技术规范,编写拱桥转体施工技术作业。
(3)注重理论联系实际。

转体施工法是将拱圈或整个上部结构分为两个半跨,分别在河流两岸利用地形或简单支架现浇或预制装配半拱,然后利用动力装置将其两半跨拱体转动至桥轴线位置(或设计高程)合龙成拱,如图6-4-1所示。

a)水平转体　　　　　　　　　　b)竖向转体

图6-4-1　拱桥转体施工实例

一、平面转体施工

将主拱圈分为两个半跨,分别在两岸利用地形作简单支架(或土牛拱胎),现浇或者拼装拱肋,再安装拱肋间横向连接系(横隔板、横系梁等),把扣索的一端锚固在拱肋的端部(靠拱顶)附近,经引桥桥墩延伸至埋入岩体内的锚碇中,最后用液压千斤顶收紧扣索,使拱肋脱模,借助环形滑道和手摇卷扬机牵引,慢慢地在水平面内转体180°(或小于180°),最后再进行主拱圈合龙段和拱上建筑的施工,如图6-4-2所示。

平面转体可分为有平衡重转体和无平衡重转体。
1. 有平衡重平面转体施工
有平衡重转体一般以桥台背墙作为平衡重,并作为桥体上部结构转体用拉杆的锚碇反力墙,用以稳定转动体系和调整重心位置。因此,平衡重部分不仅在桥体转动时作为平衡重量,而且也要承受桥梁转体重量的锚固力。

图 6-4-2　贵州花江大桥

1)转动体系

(1)转动体系的构造。转动体系主要由底盘、上盘、背墙、桥体上部构造、锚扣系统和拉杆(或拉索)组成,如图 6-4-3 所示。底盘和上盘都是桥台基础的一部分,底盘和上盘之间设有能使其互相灵活转动的转体装置。拉杆一般是拱桥(桁架拱、刚架拱)的上弦杆,或是临时设置的体外拉杆钢筋(或扣索钢丝绳)。

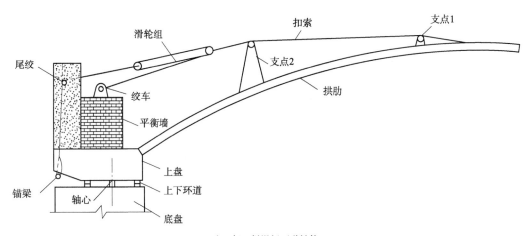

a)聚四氟乙烯滑板环道转体

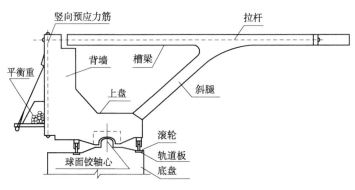

b)球面转轴辅以滚轮转体

图 6-4-3　转动体系的一般构造

(2)转动装置。聚四氟乙烯滑板环道转体转动是由设在底盘和上转盘间的轴心和环形滑道组成,如图 6-4-4 所示。聚四氟乙烯材料与不锈钢板或镀铬钢板之间的摩擦系数特别小,而且随着正压力的增大而减小。

图 6-4-4 聚四氟乙烯滑板环道

球面转轴辅以滚轮转体转动是球面铰辅以轨道板和钢滚轮,是一种以铰为轴心承重的转动装置。它的特点是整个转动体系的重心必须落在轴心铰上,铰顶面涂了二硫化钼润滑剂,减小了牵引阻力,球面铰既起定位作用,又承受全部转体重力,钢滚轮只起稳定保险作用。

2) 拱体预制

拱体预制应按设计桥型、两岸地形情况,设置适当的支架和模板(或土胎模),预制应按《公路桥涵施工技术规范》(JTG/T F50—2011) 有关规定进行。同时还应注意充分利用地形,合理布置场地,使拱体转动角度小,支架或土胎用料少,易于设置转动装置;严格控制拱体各部分高程、尺寸,特别要控制好转盘施工精度。

3) 转体拱桥的施工

有平衡重平面转体拱桥的主要施工程序如下:制作底盘→制作上转盘→试转上转盘到预制轴线位置→浇筑背墙→浇筑主拱圈上部结构→张拉拉杆,使上部结构脱离支架,并且和上转盘、背墙形成一个转动体系,通过配重基本把重心调到磨心处→牵引转动体系,使半拱平面转动合龙→封上下盘,夯填桥台背土,封拱顶,松拉杆,实现体系转换。

2. 无平衡重的平面转体施工

无平衡重转体是把有平衡重转体施工中的扣索直接锚固在两岸岩体中,这种方法仅适宜在山区地质条件好或跨越深谷的地形条件下采用。

1) 转动体系的构造

根据桥位两岸的地形,无平衡重转体可以把半跨拱圈分为上、下游两个部件,同步对称转体;或在上、下游分别在不对称的位置上预制,转体时先转到对称位置,再对称同步转体,以使扣索产生的横向力互相平衡;或直接做成半跨拱体(桥全宽),一次转体合龙。

拱桥无平衡重转体施工有锚固、转动和位控三大体系,其一般构造如图 6-4-5 所示。

(1)锚固体系。锚固体系由锚碇、尾索、平撑、锚梁(或锚块)及立柱组成。锚碇设在引道或边坡岩石中,锚梁(或锚块)支承于立柱上,两个方向的平撑及尾索形成三角形稳定体,使锚块上转轴为一确定的固定点。拱体转至任意角度,由锚固体系平衡拱体扣索力。

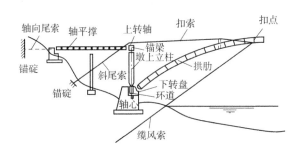

图 6-4-5　拱桥无平衡重转体一般构造图

(2)转动体系。转动体系由上转动构造、下转动构造、拱体及扣索组成。上转动构造由埋入锚梁(或锚块)中的轴套、转轴和环套组成,扣索一端与环套连接,另一端与拱体顶端连接。转轴在轴套与环套间均可转动,如图 6-4-6 所示。

下转动构造由下转盘、下环道与下转轴组成。拱体通过拱座铰支承在转盘上,马蹄形的转盘中部卡套在下转轴上,并支承在下环道上,转盘下安装了许多聚四氟乙烯蘑菇头(千岛走板),转盘的走板可在下环道上沿下转轴作弧形滑动,转盘与转轴的接触面涂有黄油四氟粉,以使拱体转动,如图 6-4-7 所示。

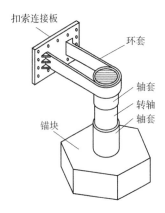
图 6-4-6　上转轴的一般构造示意图

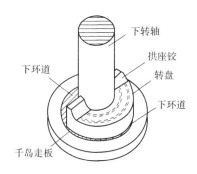
图 6-4-7　下转盘的一般构造示意图

扣索常采用Ⅳ级 $\phi 32$ 精轧螺纹钢筋,扣索将拱箱顶部与上转轴连接,从而构成转动体系。在拱体顶端张拉扣索,拱箱即可离架转动。

(3)位控体系。位控体系由系在拱体顶端扣点的缆风索与转盘牵引系统组成,用以控制在转动过程中转动体的转动速度和位置。

2)无平衡重转体施工

拱桥无平衡重转体施工的主要内容和工艺有以下各项。

(1)转动体系施工。安装下转轴、转盘及浇筑下环道→浇筑转盘混凝土→安装拱脚铰、浇筑铰脚混凝土→拼装拱体→设必要的支架、模板,设置立柱→安装扣索→安装锚梁、上转轴、轴套、环套。

(2)锚碇系统施工。制作桥轴线上的开口地锚→设置斜向洞锚→安装轴向、斜向平撑→尾索张拉→扣索张拉。

(3)转体施工。正式转体前应再次对桥体各部分进行系统、全面地检查,检查通过后方可转体。拱箱的转体是靠上、下转轴事先预留的偏心值形成的转动力矩来实现。启动时放松外缆风索,转到距桥轴线约60°时开始收紧内缆风索,索力逐渐增大,但应控制在20kN以下,如转不动则应以千斤顶在桥台上顶推马蹄形下转盘。为了使缆风索受力角度合理,可设置两个转向滑轮。缆风索走速,启动时宜选用0.5~0.6m/min,一般行走时宜选用0.8~1.0m/min。

(4)合龙卸扣施工。拱顶合龙后的高差,通过张紧扣索提升拱顶、放松扣索降低拱顶来调整到设计位置。封拱宜选择低温时进行。先用8对钢楔楔紧拱顶,焊接主筋,预埋铁件,然后先封桥台拱座混凝土,再浇封拱顶接头混凝土。当混凝土达到70%设计强度后,即可卸扣索,卸索应对称、均衡、分级进行。

【工程实例6-4-1】 北盘江大桥转体施工,如图6-4-8所示。2001年建成通车的贵州水柏铁路北盘江大桥,位于六盘水市境内的深山峡谷处,是单线铁路钢管拱桥;全长468.20m,桥跨布置为3×24mPC简支梁+236m上承式钢管混凝土提篮拱+5×24mPC简支梁。

该桥钢管拱采用转体法施工,所采用的钢与填充聚四氟乙烯复合滑片作为转体球铰为世界首创,单铰转体重力达104 000kN,为当时世界之最。

a)北盘江大桥桥址

b)主拱圈钢管的预制

c)上转盘施工

d)钢管桁架的节点

e)转体施工中的拱脚临时铰

f)北边拱肋的转体施工

g)南、北主拱圈进行转体施工

h)钢管混凝土拱圈合龙

i)拱上建筑施工完成

图 6-4-8

j)北盘江大桥全貌

图 6-4-8 北盘江大桥转体施工

二、竖向转体施工

竖向转体施工就是在桥台处先竖向或在桥台前俯卧预制半拱,然后在桥位平面内绕拱脚将其转动合龙成拱,如图 6-4-9 所示。

图 6-4-9 西班牙 Alconétar 桥节段拼装竖向转体法

根据河道情况、桥位地形和自然环境等方面的条件和要求,竖向转体施工有以下两种方式。

(1)竖直向上预制半拱,然后向下转动成拱。其特点是施工占地少,预制可采用滑模施工,工期短,造价低。需注意的是在预制过程中应尽量保持半拱轴线垂直,以减小新浇混凝土重力对尚未凝结混凝土产生的弯矩,并在浇筑一定高度后加设水平拉杆,以避免因拱形曲率影响而产生较大的弯矩和变形。

(2)在桥面以下俯卧预制半拱,然后向上转动成拱。主要适用于转体重量不大的拱桥或某些桥梁预制部件(塔、斜腿、劲性骨架)。

三、平竖结合转体施工

由于受到河岸地形条件的限制,拱桥采用转体施工时,可能遇到既不能按设计高程处预制半拱,也不可能在桥位竖平面内预制半拱的情况(如在平原区的中承式拱桥)。此时,拱体只能在适当位置预制后既需平转、又需竖转才能就位。这种平竖结合转体基本方法与前述相似,但其转轴构造较为复杂。当地形、施工条件适合时,混凝土肋拱、刚架拱、钢管混凝土可选用此法施工。

【工程实例6-4-2】 珍珠大桥转体施工,如图6-4-10所示。2007年建成的贵州务川自治县珍珠大桥,为净跨120m的钢筋混凝土拱桥,拱体采用负角度竖转施工,施工工艺系国内首创。施工时一台巨大的机器牵引着22根钢丝绳,钢丝绳的另一端,紧扣在高为61.4m、重达610t的半侧大桥拱体上。

a)施工中拱肋竖向施工

b)单侧拱肋竖向转体

c)单侧拱肋合龙

d)另一侧拱肋竖向转体

e)主拱圈合龙

f)拱上建筑施工

图6-4-10 珍珠大桥转体施工

学习情境六:拱桥施工	班级			
工作任务四:转体施工	姓名		学号	
	日期		评分	

一、任务内容
分组讨论拱桥的转体施工。

二、基本知识
1. 转动体系的构造:
_____。

2. 锚扣系统的目的:
_____。

3. 有平衡重平面转体拱桥的主要施工程序:
_____。

三、任务实施
平面转体和竖向转体是转体施工中的重要方法,分组掌握其施工方法及注意事项。

1. 有平衡重平面转体中转动装置的工作原理有哪两类?

2. 无平衡重平面转体施工有哪三大体系?如何施工?

3. 如何完成无平衡重转体合龙卸扣施工?

4. 竖向转体施工的方式有哪两种,如何施工?

四、任务小结
通过此工作任务的实施,各小组集中完成下述工作。
你认为本次实训是否达到预期目的?还有什么意见和建议?

工作任务五　钢管混凝土拱桥施工

任务概述

1. 应知应会

(1)应知钢管混凝土拱桥的施工方法。
(2)理解钢管混凝土的施工原理。
(3)应会钢管混凝土拱桥的施工方案技术要点。

2. 学习要求

(1)研读教材内容。
(2)学习相关施工案例,结合拱桥施工技术规范,编写钢管混凝土拱桥施工技术作业。
(3)注重理论联系实际。

相关知识

一、钢管混凝土结构的特点

钢管混凝土结构属于钢—混凝土组合结构中的一种。根据钢管与钢管混凝土的组合关系,可以分为内填型和内填外包型两种,如图6-5-1所示。

内填型钢管混凝土管壁外露,结构含筋率较高,主要用于以受压为主的结构。它一方面借助内填混凝土增强钢管壁的稳定性,同时又利用钢管对核心混凝土的套箍作用,使核心混凝土处于三向受压状态,从而使其具有更高的抗压强度和抗变形能力。

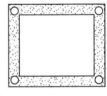

a)内填型　　b)内填外包型

图6-5-1　内填型和内填外包型

内填外包型钢管混凝土主要用于大跨度拱桥,它主要解决大跨度拱桥施工的"自架设问题"。首先架设自重轻、刚度、强度均较大的钢管骨架,然后在空钢管内浇筑混凝土形成钢管混凝土,再在钢管混凝土骨架上外挂模板浇筑外包混凝土,形成钢筋混凝土结构。在这种结构中,钢管和随后形成的钢管混凝土主要是作为施工的劲性骨架来考虑的。成桥后,它也可以参与受力,但其用量通常是由施工设计控制。

钢管混凝土除具有一般套箍混凝土的强度高、塑性好、质量轻、耐疲劳、耐冲击外,尚具有以下几方面的独特优点:

(1)钢管本身就是耐侧压的模板,因而浇筑混凝土时,可省去支模、拆模等工序,并可适应先进的泵送混凝土工艺。

(2)钢管本身就是钢筋,它兼有纵向钢筋和横向箍筋的作用,既能受压,又能受拉。

(3)钢管本身又是劲性承重骨架,在施工阶段可起劲性钢骨架的作用,在使用阶段又是主要的承重结构,因此可以节省脚手架,缩短工期,减少施工用地,降低工程造价。

(4)在受压构件中采用钢管混凝土,可节省材料。

与所有材料一样,钢管混凝土结构材料也有它自身的缺点。对于管壁外露的钢管混凝土,在阳光的照射下,钢管膨胀,容易造成钢管与内填混凝土之间出现脱空现象;泵送管内混凝土也常出现不能完全饱满的情况,这都将引起拱圈受力不明了,从而降低钢管混凝土结构的安全度,这些问题都需要予以解决。

二、钢管混凝土拱桥的基本组成

钢管混凝土拱桥一般由钢管混凝土拱肋、立柱或吊杆、横撑、行车道系和下部构造组成。根据行车道板的位置,钢管混凝土拱桥可以分为上承式、中承式和下承式三种类型。

钢管混凝土拱桥结构轻盈,恒载集度比较均衡,因此拱抽系数比较小,一般在 1.167～2.24 之间,跨径小则取较大者,跨径大则取小者;矢跨比在 1/8～1/4 之间比较合理。拱轴线常采用悬链线或二次抛物线。

钢管混凝土拱肋横截面形式,按钢管的根数及布置方式通常分为:单管型、双肢哑铃型、四肢格构型和三角形格构型等,如图 6-5-2 所示。

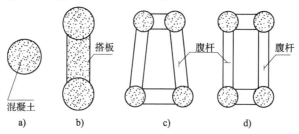

图 6-5-2　钢管混凝土拱肋横截面形式

横撑主要设置在拱顶、拱脚和拱肋与桥面系交接处。横撑的主要作用是将钢管混凝土拱肋连接成整体,确保结构稳定。桥面以上横撑一般设置奇数撑,一方面拱顶处横撑所起的作用较大,同时,奇数根也比较美观。

钢管混凝土拱肋的横撑多采用钢管桁架,钢管可以是空心的,也可以内填混凝土,做成钢管混凝土横撑。横撑在拱脚段多做成格式 K 撑或 X 撑,以获得更好的稳定性,在桥面系以上则多采用直撑、K 撑或 H 形撑,如图 6-5-3 和图 6-5-4 所示。

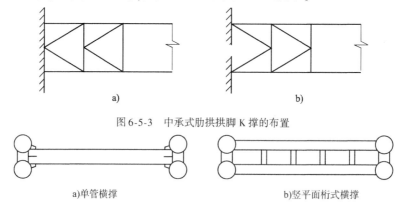

图 6-5-3　中承式肋拱拱脚 K 撑的布置

a)单管横撑　　　　b)竖平面桁式横撑

图 6-5-4　哑铃形肋拱采用的横撑形式

吊杆的张拉端(上端)通常设置在缀板处或钢管弦杆内,下端为固定锚,以方便拆卸更换。吊杆可采用柔性吊杆和刚性吊杆两种。中下承式钢管混凝土拱一般采用柔性吊杆,其材料可采用平行钢丝、平行钢纹线或平行钢丝束、单根钢绞缆和封闭钢缆等,外面再套以无缝钢管或用热挤聚乙烯层防护。刚性吊杆采用钢筋混凝土或预应力钢筋混凝土结构。

现代拱桥的桥面多采用梁板式结构,大大地减轻了自重,方便了施工,也实现了大跨度。梁板式桥面系的布置形式有三种,既横铺桥面板式、纵铺桥面板式和整体肋板式,如图6-5-5所示。在钢管混凝土拱桥中以整体肋板式和纵铺式桥面板式应用最广。

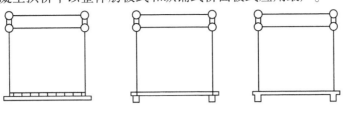

图6-5-5 桥面系布置形式

任务实施

一、中、下承式钢管混凝土拱桥施工

1. 施工程序及要点

中、下承式钢管混凝土拱桥的施工程序如下:首先分段制作钢管及加工腹杆、横撑等,然后,在样台上拼接钢管拱肋,应先端段,后顶段逐段进行;接着吊装钢管拱肋就位合龙,从拱顶向拱脚对称施焊,封拱脚使钢管拱肋转为无铰拱,同时,从拱顶向拱脚对称安装肋间横梁、X撑及K撑等结构;第三步可按设计程序浇筑钢管内混凝土;最后,安装吊杆、拱上立柱及纵横梁和桥面板,浇筑桥面混凝土。

施工要点为:用钢板制作钢管时,下料要准确,成管直径误差应控制在±2mm范围内;拱肋拼接应在1:1大样的样台上进行,焊接时应采取措施减少焊接变形,并严格保证焊接质量;由于钢管直径大,一次浇筑混凝土数量多,为避免浇筑过程中钢管混凝土出现过大的拉应力及保证管内混凝土的浇筑质量,每根钢管混凝土的浇筑应连续进行,上下钢管、相邻钢管内混凝土按一定程序或设计要求进行;为保证空间桁架拱肋在施工中的纵横向稳定性,拱肋间应设置横梁、X撑、K撑、八字浪风索,调整管内混凝土的浇筑程序等措施;钢管的防锈和柔性吊杆的防护和更换应有一定的措施;必须在钢管混凝土达到设计强度后才能进行桥面系的安装。

2. 钢管拱肋制作

钢管混凝土拱桥所用的钢管直径大,材料一般采用A3钢和16Mn钢,钢管由钢板卷制成型,管节长度由钢板宽度确定,一般为120～180cm。采用桁式截面时,上下弦之间的腹杆由于直径较小,可以直接采用无缝钢管。在有条件的情况下,优先选用符合国家标准系列的成品焊接管。拱肋制作的关键在于拱肋在放样平台上的精确放样和严格控制焊接质量。应尽量减少高空焊接,严格控制钢管拱肋的制作质量,为拱肋的安装和拱肋内混凝土浇筑提供了安全保证。

1)钢管卷制和焊接

钢板利用焰割机切割,但应将热力影响的宽度3～5mm去掉。拱肋及横撑结构外表面均应先喷丸除锈,按一级表面清理。钢板卷制前,应根据要求将板端开好坡口,将钢板送入卷板机卷成直筒体,卷管方向应与钢板压延方向一致。钢板卷制焊接管可采用工厂卷制和工地冷弯卷制。前者卷制质量便于控制,检测手段齐全,为推荐方法。轧制的管筒的失圆度和对口错边偏差应按施工规程要求。根据不同的板厚和管径,可采用螺旋焊缝和纵向直焊缝将卷成的钢管焊接成直管。由于钢管对混凝土起套箍作用,宜采用螺旋焊缝。对焊成的直钢管应进行检查和校正,以确保卷制的精度。

2) 拱肋放样

卷制后的成品管,通常为 8~12m 长的直管,一般在工地进行接头、弯制、组装,形成拱肋。首先根据设计图的要求绘制施工详图(包括零件图、单元构件图、节段单元图及组焊、拼装工艺流程图),然后将半跨拱肋在现场平台上按 1:1 进行放样,注意考虑温度和焊接变形的影响,放样的精度需达到设计和规范要求。沿放样的拱肋轴线设置胎架,在大样上放出吊杆位置、段间接头位置以及混凝土灌注孔位置。拱肋分段的长度应考虑从工厂到工地的运输能力,分段的长度可以适当变化。主要分段接头应避开吊杆孔和混凝土灌注孔位置。

按拱肋加工段长度进行钢管接长。首先应对两管对接端进行校圆,除成品管按相应的国家标准外,失圆度一般不大于 $3D/1\,000$(D 为钢管直径),达不到要求必须进行调校。接下来进行坡口处理,包括对接端不平度的检查,然后焊接。工地弯管宜采用加热预压方式,加热温度不得超过 800℃。钢管的对接焊缝可采用有衬管的单面坡口焊和无衬管的双面熔透焊。两对接环焊缝的间距应符合设计要求,设计无规定时,直缝焊接管不小于管的直径,螺旋焊接管不小于 3m。对接径向偏差不得超过壁厚的 0.2 倍。纵向焊缝各管节应相错,施工时应严格进行控制。而且将纵向焊缝全部置于两肋板中间,以免外表面焊缝影响美观。焊接完成后严格按照设计要求对管缝焊接质量进行超声探伤和 X 光拍片检查。

3) 拱肋段的拼装

(1) 精确放样和下料。

(2) 对管段涂刷油漆作防锈(喷砂)防护处理。

(3) 在 1:1 放样台上组拼拱肋。先进行组拼,然后作固定性点焊焊接,在拱肋初步形成后,详细检查,调校尺寸。

(4) 精度控制。精度控制着眼于节段的制作精度。

(5) 防护。钢管防护的好坏直接影响钢管混凝土拱桥的使用寿命,首先对所有外露面作喷砂除锈处理,然后作防护处理,目前一般采用热喷涂,其喷涂、工艺以及厚度均应符合设计要求。

3. 拱肋安装和拱肋混凝土浇筑

1) 拱肋安装

钢管拱肋的安装,我国已建成的钢管混凝土拱桥中采用最多的施工方法为少支架或无支架缆索吊装、转体施工或斜拉扣索悬拼法施工。图 6-5-6 为钢管拱肋拼装流程示意图。

2) 拱肋混凝土浇筑

根据钢管拱肋的截面形式及施工设备,钢管混凝土的浇筑可采用以下两种浇筑方法。

(1) 人工浇筑法。人工浇筑法是用索道吊点悬吊活动平台,在钢管拱肋顶部每隔 4m 开孔作为灌注孔和振捣孔。混凝土由吊斗运至拱肋灌注孔,混凝土由人工铲进,插入式和附着式振捣器振捣。所以人工浇筑法一般使用在拱肋截面为单管、哑铃形等实体形钢管拱肋。浇筑程序对于哑铃形一般先腹板、后下管、再上管。加载顺序从拱脚向拱顶,按对称、均衡的原则进行。并可通过严格控制拱顶上升及墩顶位移来调整浇筑顺序,以使施工中钢管拱肋的应力不超过规定值,并保证拱肋的稳定性。但应尽量采用泵送顶升浇筑法以保证质量。

钢管拱肋成拱过程中,应同时安装横向连接系,未安装连接系的不得多余一个节段,否则应采取临时横向稳定措施;节段间环焊缝应对称进行,施焊前需保证节段间有可靠的临时连接并用定位板控制焊缝间隙,不得堆焊。

(2) 泵送顶升浇筑法。泵送顶升浇筑法适用于桁架式钢管拱肋内混凝土的浇筑,也可用于单管、哑铃形等实体形拱肋截面的混凝土浇筑。一般输送泵设于两岸拱脚,对称均衡地一次压注混凝土。在钢管上应每隔一定距离开设气孔,以减小管内空气压力。泵送混凝土之前,应先用压力水冲洗钢管内壁,再用水泥砂浆通过,然后连续泵送混凝土。用泵送顶升法浇筑管内混凝土,一般应按设计规定的浇筑顺序进行,宜采用先钢管后腹箱的程序。如设计无规定,应以有利于拱肋受力和稳定性为原则进行浇筑,并严格控制拱肋变位。

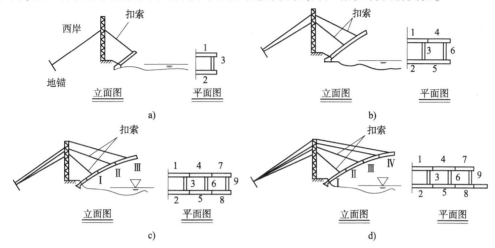

图 6-5-6 钢管拱肋拼装流程示意图

注:图中阿拉伯数字表示吊装就位顺序;罗马数字表示钢骨架分段。

如图 6-5-7 所示为泵送混凝土浇筑管内混凝土示例。

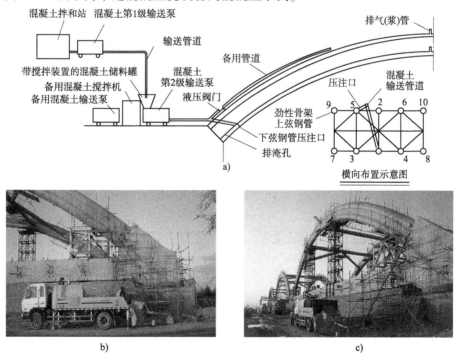

图 6-5-7 泵送浇筑管内混凝土示例

灌注混凝土的配合比除满足强度指标外,尚应注意混凝土坍落度的选择。对于泵送顶升浇灌法粗集料粒径可采用 0.5~3cm,水灰比不大于 0.45,坍落度不小于 15cm;对于吊斗浇捣法粗集料粒径可采用 1~4cm。为满足上述坍落度的要求,应掺入适量减水剂。为减少收缩量,可掺入适量的混凝土微膨胀剂。

3)浇筑混凝土注意事项

钢管混凝土填充的密实度是保证钢管混凝土拱桥承载能力的关键问题。钢管内混凝土是否灌满,混凝土收缩后与钢管壁形成空隙往往是问题所在。质量检测办法以超声波检测为主,人工敲击为辅。当然,采用小铁锤敲击钢管听声音的方法是十分简单和有效的。通过检测,有空隙部位必须进行钻孔压浆补强。施工中除应按设计要求进行外,还应注意以下几点。

(1)每根钢管的混凝土须由拱脚至拱顶一次连续浇筑完成,不得中断,且浇筑完成时间不宜超过第一盘入管混凝土的初凝时间。当钢管直径较大,混凝土初凝时间内不能浇完一根钢管时,可设隔板把钢管分为3段或5段,分段灌注。隔板钢板厚度应大于1.5倍钢管壁厚。下一段开口应紧靠隔板,使两段混凝土通过隔板严密结合。隔板周边应与钢管内壁焊接。

(2)浇筑入口应设在浇筑段根部,从两拱脚向拱顶对称浇筑。用顶升法浇筑时,严禁从中部或顶部抛灌。

(3)浇筑混凝土的前进方向,应每隔30m左右设一个排气孔,有助于排出空气,提高管内混凝土的密实度。

(4)桁式钢管拱肋混凝土的浇筑顺序,一般为先下管、后上管或上、下管和相邻管的混凝土浇筑按一定程序交错进行或按设计要求进行。

(5)浇筑时环境气温应大于5℃。当环境气温高于40℃,钢管温度高于60℃时,应采取措施降低钢管温度。

(6)因浇筑管道较小,要求混凝土有较高的和易性,为减小混凝土凝结时收缩,施工时应加入适量的减水剂和微膨胀剂,并注意振捣密实。

(7)管内混凝土的配合比及外掺剂等,应通过设计、试验来确定,施工中须严格管理,以确保钢管混凝土的质量。

(8)大跨径钢管混凝土拱桥,混凝土可以分环或分段浇筑,灌注时应从拱脚向拱顶对称进行。大跨径拱肋灌注混凝土时应对拱肋变形和应力进行观测,并在拱顶附近配置压重,以保证施工安全。

【工程实例6-5-1】泸渝高速公路跨长江的波司登大桥,为特大型钢管混凝土桁架拱桥,如图6-5-8所示,主跨为钢管混凝土中承式拱桥,主孔净跨径为500m,为目前同类型桥梁世界第一。

二、钢管混凝土劲性骨架施工

钢管混凝土结构,由于钢管吊装重量轻,钢管内灌注混凝土后刚度大,钢管对混凝土的约束作用等提高了混凝土的强度和变形能力。以上这些突出的优点使钢管混凝土结构适宜作为大跨径钢筋混凝土拱桥的施工劲性骨架,这已成为一个发展趋势。

此法采用不同形状的钢管(如单管形、哑铃形、矩形、三角形或集束形),或者以无缝钢管作弦杆,以槽钢、角钢等作为腹杆组成空间桁架结构,先分段制作成钢骨架,然后吊装合龙成拱,再利用钢骨架作支架,浇筑钢管内混凝土,待钢管内混凝土达到一定强度后,形成钢管混凝土劲性骨架,然后在其上悬挂模板,按一定的浇筑程序分环(层)分段浇筑拱圈混凝土直至形成设计拱圈截面。先浇的混凝土凝结成型后可作为承重结构的一部分与劲性骨架共同承受后浇各部分混凝土的重力;同时,钢管中混凝土也参与钢骨架共同承受钢骨架外包混凝土的重力,从而降低了钢骨架的用钢量,减少了钢骨架的变形。故利用钢管混凝土作为劲性骨架浇筑拱圈的方法比劲性骨架法更具优越性。如图6-5-9所示为某钢管混凝土劲性骨架构造及浇筑顺序图。

a)安装拱脚处拱段

b)制作完成的拱段桁架

c)拼接拱段桁架

d)即将合龙的钢管拱桥

e)波司登大桥全貌

图6-5-8 司登大桥施工

应分段进行吊装劲性骨架。吊装时采用两副龙门架吊机和临时施工支架,先将两边段吊装就位,用临时支架支承,再用两台吊机将中段提升就位,用临时螺栓连接,拱脚为铰接。对合龙后的拱轴线进行调整,拱轴线调整完成后,将接头焊接并将拱脚固结。劲性骨架钢管内混凝土采用泵送顶升。待钢管内混凝土达到强度后,设模板吊架,立模、绑扎钢筋。拱肋混凝土可采用分环多工作面均衡浇筑法、水箱压载分环浇筑法和斜拉扣挂分环连接浇筑法。分环多工作面均衡浇筑劲性骨架混凝土(拱肋)时,工作面可根据模板长度分成若干工作段,各工作面要求对称均衡浇筑,两对应工作面浇筑进度差不得超过一个工作段。用水箱压载分环浇筑劲性骨架法浇筑时,当混凝土浇筑至$L/4$截面区段,应严格控制好拱圈的竖向及横向变形。当浇筑第一层(环)混凝土时,可在$L/4$截面处设变形缝,变形缝宽20mm,待浇完第一层(环)后用高等级混凝土填实。用斜拉扣挂分环连接浇筑劲性骨架混凝土拱圈(拱肋)时,应选择可靠和操作方便的扣挂及张拉系统,确定好扣点和索力,设计好扣索的张拉与放松程序,确保混凝土从拱脚向拱顶连续浇筑。

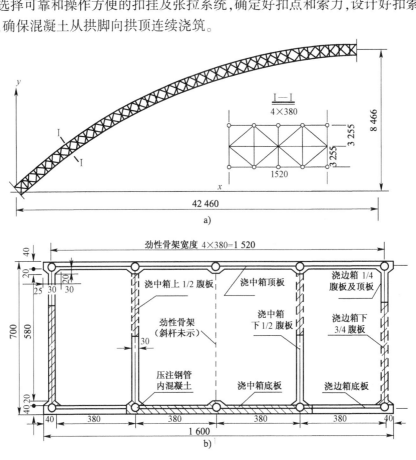

图 6-5-9 某钢管混凝土劲性骨架构造及浇筑顺序图(尺寸单位:cm)

用钢管混凝土劲性骨架浇筑拱圈,施工过程中结构的稳定性是关键。浇筑前应进行加载程序设计,准确计算和分析钢骨架以及钢骨架与先期混凝土层联合结构的竖、横向变形,应力和稳定安全度,并在施工过程中进行监控,以确保施工安全。

【工程实例6-5-2】昭化嘉陵江大桥,如图 6-5-10 所示,位于广元市昭化镇,是国家高速公路网兰州至海口高速公路广元至南充段关键控制性工程,大桥全长864m,其主跨为364m钢管劲性骨架外包混凝土箱形拱桥,跨径位居世界同类型桥梁第三,桥梁高度近120m。

a)主拱劲性骨架合龙前夕

b)主拱腹板外包浇筑完成

图 6-5-10

c)主拱顶板外包阶段

d)昭化嘉陵江大桥

图 6-5-10　昭化嘉陵江大桥施工

 任务工单

学习情境六:拱桥施工 工作任务五:钢管混凝土拱桥施工	班级			
	姓名		学号	
	日期		评分	

一、任务内容
　分组讨论拱桥的其他施工方法。
二、基本知识
1.钢管混凝土劲性骨架：
_____。

2.钢管混凝土施工程序：
_____。

三、任务实施
钢管混凝土拱桥是拱桥中的特殊的一种,分组掌握其施工方法及注意事项。
1.钢管拱肋是如何制作和拼装的？

2.钢管拱肋混凝土的浇筑方法及其施工注意事项是什么？

四、任务小结
通过此工作任务的实施,各小组集中完成下述工作。
1.你认为本次实训是否达到预期目的？还有什么意见和建议？

2.钢管混凝土拱桥的特点？

学习情境七 桥面系及附属工程施工

情境概述

一、职业能力分析

1. 学习能力

(1) 认知桥面系及附属工程的构造和施工。
(2) 通过本任务的学习应掌握知识要点。
(3) 根据桥梁施工规范,完成桥面系及附属工程的施工,编制施工流程和技术要点。

2. 职业能力

(1) 认知桥面系及附属工程的施工设计图,核算其几何尺寸和工程数量。
(2) 学习相应的施工案例并结合桥涵施工技术规范,编写桥面系及附属工程的施工方案。

二、学习情境描述

施工小组在接到桥面系及附属工程施工任务后,小组分析施工任务,合理选择施工方法,各成员根据拟定的方法编写总体方案和施工技术要点,提交成果,小组讨论其可行性,教师参与小组讨论并进行评定,各成员完善施工方案,提交实施成果报告。

三、教学环境要求

学习情境要求在理实一体化的专业教室和专业实训室完成。要求配备相关桥面系及附属工程构造模型、施工设计图、施工案例和施工技术规范,可以用于资料查询的计算机、任务工单、多媒体教学设备、课件和视频教学资料等。

工作任务一 桥面铺装施工

 任务概述

1. 应知应会

(1) 应知桥面铺装的分类和构造。
(2) 熟悉桥面横坡的设置形式。
(3) 应会桥面铺装几何尺寸的校核和工程数量的计算。
(4) 应会桥面铺装施工。

2.学习要求

(1)研读校本教材。

(2)学习相关施工案例,结合桥梁施工技术规范,编写桥面铺装施工作业。

(3)注重理论联系实际。

一、概述

桥面系是指主梁结构层以上的其他构造,包括桥面铺装、防水排水系统、伸缩缝、人行道(或安全带)、缘石、栏杆、护栏、照明灯具等构造,如图7-1-1所示。

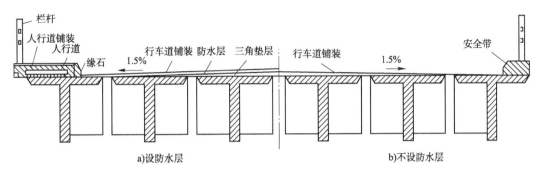

图7-1-1 桥面系一般构造

桥面铺装的作用是保护桥面板防止车轮或履带直接磨耗面,保护主梁免受雨水侵蚀,并借以分散车轮的集中荷载。常用的桥面铺装有水泥混凝土,沥青混凝土两种铺装形式。在不设防水层的桥面上,也有采用防水混凝土铺装的。水泥混凝土铺装的造价低,耐磨性能好,适合重载交通,但养护期长,日后修补比较麻烦。沥青混凝土铺装较轻,维修养护方便,通车速度快,但易老化和变形。

桥面铺装应满足行车舒适、抗滑耐磨、低温抗裂、不透水、刚度好等性能。

二、桥面铺装的类型

1.沥青混凝土铺装

沥青混凝土铺装一般由黏层、防水层、保护层及沥青面层组成。典型结构如下:

单层式:50mm中粒式沥青混凝土。

双层式:上面层为30mm(40mm)细粒式或中粒式沥青混凝土;下面层为40mm(50mm、60mm、70mm)中粒式沥青混凝土。

三面层:上面层为30mm(40mm)细粒式或中粒式沥青混凝土;中面层为40mm(50mm)中粒式沥青混凝土;下面层为50mm(60mm、70mm)粗粒式沥青碎石。

高速公路、一级公路上桥梁的沥青混凝土桥面铺装宜采用性能较好的改性沥青混凝土。沥青混合料的级配类型宜与相邻桥头引道上沥青表面层的混合料的级配相同。

2.水泥混凝土铺装

水泥混凝土铺装层的厚度不宜小于80mm,对于高速公路和一级公路的桥面铺装层的厚度还应适当增加厚度,有条件时,可采用钢纤维混凝土或钢筋混凝土。

水泥混凝土主要有两种铺设方式:一种是全桥面铺装防水混凝土,其厚度一般为6~8cm;另一种方式是在桥面铺装上再设置7cm厚的防水混凝土,一般宜在混凝土中铺设直径为4~6mm的钢筋网。防水混凝土铺筑完成后,须及时覆盖和养护,并在混凝土强度达到设计强度后才能通车。

三、桥面纵、横坡的设置

为了迅速排出桥面雨水,桥梁除设有纵向坡度外,尚应将桥面铺装层的表面沿横向设置成1.5%~2.0%的双向横坡。

桥面的纵坡,一般都做成双向纵坡,桥中心设置曲线,纵坡一般以不超过3%为宜。

桥面的横坡,一般采用1.5%~3%。对于沥青混凝土或水泥混凝土铺装,行车道通常采用抛物线形横坡,人行道采用直线形横坡。桥面横坡通常有以下三种设置形式:

(1)如图7-1-2a)所示,对于板桥(矩形板或空心板)或就地浇筑的肋板式梁桥,为节省铺装材料并减轻恒载重量,可以将横坡直接设在墩台顶部,做成倾斜的桥面板,此时铺装层在整个桥宽上就可做成等厚度的,而不需要设置混凝土三角垫层。

(2)如图7-1-2b)所示,对于装配式肋梁桥,为使主梁构造简单、架设与拼装方便,通常横坡不再设在墩台顶部,而直接设在行车道板上。先铺设一层厚度变化的混凝土三角形垫层,形成双向倾斜,再铺设等厚的混凝土铺装层。

(3)如图7-1-2c)所示,在较宽的桥梁(或城市桥梁)中,用三角垫层设置横坡将使混凝土用量或恒载重量增加太多。为此,可将行车道板做成倾斜面而形成横坡,但这样会使主梁的构造和施工稍趋复杂。

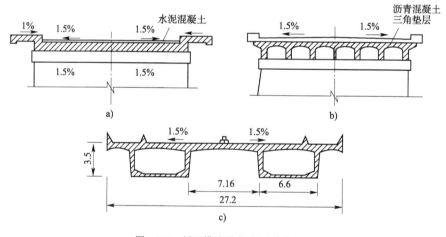

图7-1-2 桥面横坡形式(尺寸单位:m)

一、水泥混凝土桥面铺装层

1. 施工准备工作

1)测量准备

根据现场施工情况,桥面系施工前要求将水准点和导线点进行迁移或加密,水准点最好是引到桥面上,导线点引到桥面上能观测的地方,便于桥面系施工时能较为便利的进行测量观测。对确定的控制桩采取明显标志进行标记,现场测量数据经一人以上复核,确认无误时,上报测量监理工程师批准。在施工期间,注意加强对控制桩的保护,定期对控制桩进行复测,出现问题及时查找原因,并恢复控制桩。

2) 试验准备

做好桥面铺装所需混凝土的配合比试验和材料的试验抽检工作,确保进场材料的质量。人员分工明确,职责清楚,以便施工中各项试验指标的检测、送检等工作顺利开展。

3) 人员及施工机械设备

桥面铺装施工前,应组织对相关班组人员进行相应的技术交底和安全教育。施工人员应分工明确,并通力协作,确保施工有序进行。

4) 材料准备

按现场施工进度计划,及时准备好每一阶段的施工材料,由材料部门控制好材料的进场和保管工作,试验室负责对所进场材料按规范要求进行抽检,不合格的材料不能进场。材料现场管理应井然有序,并有明显的标志牌(如合格、不合格、待检等),必须设立专人保管,特别是水泥、钢材等易潮、易板结、易锈蚀等材料的管理。

2. 桥面钢筋绑扎

桥面钢筋应根据设计要求和相关规定绑扎,如图 7-1-3 所示。正交桥必须注意放正钢筋;斜交桥桥面钢筋应按图样规定方向放置。所有钢筋均应正确留设保护层厚度;采用双层钢筋网时,两层钢筋之间应有足够数量的定位撑筋,以保证两层钢筋的位置正确。

图 7-1-3 水泥混凝土桥面铺装施工

3. 桥面混凝土制备、运输和浇筑

1) 桥面混凝土制备

桥面混凝土施工方法有人工配合小型机具施工和机械施工两种,可根据具体情况酌情采用,一般以采用人工配合小型机具施工为主。

2) 桥面混凝土运输

混凝土的运输宜采用混凝土搅拌车。混凝土运至施工场地后,均匀卸成若干堆,铲运时采用"扣锹法",禁止抛甩,以减少混凝土出现离析的可能性。

(1) 桥面混凝土浇筑。浇筑混凝土时,宜从下坡向上坡进行。路拱必须符合设计规定,面层必须平整、粗糙。由于桥面纵坡较大,因此必须采取防滑措施,第二次抹平后,应沿横坡方向拉毛或采用机具压槽,拉毛和压槽深度应为 1~2mm,浇筑完后待表面有一定硬度时即可开始养生。常用的养生方法为覆盖草麻袋、草帘、塑薄膜、土工布并洒水。

浇筑铺装层时,为防止钢筋变位,不得在钢筋上搁置重物,并不得让运料小车在钢筋网上推运或人员在钢筋网上行走践踏而使钢筋变位。如必须通行,可搭设支架架空走道。在浇筑过程中,应随时注意纠正钢筋位置。

(2) 混凝土振捣。先用插入式振捣器沿模板边角均匀插捣,然后用平板振捣对中间部分混凝土进行振捣,直至混凝土不再下沉,最后用振动梁进行粗平。水泥混凝土桥面施工可采用真空脱水工艺,脱水后还应进行表面平整和提浆。如不采用真空脱水工艺,应采用抹子反复抹面直至表面平整、无泌水为止。

二、沥青混凝土桥面铺装层

沥青混凝土桥面铺装层的施工工艺为：制备、运输沥青混合料→摊铺沥青混合料→碾压沥青混合料→养生。施工中必须注意控制好沥青混合料各阶段的温度，碾压的压实度，面层的平整度和抗滑性等关键技术指标。

沥青面层宜采用高温稳定性好的中粒式热伴热铺沥青混凝土铺筑。沥青混凝土铺装前应检查桥面是否平整、粗糙、干燥、整洁。桥面横坡应符合设计要求，不符合时应予以处理，铺筑前应洒布黏层沥青。

沥青混凝土摊铺对应控制环境温度在10℃以上。混合料各阶段温度控制在规范允许范围内。铺筑沥青混凝土面层应采用摊铺机摊铺。摊铺宜从下坡向上坡进行。摊铺后要及时碾压。碾压分初压、复压、终压三阶段进行。压路机行驶速度要缓慢、均匀，在纵坡较大的地方不允许急转和刹车。碾压至面层无明显轮迹为止。

碾压成形后，必须待沥青温度降至50℃以下方可开放交通。

三、桥面铺装层施工质量检验

1. 基本要求

（1）水泥混凝土桥面的基本要求同水泥混凝土路面，沥青混凝土桥面的基本要求同沥青混凝土路面。

（2）桥面泄水孔进水口的布置应有利于桥面和渗入水的排除，其数量不得少于设计要求，出水口不得使水直接冲刷桥体。

2. 实测项目

桥面铺装施工检查项目、检测方法和偏差要求见表 7-1-1。

桥面铺装层的实测项目　　　　　　　表 7-1-1

项次	检查项目		规定值或允许偏差		检查方法和频率	权值
1△	强度(水泥混凝土)(MPa)		在合格标准内		按规定检查	3
	压实度(沥青混凝土)(%)		符合设计要求		以《公路沥青路面施工技术规范》(JTG F40—2004)规定为准	
2△	厚度(mm)		+10、-5		以同梁体产生相同下挠变形的点为基准点，测量桥面浇筑前后相对高差，每100m测5处	2
3△	高速公路、一级公路平整度(mm)		沥青混凝土	水泥混凝土	3m 直尺；每100m 测3处×3尺	2
			2.5	3.0		
			1.5	1.8		
	其他公路	IRI(m/km)	4.2			
		平整度(mm)	2.5			
		最大间隙 h(mm)	5			
4	横坡(%)	水泥混凝土	±0.15		水准仪；每100m 检查3个断面	1
		沥青混凝土	±0.3			
5	抗滑构造深度		符合设计要求		砂铺法；每200m 查3处	1

3. 外观鉴定

桥面排水良好。不符合要求时减 3~5 分

学习情境七:桥面系及附属工程施工 工作任务一:桥面铺装施工	班级			
	姓名		学号	
	日期		评分	

一、任务内容
分组讨论桥面铺装的构造和施工。

二、基本知识
1. 桥面系的组成:
_____。

2. 桥面铺装的类型:
_____。

3. 桥面横坡的设置形式:
_____。

4. 水泥混凝土桥面铺装施工工序:
_____。

5. 沥青混凝土桥面铺装层施工工序和施工技术要点:
_____。

6. 桥面铺装层施工验收的实测项目和要求:
_____。

三、任务实施
防水混凝土是桥面铺装形式中的一种,分组掌握其施工。
1. 识读桥梁施工图纸,描述桥面铺装层横坡的设置?

2. 桥面铺装层施工前,应检查哪些项目?

3. 桥面施工的流程和注意事项?

4. 桥面铺装施工时,应进行哪些项目的验收?

四、任务小结
通过此工作任务的实施,各小组集中完成下述工作。
1. 你认为本次实训是否达到预期目的? 还有什么意见和建议?

2. 若采用沥青混凝土,应如何施工?

工作任务二　桥面防水排水施工

 任务概述

1. 应知应会
(1)应知桥面防水排水设置形式和构造。
(2)应会桥面防水排水施工。

2. 学习要求
(1)研读校本教材。
(2)学习相关施工案例,结合桥梁施工技术规范,编写桥面防水排水施工作业。
(3)注重理论联系实际。

 相关知识

在桥梁的设计时,在桥面上除设置纵横坡排水外,桥面需要设置一定数量的泄水管道,以便组成一个完整的排水系统,泄水管的形式一般有金属泄水管、钢筋混凝土泄水管、横向排水管道、封闭式排水系统几种。

一、认识桥面排水

1. 桥面排水形式

为防止雨水聚集于桥面并渗入梁体而影响桥梁的耐久性,除在桥面铺装层内采取防水措施(如采用防水混凝土、柔性贴式防水层)外,还应采取一定的排水措施,使桥上的雨水迅速排出桥外,常常需要沿桥面按照一定的规则设置一定数量的泄水管。

通常当桥面纵坡 >2% 而桥长 $L<50m$ 时,雨水可流至桥头从引道上排除,桥上就不必设置专门的泄水孔道。为防止雨水冲刷引道路基,应在桥头引道的两侧设置泄水槽。当桥面纵坡 >2% 而桥长 $L>50m$ 时,拟在桥上每隔 12~15m 设置一个泄水管;如桥面纵坡 <2% 时,则拟每隔 6~8m 设置一个泄水管。泄水管的过水面积通常为每平方米桥面上不少于 2~3cm²。泄水管可以沿行车道两侧左右对称排列,也可交错排列,其离缘石距离为 20~50cm。

图 7-2-1　金属泄水管构造

2. 泄水管形式

1)金属泄水管

如图 7-2-1 所示,为铸铁泄水管。铸铁泄水管安装时,管下应伸出行车道板底以下至少 150~200mm,以防渗湿主梁梁肋表面。安设泄水管与防水层的结合处要做得特别仔细,防水层的边缘要紧夹在管顶缘与泄水漏斗之间,以便防水层的渗水能通过漏斗上的过水孔流入管内。这种铸铁泄水管,使用效果好,但结构较为复杂,适用于具有防水层的铺装结构。

— 164 —

2)钢筋混凝土泄水管

在制作时,可将金属栅板直接作为钢筋混凝土管的端模板,并在栅板上焊上短筋锚固于混凝土中。这种预制的泄水管构造比较简单,适用于不设防水层而采用防水混凝土的桥面铺装上。

3. 横向排水孔道

对于一些跨径小、不设人行道的小桥,为了简化构造,可以直接在行车道两侧的安全带或缘石上预留横向孔道,用铁管或竹管将水排出桥外,但管口要伸出构件20～30mm,以便滴水。但这种做法易于淤积堵塞。

4. 封闭式排水

城市桥梁、立交桥及高速公路上的桥梁,应该避免泄水管直接挂在板下,影响桥梁外观,妨碍公共卫生。完整的排水系统是将排水管道直接引向地面,使流入泄水管中的雨水,汇集在纵向排水管内,并通过设在墩台处的竖向排水管流入地面排水设施中。

二、认识桥面防水

桥面防水层是指为了防止雨水进入桥面,雨水、雪水渗入桥体、桥梁,以及其他用水对桥体破坏而设的材料层。桥面防水层的材料有各类防水卷材、防水涂料等。其中,防水涂料应用最广泛。这主要是因为防水涂料作为路桥防水有以下优点:防水涂料为不定型材料,可适用于各种形状不同的基层,能形成无连接缝的、整体性好的防水层;可喷涂,施工方便,工效高,水乳型涂料还可在潮湿的基层上施工,可缩短工期。因而近年来随着公路建设的蓬勃发展,路桥防水涂料也发展很快,工程用量逐年增大。

防水层一般设置在主梁顶面,用于截留通过桥面铺装层渗透下来的积水,防止渗透至主梁内部,使主梁产生冻害现象,一般在严寒地区使用。

防水层有卷材防水层、涂料防水层和水泥砂浆等形式。

一、桥面排水施工

桥面排水施工,一般是在相应的位置预留孔洞,然后集中安装相应的排水设施,注意结合处的防水处理,一定要严密不渗水。

二、桥面防水层施工

1. 卷材防水层施工

(1)防水层施工前应保持桥面板平整、干燥、清洁,并在桥面板上预先撒布黏层沥青或涂刷冷底子油,使桥面板与防水层紧密相连。

(2)卷材铺贴前应保持干燥,并应将表面的云母、滑石粉等清除。铺贴沥青卷材时,应采用沥青胶将卷材与基面密贴,并用滚筒碾平压实。沥青胶厚度一般为1.5～2.5mm,不得超过3mm。应沿水流(桥面坡度)方向用上层卷材压住下层卷材,上下层的搭接缝和相邻两幅卷材的接缝应相互错开,上下层卷材不得相互垂直。

(3)接缝应错开半幅,纵缝搭接长度应为80～100mm,横缝搭接不应少于100mm。粘贴卷材应展平压实,卷材与基层和各层卷材间必须黏结紧密,并将多铺的沥青胶挤出。搭接缝必须封缝严密,防止出现水路。粘贴完最后一层卷材后,表面应再涂一层厚为 1~1.5mm 的热沥青胶结材料。

(4)卷材防水层铺贴的气温不应低于 5℃,沥青胶工作温度不应低于 150℃。

2. 涂料防水层施工

(1)涂料防水层是涂刷各种高分子聚合物防水涂料而形成的防水层。

(2)涂料防水层施工前的基层表面必须平整、密实、洁净。防水涂料的配合比应按照设计规定或涂料说明书确定,配制时应搅拌均匀。

(3)防水涂料可用手工涂刷或喷涂,要求厚度应均匀一致。第一层涂料涂刷完毕,必须干燥后方可涂刷下一层,一般涂刷 2~3 层。涂刷第一层时必须与混凝土密实结合,不得夹有空隙。

(4)如涂料防水层中夹有各类纤维布时.应在涂刷一遍涂料后,逐条紧贴纤维布,并要求使涂料吃透布料,不得出现起鼓、翘边、皱折现象。

3. 水泥砂浆防水层施工

(1)水泥砂浆防水层的材料及配合比必须按要求严格控制。

(2)底层表面要求平整、粗糙、干净、湿润,不得有积水。水泥砂浆应分层铺设,每层厚度为 5~10m,前层初凝后再铺设后一层,总厚度不小于 20mm。铺抹的最后一层,应将表面压光。

4. 防水层的质量检验评定

1)基本要求

(1)防水层铺设材料的规格和性能,以及防水层的不透水性应符合设计要求,并至少应有不低于桥面沥青混凝土铺装层使用年限的寿命,能适应动荷载及混凝土桥面开裂时不损坏的特点。

(2)防水层施工前,混凝土表面应清除垃圾、杂物、油污与浮浆,并保持干净和干燥。

(3)应严格按规定的工艺施工。

(4)预计涂料表面在干燥前会下雨,则不应施工。施工过程中,严禁踩踏未干的防水层。防水层养护结束后、桥面铺装完成前,行驶车辆不得在其上急转弯或紧急制动。

2)实测项目

防水层的实测项目、检查方法和要求见表 7-2-1。

防水层实测项目　　　　表 7-2-1

项次	检查项目	规定值或允许偏差	检查方法和频率	权值
1△	防水涂膜厚度(mm)	符合设计规定,设计未规定时,±0.1	测厚仪:每 200m² 测 4 点或按材料用量推算	1
2△	黏结强度(MPa)	不小于设计要求,且≥0.3(常温),≥0.2(气温≥35℃)	拉拔仪:每 200m² 测 4 点(拉拔速度:10mm/min)	1
3△	抗剪强度(MPa)	不小于设计要求,且≥0.4(常温),≥0.3(气温≥35℃)	剪切仪:1 组 3 个(剪切速度:10mm/min)	1
4△	剥离强度(N/mm)	不小于设计要求,且≥0.3(常温),≥0.2(气温≥35℃)	90°剥离仪:1 组 3 个(剥离速度:100mm/min)	1

3)外观鉴定

(1)防水涂料应覆盖整个混凝土表面,如有遗漏,必须进行处理,并减 1~3 分。

(2)防水层应表面平整,无空鼓、脱落、翘边等缺陷。不符合要求时必须进行处理,并减 3~5 分。

任务工单

学习情境七:桥面系及附属工程施工 工作任务二:桥面防水排水施工	班级			
	姓名		学号	
	日期		评分	

一、任务内容

分组讨论桥面系和附属工程的构造和施工方法。

二、基本知识

1. 桥面排水的设置形式：_____。

2. 桥面防水的设置形式：_____。

3. 桥面防水卷材施工基本要求：_____。

4. 桥面涂料防水施工基本要求：_____。

三、任务实施

桥面防水卷材施工是桥面防水施工中的一种,分组掌握其施工方法及要求。

1. 桥面防水卷材施工时,对温度有什么要求?

2. 桥面防水卷材施工的流程?

3. 桥面防水卷材施工验收的要点?

四、任务小结

通过此工作任务的实施,各小组集中完成下述工作。

1. 你认为本次实训是否达到预期目的? 还有什么意见和建议?

2. 桥面防水层还有哪些?

工作任务三 伸缩缝施工

1. 应知应会

（1）应知伸缩缝的种类和构造。

（2）了解桥面伸缩缝的施工。

2. 学习要求

（1）研读校本教材。

（2）学习相关施工案例,结合桥梁施工技术规范,完成伸缩缝施工作业。

（3）注重理论联系实际。

一、概述

为满足桥面变形的要求,通常在两梁端之间和梁端与桥台之间设置伸缩缝,如图 7-3-1 所示。

图 7-3-1 伸缩缝示意图

伸缩缝施工要求如下:在平行和垂直于桥梁轴线的两个方向,均能自由伸缩,牢固可靠,车辆行驶过时应平顺、无突跳与噪声;能防止雨水和垃圾泥土渗入阻塞;安装、检查、养护、消除污物都要简易方便。在设置伸缩缝处,栏杆与桥面铺装都要断开。

桥梁伸缩缝装置由于设置在梁端构造薄弱的部位,直接承受车辆荷载的反复作用,又多暴露于大自然中,受到各种自然因素的影响,因此,伸缩装置是易损坏、难修补的部位。

二、伸缩缝的分类

桥梁伸缩装置的分类见表 7-3-1 所示。

桥梁伸缩装置的分类表 表 7-3-1

种类	类型	示例	说明
对接式	填塞对接型	沥青、木板填塞型	以沥青、模板、麻絮、橡胶等材料塞缝隙的构造（在任何情况下都处于压缩状态）
		U 形镀锌铁皮型	
		矩形橡胶条型	
		组合橡胶条型	
		管形橡胶条型	
	嵌固对接型	W 型、SW 型、M 型、SD Ⅱ 型、PG 型、FV 型、GNB 型、GQF-C 型	采用单缝钢、边梁钢和其他不同形状的钢构件将不同形状橡胶条（带）嵌固，以橡胶条（带）的拉压变形吸收梁体变位的异性钢单缝式构造
	波形	GAI-TOP 型	由钢波形板、U 形底槽、锚固钢筋、泡沫棒和专用密封胶等组成的构造
		GT 型	
		KD 型	
钢制式	钢制型	钢梳齿板型	采用面层钢板或梳齿钢板的构造
		钢板叠合型	
橡胶式	板式橡胶型	UG 型，JB、JH、SD、SC、SB、SG、BSL 型，CD 型	伸缩体由橡胶、钢板或角钢硫化为一体的构造
	组合式橡胶型	BF 型、SEG 型、SE Ⅱ 型	伸缩体由橡胶板、钢托板组合而成的构造
模数式	模数式	TS 型、J-75 型、SSF 型、SG 型、XF 型、CQF-MZL 型	采用异性钢材或钢组焊件与橡胶密封带组合的支承构造
无缝式	暗缝式	GP 型（桥面连续）	路面施工前安装的伸缩构造
		TST 弹塑体	以路面等变形吸收梁变位的构造
		EPBC 弹形体	以弹塑体的变形吸收梁变位的构造
		LB 无缝型	以弹塑体的变形吸收梁变位的构造
		TCS 接缝弹塑体	以弹塑体的变形吸收梁变位的构造

（1）纯橡胶伸缩装置：伸缩体完全由橡胶组成的，适用于伸缩量小于等于 60mm 的公路桥梁工程。

（2）板式伸缩装置：伸缩体由橡胶、钢板或角钢硫化为一体。适用于伸缩量小于等于 60mm 的公路桥梁工程，不适用于高速公路桥梁工程。

（3）组合式伸缩装置：伸缩体由橡胶板和钢托板组合而成。适用于伸缩量小于等于 120mm 的公路桥梁工程，不适用于高速公路桥梁工程。

（4）模数式伸缩装置：伸缩体由异型钢梁与单元橡胶密封带组合而成。适用于伸缩量为 80~1 200mm 的公路桥梁工程。

三、伸缩缝的构造

1. U 形锌铁皮式伸缩缝

对于小跨径的桥梁，当变形量在 20~40mm 以内，常采用以锌铁皮为跨缝材料的伸缩缝装置结构。如图 7-3-2 所示，弯成 U 形断面的长条形锌铁皮分上下两层，上层弯曲部分应开洞，其上设置石棉纤维垫绳，然后用沥青填塞。这样，当桥面伸缩时，锌铁皮可随之变形。下层锌铁皮 U 形槽可将渗下的雨水沿横向排出桥外。

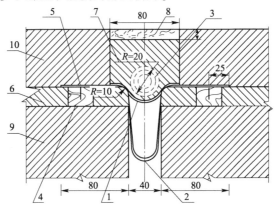

图 7-3-2 "U"形镀锌铁皮伸缩装置示意图(尺寸单位:mm)

1-上层铁皮;2-下层铁皮;3-石棉纤维过滤网;4-小木块;5-钢钉;6-三角垫层;7-沥青膏;8-砂子;9-行车道块件;10-行车道铺装层

2. GQF-c 型桥梁伸缩缝

如图 7-3-3 所示,GQF-c 型伸缩装置是由两根边梁和橡胶密封带组成,其构造简单、安装方便,适用于伸缩量为 0 ~ 80mm 的公路桥梁工程。GQF-c 型桥梁伸缩缝采用等离子弧焊技术使锚固筋与型钢连接更加牢固,中间橡胶密封条的技术要求如下:采用氯丁橡胶(CR)密封橡胶带的伸缩缝适用与温度为 -25 ~ 60℃ 地区;采用天然橡胶(NR)密封橡胶带的伸缩缝装置适用于温度为 -40 ~ 60℃ 地区。

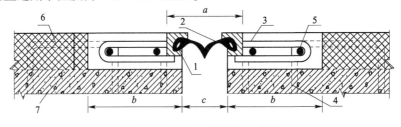

图 7-3-3 GQF-c 形伸缩缝示意图

1-C 形异型钢;2-密封橡胶带;3-锚固钢筋;4-预埋钢筋;5-水平加强钢筋;6-桥面铺装;7-梁体

3. 钢质支承式

1) 钢梳齿板型伸缩装置

如图 7-3-4 所示,为梳齿板型钢板伸缩装置,适用于伸缩量为 40 ~ 60mm 的公路桥梁工程。以钢板为跨缝材料,一般用于中、大型桥梁,在断缝处用预埋钢筋和预埋钢板固定梁两端护缘钢板,再将护缘钢板用高强螺栓与梳齿板型钢板连接,这样梳齿钢板固定在断缝两侧,通过梳齿的缝隙实现断缝处的位移和变形。

2) 钢板叠合型伸缩装置

钢板叠合型伸缩装置的另一侧搁置在桥台边缘处的角钢上,角钢与牵引板间设置滑板,用钢板的滑动适应结构的伸缩。缝间可填充压缩材料或加设盖板,滑动钢板通过橡胶垫块始终紧压在护缘角钢上,这样就消除了不利的拍击作用,又显著减小了车辆的冲击作用。

钢制型的伸缩装置,很难做到密封不透水,而且容易造成对车辆的冲击,影响车辆的行驶性。因此,出现了利用吸震缓冲性能好又容易做到密封的橡胶材料与强度高、性能好的异型钢材组合的梳形板伸缩装置,如图 7-3-5 所示。

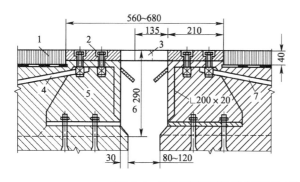

图 7-3-4 梳齿板型钢板伸缩装置构造(尺寸单位:mm)
1-路面;2-高强螺栓;3-梳形板;4-锚筋 φ20;5-加劲肋板;6-护缘角钢;7-锚筋

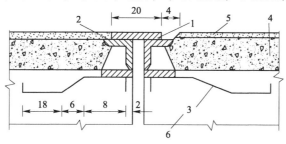

图 7-3-5 钢板叠合型伸缩装置构造(尺寸单位:mm)
1-钢板;2-角钢;3-梁体;4-现浇混凝土;5-桥面铺装层

4. 模数支承式伸缩装置

当桥梁的伸缩变形量超过 50mm 时,常采用钢质模数支承式伸缩装置,图 7-3-6 为其中的 GQF-XF320 型伸缩装置构造。该伸缩装置当车辆驶过时往往由于梁端转动或挠曲变形而产生拍击作用,噪声大,而且容易使结构损坏。因此,需采用设有螺栓弹簧的装置来固定滑动钢板,以减少拍击和噪声,该伸缩缝的构造相对复杂。

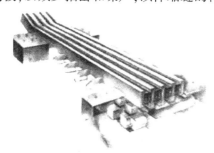

图 7-3-6 GQF-XF320 型伸缩装置构造

5. 板式橡胶伸缩装置

板式橡胶伸缩装置是利用各种不同断面形状的橡胶带作为填嵌材料的伸缩装置。由于橡胶富有弹性,易于粘贴,又能满足变形要求且具备防水功能。在国内、外桥梁工程中已获得广泛应用。

如图 7-3-7 所示,为板式橡胶伸缩装置的构造。板式橡胶伸缩装置中的伸缩体是由橡胶、钢板或角钢梳化为一体的构造,它是利用橡胶材料剪切模量低的原理设计制造而成。剪切型橡胶伸缩体设有上下凹槽,橡胶体内埋设承重钢板和固定钢板,并设预留螺栓孔,通过螺栓与梁端连成整体。它是依靠上下凹槽之间的橡胶体剪切变形来满足梁体结构的相对位移。橡胶伸缩体内预埋钢板,跨越梁端间隙,承受车辆荷载。另外在橡胶伸缩体内两侧预埋两块锚块钢板,通过螺栓与梁端连接的受力原理形成的结构构造,一般适用于伸缩量小于60mm的公路桥梁工程。

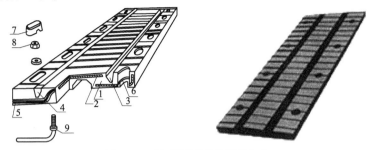

图 7-3-7　板式橡胶伸缩装置的构造

1-合成橡胶;2-加强钢板;3-伸缩用槽;4-止水块;5-嵌合部;6-螺帽垫块;7-腰型盖帽;8-螺帽;9-螺栓

6. 毛勒式伸缩装置

如图 7-3-8 所示,为德国毛勒(Monel)单缝伸缩装置。该装置是由异型钢嵌固密封条和锚固系统构成。根据密封条形状分为:箱形(适用伸缩量为 60mm)和鸟形(适用伸缩量为 80mm)。

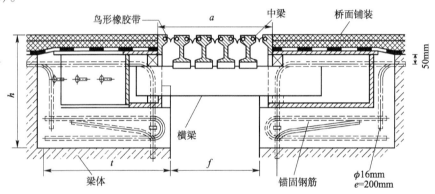

图 7-3-8　毛勒伸缩装置鸟形构造

伸缩缝是桥梁结构中承担最大动力荷载的附件。它须承受量值不等的各种复杂的动力荷载或冲击。同时,伸缩缝还须经受疲劳、磨损以及化学性和物理性的各种侵蚀,为保证毛勒伸缩缝的经久耐用,在投入施工之前,毛勒公司对其伸缩缝的所有主要部件都进行了疲劳试验。毛勒伸缩缝的两条设计原则是"刚性锚固"和"密封防水"。

7. TST 无缝伸缩缝

当伸缩量在 20～40mm 以内时可以采用 TST 碎石弹性伸缩缝装置,如 7-3-9 所示,是将特制的弹塑性材料 TST 加热熔化后,灌入经过清洗加热的碎石中,即形成了 TST 碎石弹性伸缩缝,碎石用以支持车辆荷载,TST 弹塑性体在 25～60℃条件下能够满足伸缩量的要求。

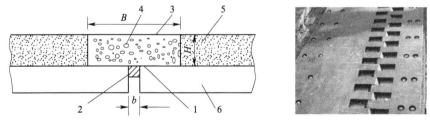

图 7-3-9　TST 碎石填充伸缩装置构造

1-跨缝板;2-海绵体;3-TST 弹塑体;4-碎石;5-桥面铺装层;6-梁体

8. 桥面连续伸缩缝

如图 7-3-10 所示,为桥台端部 GP 型(桥面连续)伸缩缝构造示意图。

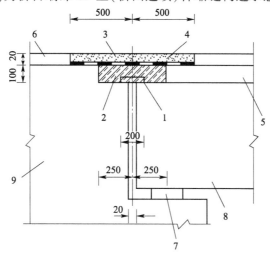

图 7-3-10　GP 型(桥面连续构造)之一(尺寸单位:mm)

1-钢板;2-Ⅰ型改性沥青混凝土;3-Ⅱ型改性沥青混凝土;4-编织布;5-桥面现浇混凝土层;6-沥青混凝土铺装;7-板式橡胶支座;8-预制板;9-背墙

一、板(梁)式橡胶伸缩装置施工

(1)安装准备:检查梁端缝隙及预埋件情况,清理梁端、顶面,梁端不平齐处应予以修整,以便设置两端模板,梁体顶面用水冲洗干净。

(2)立两端模板:样板两端模板中间用硬质泡沫塑料板挤紧,其顶部与安置橡胶板的设计底面高程平行,严格检查有无漏浆的缝隙,并及时进行处理垫补,以保证伸缩缝隙内无混凝土灌入,防止影响梁体的水平位移。样板按算定的安装定位值制作,并在两侧螺栓中心处钻孔,将 M18 锚固螺栓放入样板孔内固定,根据设计要求样板孔与预埋钢筋点焊定位。螺栓之间的位置偏差应小于 1mm,并不得有累积偏差,样板面高程应与桥面设计高程一致,同时焊接好加强角钢等结构件,全部校准后,方可焊实。

(3)浇筑混凝土:即浇筑伸缩装置底部的混凝土,同时浇筑两侧 500mm 范围内的混凝土过渡段,混凝土强度等级不应低于 C40,浇筑时需振捣密实,以防结构中有空洞和夹灰现象,影响伸缩装置的使用寿命。

(4)拆除样板及两端模板:待混凝土初凝后,将样板取出,再将两端模板中间的硬质泡沫塑料板凿除,用强度等级较高的砂浆找平,安装橡胶板部位。

(5)安装橡胶板:待混凝土干燥后,在安装平面涂布防水密封胶,并按定位值将橡胶板进行预压缩,螺孔对准预埋螺栓就位。逐个拧紧螺母,注意在螺栓上垫放腰圆垫圈与弹簧垫圈,然后在螺栓孔内注入适量防水胶,最后加螺母盖与橡胶板平齐。

二、模数式伸缩装置施工

(1)伸缩缝预留槽口。在浇筑拟安装伸缩缝的梁体、桥台时,应在端部预留符合安装尺寸的槽口。

(2) 预埋钢筋设置。在浇筑梁体或桥台时,应设置预埋钢筋。预埋深度不应小于500mm,并与梁体、桥台内的结构钢筋连成一体,间距尺寸为200mm,其位置应和伸缩缝锚固件保持一致。

(3) 梁端间隙应不小于梁体伸长量,在预制、现浇或吊装时由设计工程师根据当地气温确定。

(4) 伸缩缝定位尺寸"J"值,应根据安装时的气温计算正确,调节后,锁紧定位压板。

(5) 用泡沫塑料板嵌入梁端间隙内,其上部与伸缩缝钢梁内侧密合,尽量达到密封,以防止浇筑混凝土时出现漏浆、空洞现象。

(6) 伸缩装置吊装就位后,应检查其中心线与梁缝中心是否重合,其顶面与路面高程是否一致,并及时进行调整。

(7) 将预埋钢筋和伸缩缝锚固件焊接牢固,再横穿 $\phi12$ 或 $\phi16$ 水平钢筋,用铁丝扎紧或焊实,使之成为一体。

(8) 立即拆除伸缩缝定位压板,除去定位螺钉,并用角向砂轮磨去焊疤,补上油漆。

(9) 用胶粘纸带或木板封闭伸缩缝顶面缝口,在槽口部位现浇C50混凝土,并用插入式振动棒充分振捣密实。

(10) 抹平混凝土过渡段,使其应尽量与路面平顺,并应在做好混凝土养生后方可通车。

三、施工注意事项

(1) 工程技术人员在选择 MZL 型、C 型或其他模数式伸缩装置后,为便于工厂加工制造,应向工厂提供下列文件。

(2) 桥梁的横断面图,包括横坡、人行道、安全带、栏杆的位置尺寸等详细设计资料。

(3) 伸缩装置的施工实施时间、安装时的温度及变化幅度。

(4) 用户有特殊要求时要明确注明。

(5) 施工单位一定要按照设计图样提供的尺寸,在梁端之间、梁端与桥台处预留安装伸缩缝装置的预留槽,并按图样要求预埋好锚固钢筋。

(6) 工厂组装好的模数式伸缩装置一般由工厂用专车运往工地。伸缩装置在运输过程中受运输长度限制,或因其他原因需要在工地拼接时,应在生产厂家指导下施工。当伸缩装置需在工地存放时,应垫离地面至少300m,并且不得露天存放。

(7) 型钢边梁定位是安装的关键,定位要求为"一平、二直、三强度保证"。"一平"指型钢组装面要平,定位后与路面纵横向的平整度小于3mm;"二直"指型钢边梁定位后,横向直线偏差小于5mm;"三强度保证"指型钢边梁定位焊接强度符合设计要求,严禁虚焊。

四、伸缩装置施工的质量检验评定标准

1. 基本要求

(1) 伸缩缝必须满足设计和有关技术规范的要求,伸缩装置必须有合格证,并经验收合格后方可安装。

(2) 伸缩装置必须锚固牢靠,伸缩性能必须有效。

(3) 伸缩缝两侧混凝土的类型和强度,必须符合设计要求。

(4) 大型伸缩缝与钢梁连接处的焊缝应做超声检测,检测结果必须合格。

(5) 伸缩缝处不得积水。

2. 实测项目

伸缩装置施工的实测项目、检测方法和要求见表7-3-2。

伸缩装置施工的实测项目　　　　　　　　　表7-3-2

项次	检查项目	规定值或允许偏差		检查方法与频率	权值
1	长度(mm)	符合设计要求		尺量：每道	2
2△	宽度(mm)	符合设计要求		尺量：每道2处	3
3△	与桥面高差(mm)			尺量：每侧3~7处	3
4	纵坡(%)	一般	±0.5	水准仪：测量纵向锚固混凝土端部3处	2
		大型	±0.2	水准仪：纵向测伸缩缝两侧3处	
5	横向平整度(mm)	3		3m直尺：每道	1

3. 外观鉴定

伸缩缝无阻塞、渗漏、变形、开裂现象；不符合要求时必须进行修整，并减1~3分。

任务工单

学习情境七：桥面系及附属工程施工 工作任务三：伸缩缝施工	班级			
	姓名		学号	
	日期		评分	

一、任务内容
分组讨论伸缩缝的构造和施工方法。

二、基本知识

1. 桥面伸缩缝的类型：
_____。

2. 桥面伸缩缝的设置形式：
_____。

3. 常见桥面伸缩缝的施工程序：
_____。

4. 桥面伸缩缝的施工验收要求：
_____。

三、任务实施
模数式装置是常见伸缩缝的一种，分组掌握其施工方法及要求。

1. 模数式伸缩装置施工步骤？

2. 模数式伸缩装置施工注意事项？

3. 模数式伸缩装置如何施工验收？

四、任务小结
通过此工作任务的实施，各小组集中完成下述工作。

1. 你认为本次实训是否达到预期目的？还有什么意见和建议？

2. 若采用锌铁皮伸缩装置，应如何施工？

工作任务四 支座施工

任务概述

1. 应知应会

(1)应知支座的类型和构造。

(2)熟悉支座施工技术。

2. 学习要求

(1)研读校本教材。

(2)学习相关施工案例,结合桥梁施工技术规范,完成支座施工相关作业。

(3)注重理论联系实际。

相关知识

一、概述

桥梁支座是连接桥梁上部结构和下部结构的重要结构部件。它能将桥梁上部结构的反力和变形(位移和转角)可靠的传递给桥梁下部结构,从而使结构的实际受力情况与计算的理论图式相符合。按受力特性分为固定支座和活动支座。

支座设计中除考虑其应有足够的强度、刚度和自由的转动或移动性能外,还应注意便于维修和更换,施工中应重视座板下混凝土垫层的平整,并应根据气温确定其安放位置;在地震区应考虑抗震措施。

目前国内桥梁上使用较多的是橡胶支座,有板式橡胶支座、聚四氟乙烯板式橡胶支座和盆式橡胶支座三种。前两种用于反力较小的中小跨径桥梁,后一种用于反力较大的跨径桥梁。

二、认识支座

如图7-4-1所示,简支梁桥一般一端采用固定支座,一端采用活动支座;连续梁一般每一联中的一个桥墩设固定支座。

图7-4-1 简支梁支座布置示意图

1. 简易支座

如图7-4-2所示,简易垫层支座采用几层油毛毡或石棉制成,压实后的厚度不小于1cm,可用于跨径小于10m的板梁桥。

2. 弧形钢支座

钢支座是靠钢部件的滚动、摇动和滑动来完成支座的位移和转动的,它的特点是承载能力强,能适应桥梁的位移和转动的需要,目前仍广泛应用于铁路桥梁。

如图 7-4-3 所示,弧形支座由上下垫板组成。上垫板是平的矩形钢板,下垫板是弧形钢板,利用上下接触面的相对滑动和转动实现支座的功能要求。

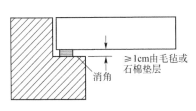

图 7-4-2 简易垫层支座示意图

图 7-4-3 弧形钢支座

3. 辊轴支座

当遇到跨度更大的梁时,可以采用辊轴支座。辊子的直径可以随其个数的增多而减小,反力可分散而均匀地分布到墩台垫石面上。辊轴支座适用于各种大型桥梁。

4. 橡胶支座

桥梁上常用的橡胶支座有板式橡胶支座和盆式橡胶支座两种。

1) 板式橡胶支座

板式橡胶支座是公路中小型桥梁中比较常用的产品,它分为普通板式橡胶支座、四氟板式橡胶支座。普通板式橡胶支座适用于跨度小于 30m、位移量较小的桥梁。不同的平面形状适用于不同的桥跨结构,正交桥梁用矩形支座;曲线桥、斜交桥及圆柱墩桥用圆形支座。对于四氟乙烯板式橡胶支座适用于大跨度、多跨连续、简支梁连续板等结构的大位移量桥梁。

板式橡胶支座代号表示方法如图 7-4-4 所示,如:GJZ300×400×47(CR),表示公路桥梁矩形、平面尺寸为 300mm×400mm、厚度为 47mm 的氯丁橡胶支座;GYZF4300×54(NR),表示公路桥梁圆形、直径为 300mm、厚度为 54mm、带聚四氟乙烯板的天然橡胶支座。

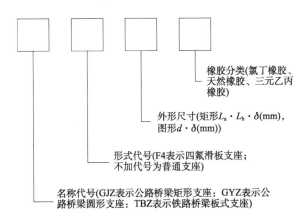

图 7-4-4 板式橡胶支座代号表示方法

(1) 板式橡胶支座。如图 7-4-5 所示,板式橡胶支座是由多层薄钢板与多层橡胶片硫化黏合而成的一种普通橡胶支座产品,这种产品具有足够的竖向刚度,能够将支座上部构造的反力可靠的传递给墩台,支座具有良好的弹性,以应对桥梁的梁端的转动;又有较大的剪切变形能力,以满足上部构造的水平位移。

图 7-4-5 板式橡胶支座

（2）聚四氟滑板式橡胶支座。如图 7-4-6 所示，聚四氟乙烯滑板式橡胶支座简称四氟滑板式支座（GJZF4、GYZF4 系列），是由普通板式橡胶支座上按照支座尺寸大小黏复一层厚 2~4mm 的聚四氟乙烯板而成。

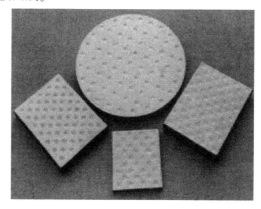

图 7-4-6 聚四氟滑板式橡胶支座

聚四氟滑板式支座除具有普通板式橡胶支座的竖向刚度与弹性变形，且能承受垂直荷载及适应梁端转动外，利用聚四氟乙烯板与不锈钢板间的低摩擦系数（$\mu_f \leqslant 0.08$）可使桥梁上部构造水平位移不受限制。跨度超过 30m 的大跨度桥梁、简支梁连续板桥和多跨连续梁桥可作活动支座使用；连续梁顶推、T 形梁横移和大型设备滑移可作滑块使用。

2）盆式橡胶支座

盆式橡胶支座分固定支座与活动支座。如图 7-4-7 所示，盆式橡胶支座的构造要点包括：上支座板、不锈钢板、聚四氟乙烯板、横向止移板、盆环、氯丁橡胶板、密封圈、盆塞、氯丁橡胶防水圈、下支座板以及上下支座连接板。

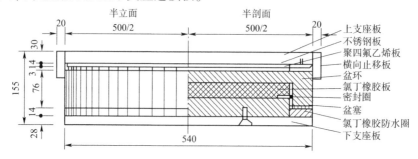

图 7-4-7 盆式橡胶支座构造要点（尺寸单位：mm）

盆式橡胶支座与板式橡胶支座的主要区别在于：它不是置于橡胶中的加劲物来加强橡胶，而是将橡胶置于钢盆内来加强橡胶。橡胶在受压后的变形由于受钢盆的约束，处于三向受压状态,只要钢盆不破坏,橡胶就永远不会丧失承载力,这时橡胶的容许抗压强度可以进一步提高到25MPa。密封在钢盆内的橡胶板,可以做适度不均匀压缩来实现转动,如果再加上聚四氟乙烯板和不锈钢板,则还可以实现水平位移。

盆式橡胶支座代号表示方法如图7-4-8所示,GPZ35DX表示GPZ系列中设计承载力为35MN的单向活动的常温型盆胶支座;GPZ50GD表示GPZ系列中设计承载力为50MN的固定的常温型盆式橡胶支座。

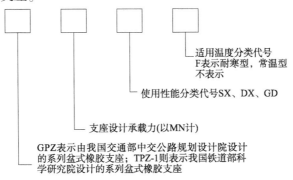

图7-4-8　盆式橡胶支座代号表示方法

一、板式橡胶支座的安设

板式橡胶支座在安装前的全面检查和力学性能检验,包括支座长、宽、厚、硬度(邵氏)、容许荷载、容许最大温差以及外观检查等,如不符合设计要求,不得使用。如设计未规定,其力学性能可参考下列数值:硬度 HRC = 55°~60°;压缩弹性模量 $E = 6 \times 10^2$ MPa,允许压应力 $[\sigma] = 10$ MPa;剪切弹性衡量 $G = 1.5$ MPa,允许剪切角 $[tg\gamma] = 0.2~0.3$。

如图7-4-9所示,支座安装时,支座中心尽可能对准梁的计算支点,必须使整个橡胶支座的承压面上受力均匀。为此,应注意以下几点:

(1)安装前应将墩、台支座支垫处和梁底面清洗干净,去除油垢,用水灰比不大于0.5的1:3水泥砂浆仔细抹平,使其顶面高程符合设计要求。

(2)支座安装尽可能安排在接近年平均气温的季节里进行,以减少由于温差变化过大而引起的剪切变形。

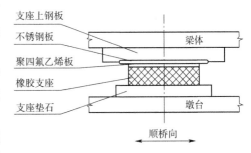

图7-4-9　聚四氟滑板式橡胶支座安装示意图

(3)梁、板安放时,必须细致稳妥,使梁、板就位准确且与支座密贴,勿使支座产生剪切变形;就位不准时,必须吊起重放,不得用撬杠移动梁、板。

(4)当墩台两端高程不同,顺桥向或横桥向有坡度时,支座安装必须严格按设计规定办理。

(5)支座周围应设排水坡,防止积水,并注意及时清除支座附近的尘土、油脂与污垢等。

二、盆式橡胶支座的安装

盆式橡胶支座顶、底面积大,支座下埋设在桥墩顶的钢垫板面积亦较大,浇筑墩顶混凝土时,必须有特殊措施,使垫板下混凝土能浇筑密实。盆式橡胶支座的主要部分是聚四氟乙烯板与不锈钢板的滑动面和密封在钢盆内的橡胶垫块,两者都不能有污物和损伤,否则容易降低使用寿命,增大摩擦系数。

1. 盆式橡胶支座各部件的组装应满足的要求

(1)在支座底面和顶面(埋置于墩顶和梁底面)的钢垫板必须埋置密实,垫板与支座间平整密贴,支座四周探测不得有 0.3mm 以上的缝隙。

(2)支座中线、水平、位置偏差不大于 2mm。

(3)活动支座的聚四氟乙烯板和不锈钢板不得有刮伤、撞伤,氯丁橡胶板块密封在钢盆内,安装时应排除空气、保持密封;支座组拼要保持清洁。

2. 施工时应注意的事项

(1)安装前应将支座的各相对滑移面和其他部分用丙酮或酒精擦拭干净。

(2)支座的顶板和底板可用焊接或锚固螺栓栓接在梁体底面和墩台顶面的预埋钢板上;采用焊接时,应防止烧坏混凝土,安装锚固螺栓时,其外露螺杆的高度不得大于螺母的厚度;上下支座安装顺序,宜先将上座板固定在大梁上,而后据其位置确定底盆在墩台的位置,最后予以固定。

(3)安装支座的高程应符合设计要求,平面纵横两个方向应水平,支座承压≤5 000kN 时,其四角高差不得大于 1mm;支座承压>5 000kN 时,不得大于 2mm。

(4)安装固定支座时,其上下各个部件纵轴线必须对正;安装纵向活动支座时,上下各部件纵轴线必须对正,横轴线应根据安装时的温度与年平均的最高、最低温差,由计算确定其错位的距离。支座上下导向挡块必须平行,最大偏差的交叉角不得大于 5′。

另外,桥梁施工期间,混凝土将由于预应力和温差引起弹性压缩、徐变和伸缩而产生位移量,因此,要在安装活动支座时,对上、下板预留偏移量,使桥梁建成后的支座位置能符合设计要求。

三、其他支座安设

对于跨径较小(10m 左右)的钢筋混凝土梁(板)桥,可采用油毡、石棉垫或铅板支座。安设这类支座时,应先检查墩台支承面的平整度和横向坡度是否符合设计要求,否则应修凿平整并以水泥砂浆抹平,再铺垫油毡、石棉垫或铅板。梁(板)就位后梁(板)与支承间不得有空隙和翘动。

其他支座的安装步骤如下:

(1)在支座安装之前应对支座的安装位置进行测量检验,支座安装平面应和支座的滑动平面或滚动平面平行,其平行度的偏差不宜超过 2‰。

(2)支座安装前应对活动支座顶、底板的相对位置进行检查。

(3)支座安装后,滚动和滑动平面应水平,其与理论平面的斜度不大于 2‰。支座上、下板中心应对中,其偏差不大于 2‰。

(4)为保证支座安装平整,一般应在支座底面与支承垫石顶面之间,捣筑 20～50mm 厚的干硬性无收缩砂浆垫层。

为了保证桥梁支座的施工质量,以及安装、调整、观察、更换桥梁支座的方便不论是采用现浇梁法还是预制梁法施工,不管是安装何种类型的桥梁支座,必须在墩台顶设置支撑垫石。

学习情境七:桥面系及附属工程施工 工作任务四:支座施工	班级			
	姓名		学号	
	日期		评分	

一、任务内容
分组讨论支座的分类、构造和施工方法。

二、准备工作

1.支座的类型：
_____。

2.常见支座的施工程序：
_____。

3.支座施工的验收要求：
_____。

三、任务实施
板式橡胶支座是桥梁支座中的一种,分组掌握其施工方法及要求。

1.板式橡胶支座安装前的准备工作有哪些？

2.板式橡胶支座的安装步骤有哪些？

四、任务小结
通过此工作任务的实施,各小组集中完成下述工作。

1.你认为本次实训是否达到预期目的？还有什么意见和建议？

2.如果采用盆式橡胶支座,应如何安装？

工作任务五　桥涵附属工程施工

1. 应知应会
（1）应知桥涵附属工程的组成和构造。
（2）熟悉桥涵附属工程的施工。
2. 学习要求
（1）研读校本教材。
（2）学习相关施工案例,结合桥梁施工技术规范,完成桥面系附属工程施工作业。
（3）注重理论联系实际。

一、概述

位于城镇和近郊的桥梁均应设置人行道,在行人稀少地区可不设人行道,为保障行车安全可改用宽度和高度均不小于0.25m的护轮安全带。

人行道顶面一般均铺设2cm厚的水泥砂浆作为面层,并做成倾向桥面内侧1%~1.5%的排水横坡。此外人行道在桥面断缝处也必须设伸缩缝。

栏杆是桥梁的一种安全防护设施,栏杆高通常为80~120cm,有时对于跨径较小且宽度又不大的桥梁,可将栏杆做得矮些(40~60cm)。栏杆的间距一般为1.6~2.7m。

人行道、栏杆通常采用预制块件安装施工方法,有些桥的人行道采用整块预制。

在城市及近郊行人和车辆较多的桥梁上,都要设置照明设施,一般采用灯柱的形式。

二、认识人行道、栏杆

城镇及近郊的桥梁设置人行道;行人稀少地区设护轮安全带。

1. 人行道

人行道按构造形式分为就地浇筑式、预制装配式、部分装配式和部分现浇式的混合式,如图7-5-1所示。

对于跨径较大的装配式板桥和跨径较小且人行道较宽的装配式板桥分别采用如图7-5-1a)和b)所示的预制装配;整体浇筑的钢筋混凝土桥和较窄的装配式梁桥分别采用如图7-5-1c)和d)所示的整体式。

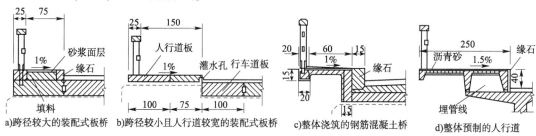

图7-5-1　人行道构造(尺寸单位:cm)

人行道宽度由行人的交通量决定,采用0.75m或1.0m,当大于1.0m,按0.5m的倍数增加。

2. 安全带

在快速路、主干道、次干路上的桥梁或行人稀少地区的桥梁,若两侧无人行道,则两侧应设安全带,宽度为0.50～0.75m。近年来,不少桥梁设计中,为了保证行车的安全,安全带的高度已经用到大于或等于0.4m。

如图7-5-2所示,安全带的构造形式分预制块件(矩形和肋板式截面)和现浇式。安全带宽度不小于0.25m,高度为0.25～0.35m。

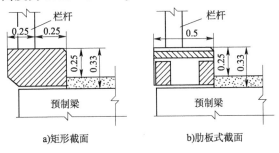

图7-5-2 安全带构造(尺寸单位:m)

3. 栏杆

如图7-5-3所示,栏杆高度一般为0.8～1.2m,标准设计为1.0m;栏杆间距一般为1.6～2.7m,标准设计为2.5m;材料一般为钢筋混凝土等。注意:凡设人行道的桥梁必设栏杆;靠近伸缩缝处,栏杆要断开,以保证扶手与柱之间自由变形。

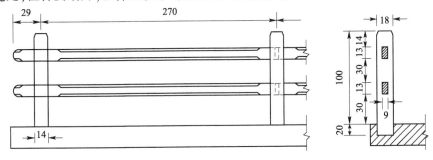

图7-5-3 栏杆构造(尺寸单位:mm)

三、认识防撞护栏

高速公路、一级公路上的桥梁必须设置护栏。

护栏的作用为封闭沿线两侧、诱导视线、吸收碰撞能量和使失控车辆恢复原行驶方向,防止其跌落桥下。

如图7-5-4所示,按护栏特征防撞护栏可分为:钢筋混凝土墙式护栏、梁柱式护栏、组合式护栏和缆索护栏等。

四、认识灯柱

灯柱高度应高出车道5m左右。灯柱设计要求如下:满足照明要求;经济合理;全桥在立面上统一协调。

灯柱通常只在城镇设有人行道的桥梁上设置,灯柱的设置位置有两种:一种是设在人行道上;另一种是设在栏杆立柱上。

第一种布设较为简单,在人行道下布埋管线,按设计位置预设灯柱基座,在基座上安装灯柱、灯饰,连接好线路即可。这种布设方法大方、美观、灯光效果好,适合于人行道较宽(大于1m)的情况。但灯柱会减小人行道的宽度,影响行人通过,且要求灯柱布置稍高一些,不能影响行车净空。

第二种布设稍麻烦一些,电线在人行道下预埋后,还要在立柱内布设线管通至顶部,因立柱既要承受栏杆上传来的荷载,又要承受灯柱的重量,因此带灯柱的立柱要特殊设计和制作。在立柱顶部还要预设灯柱基座,保证其连接牢固。这种情况一般只适用于安置单火灯柱,灯柱顶部可向桥面内侧弯曲延伸一部分,以保证照明效果。该布置法的优点是灯柱不占人行道空间,桥面开阔,但施工、维修较为困难。

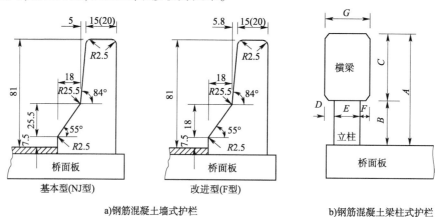

a)钢筋混凝土墙式护栏　　b)钢筋混凝土梁柱式护栏

图7-5-4　护栏构造(尺寸单位:cm)

一、人行道、栏杆施工

人行道、栏杆施工通常采用预制块件安装施工方法,有些桥的人行道采用整块预制,分中块和端块两种,若为斜交桥其端块还要做特殊设计。

预制时要严格按照设计尺寸制模成形,保证强度。大部分桥梁人行道采用分构件预制法,一般分为A挑梁、B挑梁、路缘石、支撑梁、人行道板五部分,如图7-5-5所示,为分体预制悬臂安装的人行道板构造。人行道梁A(用于安装栏杆)、B搁在行车道主梁上,一端悬臂挑出,另一端则通过预埋的钢板与主梁预留的锚固钢筋焊接。支撑梁用来固定人行道梁的位置。人行道板为预制构件,路缘石和支撑梁采用现浇施工。注意A挑梁上要留有槽口,保证立柱的安装固定。

栏杆的造型多种多样,一般由立柱、扶手、栅栏等几部分组成,均为预制拼装。施工时应注意以下几点:

(1)悬臂式安全带和悬臂式人行道构件必须与主梁横向连接或拱上建筑完成后才可安装。

(2)安全带梁及人行道梁必须安放在未凝固的20号稠水泥砂浆上,并以此来形成人行道顶面设计的横向排水坡。

(3)人行道板必须在人行道梁锚固后才可铺设,对设计无锚固的人行道梁,人行道板的铺设应按照由里向外的次序。

(4)栏杆块件必须在人行道板铺设完毕后才可安装,安装栏杆柱时,必须全桥对直、校平

(弯桥、坡桥要求平顺)、竖直后用水泥砂浆填缝固定。

(5)在安装有锚固的人行道梁时,应对焊接认真检查,注意施工安全。

(6)为减少路缘石与桥面铺装层中渗水,缘石宜采用现浇混凝土,使其与桥面铺装的底层混凝土结为整体。

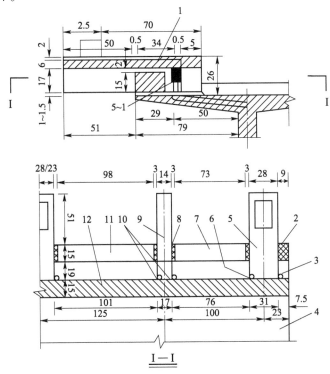

图 7-5-5　分构件预制人行道构造图(尺寸单位:cm)

1-人行道板;2-混凝土填空;3-钢板;4-翼缘(桥面板);5-人行道梁 A;6-;在固定锚栓;7-支撑梁;8-混凝土填空;9-人行道梁 B;10-固定锚栓;11-支撑梁;12-缘石

二、防撞护栏施工

1. 防撞护栏施工

防撞护栏施工流程如图 7-5-6 所示,施工示意图如图 7-5-7 所示。

1)测量放线

预制梁吊装完成后,即可进行该跨的防撞墙施工,先放出桥面中心线,以桥面中心线为基准向两边放出防撞墙边线,用墨线弹到桥面上,然后实测防撞墙边线位桥面高程,确定模板安装高度。

2)钢筋制作安装

钢筋在加工场制作成型后运至现场,吊上桥面安装。绑扎时加混凝土垫块,以确保防撞墙两侧的混凝土保护层厚度,将墙体钢筋与桥面预留钢筋焊接,在伸缩缝位置和每一个墩中心处将纵向防撞墙切断,按设计要求将墙内外的管线、预埋件、排水设施搞好。

3)模板制作与安装

防撞墙模板采用特制定型钢模板,模板内侧面要求磨光处理以保证光洁度,模板拼缝采用角钢打孔配合螺栓固定,保证模板接拼吻合无缝隙。顶部按图设圆顺撇角,模板线形要求顺滑、顺接。跨中设假缝处,在模板内侧加焊一条椭圆形钢条。

总之,模板的设计制作要保证栏杆施工线形流畅、平整度和拼缝上质量达到上乘。模板进入工地前要严格验收才可交付使用。

模板安装前后,要反复测量,对模板的线型、拼缝拉线检查,保证顺直,防撞墙标高每隔 5m 复测一点。同时检查压方、支撑的牢固性,反复检查验收后才进行下一工序。

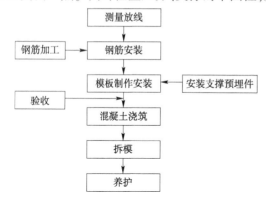

图 7-5-6　防护栏施工流程图

图 7-5-7　防撞护栏施工示意图

4)混凝土浇筑

防撞墙混凝土采用引气剂减少气泡,在多次试验后确定最佳配合比,以尽量减少成型后的防撞墙表面的气泡。混凝土不分层浇筑,采用斜层法全断面一次完成。使用插入式振动棒振捣,先振捣墙体腰线以下部位,振捣密实后再振捣腰线以上部位,如此反复向前推进。当防撞墙顶部混凝土接近终凝时进行墙体顶面光面。

5)拆模

防撞墙模板一般在混凝土强度达到要求后拆模。模板拆下后,应迅速清理干净,以便下次使用。

2.混凝土防撞护栏浇筑实测项目

1)基本要求

(1)所用的水泥、砂、石、水和外掺剂的质量和规格必须符合有关规范的要求,按规定的配合比施工。

(2)不得出现露筋和空洞现象。

(3)防撞护栏上的钢构件应焊接牢固,焊缝应满足设计和有关规范的要求,并按设计要求进行防护。

2)实测项目

混凝土防撞护栏浇筑实测项目表见表 7-5-1 所示。

混凝土防撞护栏浇筑实测项目表　　　　　表 7-5-1

项次	检查内容	规定值或允许植	检查方法和频率	权值
1	混凝土强度(MPa)	在合格范围内	按《公路桥涵施工技术规范》(JTG/T F50—2011)附录 D 检查	3
2	平面位置(mm)	4	经纬仪、钢尺拉线检查:每 100m 检查 3 处	2
3	断面尺寸(mm)	±5	尺量:每 100m 每侧检查 3 处	2
4	竖直度(mm)	4	吊垂线:每 100m 每侧检查 3 处	1
5	预埋件位置(mm)	5	尺量:每件都不得出现露筋和空洞现象	1

三、灯柱安装

桥上灯柱应按设计位置安装,必须牢固,线条顺直,整齐美观,灯柱电路必须安全可靠。大型桥梁须配置照明控制配电箱,固定在桥头附近安全场所。

检查验收标准:灯柱顺桥向位置偏差不能超过100mm,横桥方向偏差不能超过20mm,竖直度顺桥向、横桥向均不能超过10mm。

任务工单

学习情境七:桥面系及附属工程施工	班级		
工作任务五:桥涵附属工程施工	姓名		学号
	日期		评分

一、任务内容

分组讨论桥面附属工程的结构和施工方法。

二、基本知识

1. 桥涵附属工程的组成:
   _____。

2. 人行道的设置形式:
   _____。

3. 人行道的施工技术要点:
   _____。

4. 栏杆的类型:
   _____。

5. 支座施工的验收要求:
   _____。

三、任务实施

人行道是桥面附属工程的一种,分组掌握其构造和施工方法。

1. 试述人行道的构造?

2. 若采用预制安装的方法,试述人行道的施工步骤?

四、任务小结

通过此工作任务的实施,各小组集中完成下述工作。

1. 你认为本次实训是否达到预期目的? 还有什么意见和建议?

2. 人行道的施工方法还有哪些?

工作任务六 梁间铰接缝施工

1. 应知应会

(1)应知梁间铰接缝的类型和构造。

(2)应会梁间铰接缝施工。

2. 学习要求

(1)研读校本教材。

(2)学习相关施工案例,结合桥梁施工技术规范,完成梁间铰接缝的施工作业。

(3)注重理论联系实际。

一、概述

装配式混凝土简支梁(板)桥横向一般由多片主梁(板)组成,为了使多片装配式主梁(板)能联成整体共同承受桥上荷载,必须使多片主梁(板)间有横向连接,且有足够的强度。

装配式板桥的横向连接常用企口混凝土铰接和钢板连接等形式。板与板之间的连接应牢固可靠,在各种荷载作用下不松动、不解体,以保证各预制装配式板通过企口混凝土铰接缝或焊接钢板连接成整体共同承受车辆荷载。

预制装配式混凝土简支梁桥,待各预制梁在墩台安装就位后,必须进行横向连接施工,把各片主梁连成整体梁桥,才能作为整体桥梁共同承担二期恒载和活载。实践证明,横向连接刚度越大,各主梁共同受力性能越好,因此,必须重视横向连接施工。

二、认识梁间铰接缝

1. 装配式混凝土板桥的横向连接

装配式混凝土板桥的横向连接包括企口混凝土铰接和焊接钢板连接。

1)企口混凝土铰接

企口混凝土铰接缝是在板预制时,在板两侧(边板为一侧)按设计要求预留各种形状的企口(如棱形、漏斗形、圆形等),如图7-6-1所示,预制板安装就位后,在相邻板间的企口中浇筑纵缝混凝土。铰缝混凝土应采用30号以上细集料混凝土,施工时注意插捣密实。实践证明,这种纯混凝土铰已能保证传递竖向剪力,使各预制板共同参与受力。有的还从预制板中伸出钢筋相互绑扎后填塞铰缝混凝土,并浇筑在桥面铺装混凝土中。

2)焊接钢板连接

由于企口混凝土铰接需要现场浇筑混凝土,并需待混凝土达到设计强度后才能作为整体板桥承受荷载,为了加快施工进度,可以采用焊接钢板的横向连接形式,如图7-6-2所示。

板预制时,在板两侧相隔一定距离预埋钢板,待预制板安装就位后,用一块钢板焊在相邻两块预埋钢板上形成铰接构造。焊接钢板的连接构造沿纵向中距通常为0.8~1.5m,在桥跨中间部分布置密,向两端支点逐渐变疏。

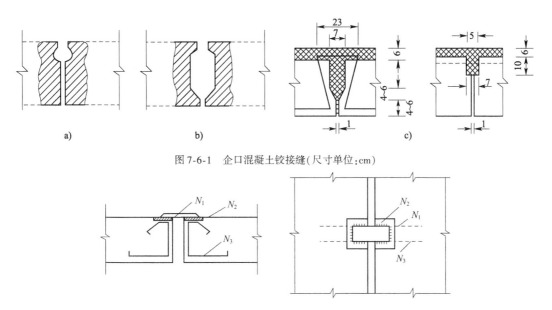

图 7-6-1 企口混凝土铰接缝(尺寸单位:cm)

图 7-6-2 焊接钢板接头

2. 装配式混凝土简支梁桥的横向连接

装配式简支梁桥的横向连接可分成横隔梁的连接和翼缘板的连接两种情况,如图 7-6-3 所示。

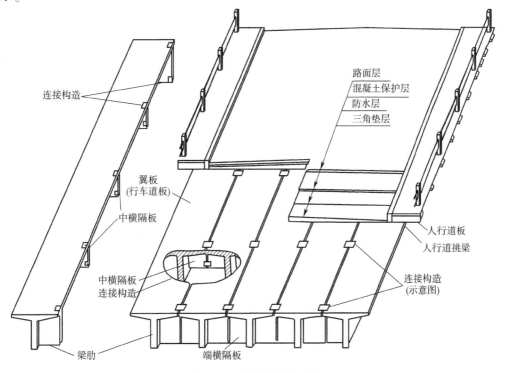

图 7-6-3 横隔梁的横向连接

1)横隔梁的横向连接

通常在设有横隔梁的简支梁桥中,均通过横隔梁的接头把所有主梁连接成整体。接头要有足够的强度,以保证结构的整体性,并在桥梁营运过程中接头不致因荷载反复作用和冲击作用而发生松动。横隔梁接头通常有扣环式、焊接钢板和螺栓等形式。

(1)扣环式接头。扣环式接头是在梁预制时,在横隔梁接头处伸出钢筋扣环 A(按设计计算要求布置),待梁安装就位后,在相邻构件的扣环两侧安装上腰圆形的接头扣环 B,再在形成的圆环内插入短分布筋后现浇混凝土封闭接缝。接缝宽度为 0.2~0.6m。通过接缝混凝土将各主梁连成整体,如图 7-6-4a)所示。

随着装配式混凝土梁主梁间距的加大,为了减小预制梁的外形尺寸和吊装重力,T 形梁的翼缘板和横隔梁都采用这种扣环式横向连接形式,以达到既经济,施工吊运又较简单的目的。1983 年我国编制的装配式钢筋混凝土和预应力混凝土 T 形简支梁桥标准图,主梁间距均采用 2.2m,而预制主梁的翼缘板和横隔梁宽仅为 1.6m,0.6m 就是采用扣环式连接的接缝宽度。

(2)焊接钢板接头。在预制 T 形梁横隔接头处下端两侧和顶部的翼缘内预埋接头钢板(应焊在横梁主筋上),当 T 形梁安装就位后,在横隔的预埋钢板上再加焊盖接钢板,将相邻 T 形梁连接起来,并在接缝处灌注水泥浆封闭,如图 7-6-4b)所示。

这种接头强度可靠,焊接后立即能承受荷载,但现场要有焊接设备,而且有时需在桥下仰焊,施工较困难。

(3)螺栓接头。为简化接头的现场施工,可采用螺栓接头,如图 7-6-4c)所示。预埋钢板同焊接钢板接头,钢盖板不是用电焊,而是用螺栓与预埋钢板连接起来,然后用水泥砂浆封闭。为此,钢板上要预留螺栓孔。这种接头不需特殊机具,施工迅速,但在营运中螺栓易松动,挠度较大。

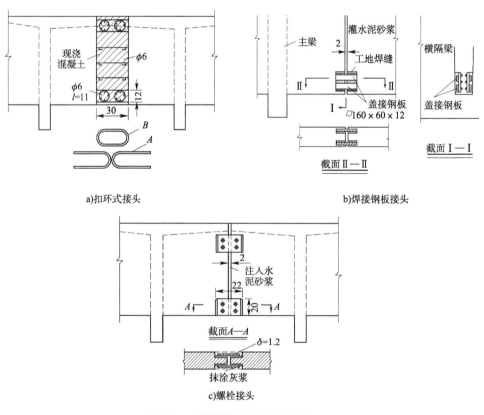

图 7-6-4 横隔梁横向连接(尺寸单位:cm)

2)翼缘板的横向连接

以往具有横隔梁的装配式 T 形梁桥中,主梁间通过横隔梁连成整体,T 形梁翼缘板之间不连接,翼缘板是作为自由悬臂处理的。目前,为改善翼缘板的受力状态,翼缘板之间也进行横向连接。另外,无横隔梁的装配式 T 形梁桥,主梁是通过相邻翼缘板之间的横向连接连成整体梁桥的。

翼缘板之间通常做成企口铰接式的连接,如图 7-6-5 所示。由主梁翼缘板的横向连接板内伸出连接钢筋,横向连接施工时,将此钢筋交叉弯制,并在接缝处再安放局部的 φ6 钢筋网,然后将它们浇筑在桥面混凝土铺装层内,如图 7-6-5a)所示。也可将主梁翼缘板内的顶层钢筋伸出,施工时将它弯转并套在一根纵向通长的钢筋上,形成纵向铰,然后浇筑在桥面铺装混凝土中,如图 7-6-5b)所示。接缝处的桥面铺装层内应安放单层钢筋网,计算时不考虑铺装层受力。这种连接构造由于连接钢筋较多,对施工增加了一些困难。

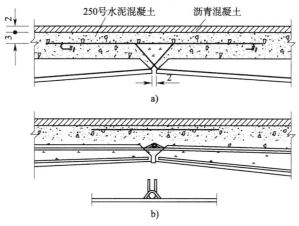

图 7-6-5 翼缘板的横向连接(尺寸单位:cm)

一、简支板桥铰接缝施工

如图 7-6-6 所示,简支板桥纵向铰接缝施工工艺为:企口铰接形状由空心板预制时形成,相邻两块板底部紧密接触,形成铰缝混凝土底模,铰缝钢筋 N10 和 N11 在梁板预制时紧贴着模板向上竖起,浇筑混凝土前将其扳平、焊接或绑扎牢固。用水将缝内冲洗干净并使其充分湿润。

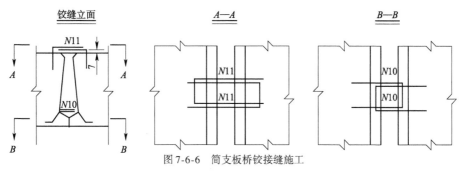

图 7-6-6 简支板桥铰接缝施工

注:拌制混凝土时应严格控制集料粒径和拌和物的和易性,浇筑中用人工插捣器捣实。此项混凝土施工一般与桥面铺混凝土装层同时进行。

二、简支梁桥梁间缝施工

常用简支梁桥有T形梁和箱形梁,T形梁的梁间接缝按梁体设计不同有干接缝和湿接缝两种。

1. 干接缝

用钢板或螺栓将相邻两片梁翼板和横隔板焊接起来形成横向连接系的方法。

优点:施工方便,联结速度快,焊接后能立即承受荷载。

缺点:耗费钢材较多、需要有现场焊接设备,且有时需在桥下进行仰焊,有一定困难,整体性效果稍差一些。

2. 湿接缝

主梁预制时,将翼板端部预留出一部分,钢筋外伸。梁架设就位后,将相邻两翼板的钢筋焊接相连,然后支撑板现浇接缝混凝土,使各片梁横向连接形成整体。

优点:节省钢板用量,整体性好。

缺点:施工较复杂,接缝混凝土养生达到初期后方能承受荷载。

如图7-6-7所示为湿接缝施工,图中阴影部分即为现浇混凝土。除了梁翼线钢筋外伸相互对接外,还要加设扣环钢筋。横隔梁在预制时在接缝处伸出钢筋和扣环,也可在安装时在相邻构件的扣环两侧再安上腰圆形接头扣环B,在形成的圆环内插入短分布筋后就现浇混凝土封闭接缝,接缝宽度为0.20~0.50m。

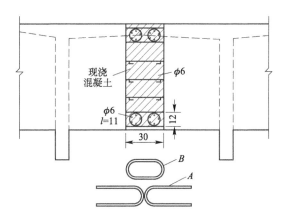

图7-6-7 湿接缝施工(尺寸单位:cm)

三、先简支后连续的梁桥桥端接缝施工

先简支后连续的连续梁桥,在墩顶处的连续有单支座和双支座两种方法,施工工艺和体系转换方法有所不同。

1. 单排支座先简支后连续桥梁

这种连续梁桥建成后在墩顶连续处只有一排支座,内力分配效果好,负弯矩峰值较高,能较大幅度消减跨中正弯矩,使内力分布均衡,但施工方法较为麻烦,且连续处要设置顶部预应力钢筋,施工过程如图7-6-8所示。

预制顶梁时在梁端顶板上预留预应力孔道,并预设齿板,预留工作人洞,凡连续一端的梁端均不做封锚端,将顶板、底板、腹板普通钢筋伸出梁端,架梁时先设置两排临时支座,使梁呈简支状态。临时支座用硫磺和电热丝制作,既能保证强度,又能在通电加热后融化。

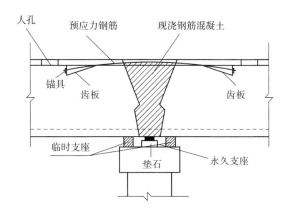

图 7-6-8　单支座先简支后连续施工示意图

梁架好后,在墩顶设计位置安放永久性支座及垫石,布置模板,将设计要求的普通钢筋焊接相连,并布设箍筋。在顶部布设与原梁体预留孔道相对应的预应力筋孔道,现浇连接混凝土养生至强度达到90%后拆除模板,自顶板入孔进入穿丝张拉预应力钢筋,并予以锚固。然后给临时支座通电使其受热软化,从而使永久支座发挥作用,实现体系转化。拆除临时支座,现浇混凝土封闭人孔即完成连续化施工。

2. 双排支座先简支后连续梁桥

双排支座先简支后连续梁受力接近于简支梁,内力分布不均匀,但由于施工简单,体系转化方便,被广泛采用。双排支座先简支后连续施工示意图如图 7-6-9 所示。

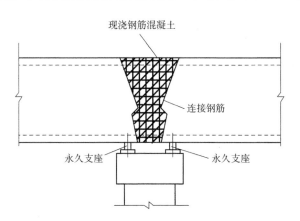

图 7-6-9　双支座先简支后连续施工示意图

预制大梁时,连续一端的梁端不进行封端处理,将顶板、腹板、底板普通钢筋外伸,梁架设前一次性将两排永久性支座安放牢固,梁架设就位后在梁端底部和两边梁外侧安放模板,中间以端模梁为模,将两梁端外留钢筋焊接相连,注意使搭接长度和位置满足规范要求,然后现浇与梁体相同强度等级的混凝土,养生达到要求后即实现体系转化,完成连续化施工。

这种方法不用更换支座,也不在梁顶施加预应力,故简单实用。注意由于连接处墩顶有负弯矩,而又没有施加预应力,必然会产生正常裂缝,为防止桥面水从缝中渗入,锈蚀钢筋,需在梁顶前后各 4m 范围内设置防水层。

3. 桥面连续施工

为了减少桥面伸缩缝数量,保证行车安全平顺,目前简支梁桥均采用桥面连续。桥面连续的道数及联跨长度根据当地气温和桥梁跨径由设计部门计算确定,桥面连续的构造如图 7-6-10 所示。

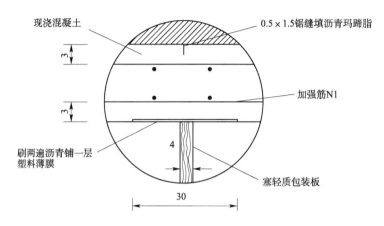

图 7-6-10 桥面连续大样示意图(尺寸单位:cm)

桥面连续与桥面铺装层混凝土同时施工,按交通部有关规定,桥面钢筋网采用 $\phi 12$ 钢筋,间距为 $15cm \times 15cm$,靠顶层布设至混凝土顶面净保护层 1.5cm。桥面连续处为保证梁体伸缩应力能通过连续部位传递,在桥面铺装层顶层部位增加一层纵向连接钢筋,一般选用 $\phi 8$ 钢筋,间距为 5cm,在底层还要增设分布钢筋和连接筋,同样为 $\phi 8$ 钢筋,间距为 5cm。浇筑混凝土之前用轻质包装板将梁端缝隙填塞密实,既能保证上部现浇混凝土不致落下,又能使梁自由伸缩。混凝土强度形成后在连续顶部梁间接缝正中心位置锯以 1.5cm 深的假缝,用沥青马蹄脂填实,保证桥面在温度下降时不产生任意裂缝。

四、装配式混凝土梁(板)桥横向连接施工注意事项

横向连接施工是将单个预制梁(板)连成整体使其共同受力的关键施工工序,施工时必须保证质量,并应注意以下几点:

(1)相邻主梁(或板)间联结处的缺口填充前应清理干净,结头处应湿润。

(2)填充的混凝土和水泥浆应特别注意质量,在寒冷季节,要防止较薄的接缝或小截面联结处填料热量的损失,这时应采取保温和蒸汽养护等措施以保证硬化。在炎热天气,要防止填料干燥太快,黏固不牢,以致开裂。若接缝处很薄(约 5mm 左右),可灌入纯水泥浆。

(3)横向连接处有预应力筋穿过时,结头施工时应保证现浇混凝土不致压扁或损坏力筋套管。套管内的冲洗应在结头混凝土浇筑后进行。

(4)钢材及其他金属连接件,在预埋或使用前应采取防腐措施,如刷油漆或涂料等。也可用耐腐蚀材料制造预埋连接件。焊接时,应检查所用钢筋的可焊性,并应由熟练焊工施焊。

学习情境七:桥面系及附属工程施工 工作任务六:梁间铰接缝施工	班级			
	姓名		学号	
	日期		评分	

一、任务内容
分组讨论梁间铰接缝的构造和施工的方法。

二、基本知识
1. 简支板和简支梁的梁间铰接缝的措施:
_____。

2. 梁间湿接缝的施工技术要点:
_____。

3. 梁间先简支后连续的施工要点:
_____。

4. 桥面连续的施工措施:
_____。

三、任务实施
梁间先简支后连续是梁间铰接的一种,分组掌握构造和施工方法。
1. 试述梁间先简支后连续的构造?

2. 试述梁间先简支后连续的施工步骤?

四、任务小结
通过此工作任务的实施,各小组集中完成下述工作。
1. 你认为本次实训是否达到预期目的? 还有什么意见和建议?

2. 梁间铰接的形式还有哪些,如何施工?

学习情境八 其他体系桥梁施工

情境概述

一、职业能力分析

1. 学习能力

(1)初步认知其他体系桥梁的构造和施工设计图,并准备施工主要材料。
(2)通过本任务的学习应掌握知识要点。
(3)分析施工实际情况,合理选择其他体系桥梁的施工方法。
(4)根据公路桥梁施工技术规范,编制其他体系桥梁主要施工流程。

2. 职业技能

(1)熟悉其他体系桥梁施工设计图,准备施工主要材料。
(2)熟悉施工方法,编制其他体系桥梁施工要点。

二、学习情境描述

施工小组在接到斜拉桥或悬索桥施工任务后,小组分析施工任务,合理选择施工方法,各成员根据拟定的方法编写总体方案和施工技术要点,提交成果,小组讨论其可行性,教师参与小组讨论并进行评定,各成员完善施工方案,提交实施成果报告。

三、教学环境要求

学习情境要求在理实一体化的专业教室和专业实训室完成。要求配备相关斜拉桥和悬索桥的构造模型、施工设计图、施工案例和施工技术规范,可以用于资料查询的计算机、任务工单、多媒体教学设备、课件和视频教学资料等。

工作任务一 斜拉桥施工

任务概述

1. 应知应会

(1)熟悉斜拉桥的分类和构造,初步看懂斜拉桥的施工设计图。
(2)应会斜拉桥的施工材料准备,能进行斜拉桥的施工控制测量。
(3)初步掌握斜拉桥的施工流程和技术要点。
(4)能参与斜拉桥的施工与检验。

2.学习要求

(1)研读校本教材。

(2)学习相关施工案例,并结合桥梁施工技术规范,完成斜拉桥的相关作业。

(3)注重理论联系实际。

相关知识

一、概述

斜拉桥是由上部结构的斜拉索、桥塔和主梁组成的组合体系桥梁,如图8-1-1所示。斜拉桥又称斜张桥,是将主梁用许多拉索直接拉在桥塔上的一种桥梁,是由承压的塔、受拉的索和承弯的梁体组合起来的一种结构体系。斜拉桥可看作是拉索代替支墩的多跨弹性支承连续梁,可使梁体内弯矩减小,降低建筑高度,减轻结构重量,节省材料。斜拉桥作为一种拉索体系,比梁式桥的跨越能力更大,是大跨度桥梁的最主要桥型。

图8-1-1 斜拉桥组成

世界上建成的著名斜拉桥有:俄罗斯岛大桥(主跨1 104m),苏通长江大桥(主跨1 088m),以及1999年日本建成的世界最大跨度的多多罗大桥(主跨890m)。我国至今已建成各种类型的斜拉桥100多座,其中有50余座跨径大于200m。开创了我国修建400m以上大跨度斜拉桥的先河。我国已成为拥有斜拉桥最多的国家,在世界十大著名斜拉桥排名榜上,中国有8座,尤其是苏通长江大桥主跨为1 088m,为世界斜拉桥第二跨。

目前我国斜拉桥的设计与施工都跨入了世界先进行列。主要取得了如下成就:

(1)斜拉桥防护技术不断完善,制索工艺逐步实现专业化和工厂化。

(2)斜拉桥主梁的施工工艺逐步成熟,主要包括悬臂拼装、悬臂浇筑、支架现浇、顶推等。

(3)塔柱锚固区采用箱形断面,既增加了索塔刚度,又克服了交叉锚固的缺点。

(4)研制成功大吨位张拉、牵引设备、提供必要手段。

(5)高强度低松弛钢绞线在斜拉索中的应用。

(6)施工过程控制。

(7)拉索可在运营条件下进行调索和更换。

二、斜拉桥的类型与布置

1.斜拉桥的分类

1)按组成材料分

(1)钢斜拉桥。钢斜拉桥的主梁及桥面系均为钢结构。其主要优点是跨越能力大,构建可以在工厂预制,质量可靠、施工速度快。缺点是价格高、后期养护工作量大及抗风稳定性差。

(2)钢—混凝土结合梁斜拉桥。钢—混凝土结合梁斜拉桥的主梁为钢结构,桥面系为混凝土结构,主梁与桥面系结合在一起共同受力。除具有与钢主梁相同的优点以外,还能节省钢材用量,且刚度及抗风稳定性均优于钢主梁斜拉桥。

2) 按索塔布置形式

按索塔布置形式可将斜拉桥分为双塔斜拉桥、独塔斜拉桥和多塔斜拉桥,如图 8-1-2 所示。

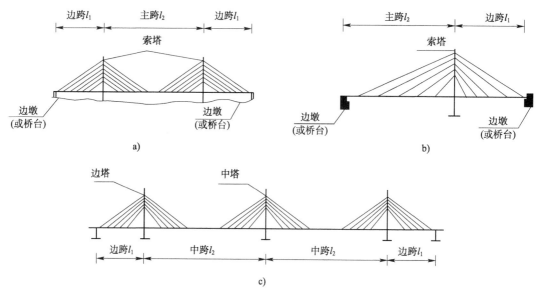

图 8-1-2　索塔布置形式

3) 按结构体系

斜拉桥根据斜索、塔柱、主梁和桥墩的不同结合方式分为 4 种不同的结构体系(图 8-1-3),即悬浮体系,支承体系,塔梁固结体系和刚构体系。

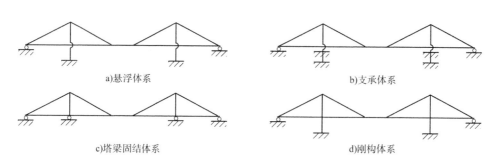

图 8-1-3　斜拉桥结构体系

(1) 塔墩固结、塔梁分离——悬浮体系。如图 8-1-3a) 所示,主梁除两端有支承外,其余部件由拉索作为支承。成为在纵向可稍作浮动的一根具有多点弹性支承的单跨梁。地震烈度较高地区应优先考虑选择这种体系。

(2) 塔墩固结、塔梁分离,在塔墩处主梁下设置竖向支承——支承体系。如图 8-1-3b) 图所示,支承体系的主梁成为在跨内形成具有多点弹性支承的连续梁或悬臂梁。主梁在塔墩上设有支点,接近于在跨度内具有弹性支承的三跨连续梁。与漂浮体系相比,无论从经济上还是从美观上都优于漂浮体系。

(3) 塔梁固结、塔墩分离——塔梁固结体系。如图 8-1-3c) 图所示,塔梁固结并支承在桥墩上,这时主梁相当于梁顶面用斜索加强的一根连续梁。主梁与塔柱内的内力以及梁的挠度,直接同主梁与塔柱的弯曲刚度比值有关。这种体系常用于小跨径的斜拉桥。

(4)主梁、索塔、桥墩三者互为固结——刚构体系。如图 8-1-3d)图所示,主梁、塔墩相互固结,主梁形成了在跨度内具有弹性支承的刚构。这种体系在固结处附近区段内主梁的截面必须加大。

2. 斜拉索的布置

1)斜拉索的索面布置

斜拉索的常见索面布置有单索面、平行索面和双索面三种,如图 8-1-4 所示。

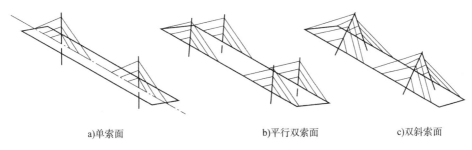

a)单索面　　　b)平行双索面　　　c)双斜索面

图 8-1-4　斜拉索的索面布置

2)斜拉索的索面

斜拉索是斜拉桥的主要承重构件之一。拉索的纵向索面分为辐射式、竖琴式及扇式三种,如图 8-1-5 所示。

a)辐射式　　　b)竖琴式　　　c)扇式

图 8-1-5　斜拉索的索面形式

(1)辐射式。斜索倾角大,发挥效力好,钢索用量省。不足的是塔柱受力不利,塔顶因斜索集中而使锚固困难。此外,斜索倾角不一。也使锚具垫座的制作与安装稍趋复杂。

(2)竖琴式。斜索与塔柱的连接点分散,斜索倾角相同,连接构造易于处理,塔柱受力有利。缺点是斜索的倾角较小,工作效率差,索的总拉力大,钢索用量较多。

(3)扇式。其特点介于辐射式与竖琴式之间,能兼有上述两式的大部分优点。近年来一些大跨径斜拉桥多采用这种形式。

斜拉索在立面布置形式,除上述三种基本形式外,还有星式,叉形及混合形的布置。

3. 桥塔的布置

桥塔主要承受轴力,除柱底铰支的辐射式斜索布置外,也要承受弯矩。此外,温度变化、混凝土徐变与收缩等还会增加柱内弯矩。

1)顺桥向

桥塔在顺桥向的形式有独柱形、A 形和倒 Y 形三种,如图 8-1-6所示。独柱形的塔柱构造简洁、外形轻盈美观、施工方便,是常用的塔形。A 形和倒 Y 形在顺桥向塔柱的刚度大,有利于抵抗索塔两侧拉索的不平衡拉力,能承受较大的顺桥向弯矩,并

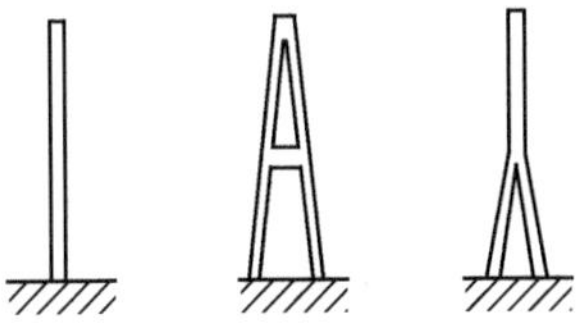

a)独柱形　b)A形　c)倒Y形

图 8-1-6　索塔顺桥向结构形式

有更好的抗震能力,但由于施工较复杂,这类索塔采用不多。

2)横桥向

塔柱又在横桥向有独柱式、双柱式、门式、斜腿门式、倒 V 式、宝石式和倒 Y 式等多种形式,如下图 8-1-7 所示。其中独柱式、倒 V 式、宝石式和倒 Y 式可用于单面索,其他形式一般用于双面索。

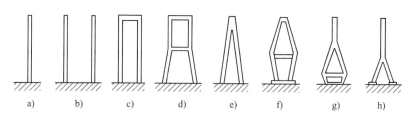

图 8-1-7　索塔横桥向结构形式

三、斜拉桥的构造

1. 主梁

主梁直接承受车辆荷载,是斜拉桥的主要承重结构之一。主梁截面形式应根据跨径、索距、桥宽等不同需要,综合考虑结构的力学要求、抗风稳定性、施工方法等选用。常用的截面形式有以下几种。

1)混凝土梁

混凝土梁的截面形式很多,但常用的截面形式有图 8-1-8 所示的几种。

(1)实体双主梁截面。如图 8-1-8a)所示为实体双主梁截面,适用于双索面体系的混凝土主梁截面。两个分离的主梁之间由混凝土桥面板及横梁连接,拉索可直接锚固在主梁中心处。这种梁构造简单,施工方便快捷,是近年来采用较多的一种主梁截面形式,其缺点是抗扭刚度较小。

(2)分离的双箱截面。如图 8-1-8b)所示为分离的双箱截面形式,其边箱为三角形,两箱之间为整体桥面板,横截面外侧做成风嘴状以减少迎风阻力,端部加厚以锚固拉索。这种截面易于满足抗弯和抗扭的要求,而且具有良好的抗风动力性能,因而特别适合于密索宽桥。

(3)整体箱形截面。如图 8-1-8c)所示为整体箱形截面,具有较大的抗弯与抗扭刚度,广泛用于单索面斜拉桥。

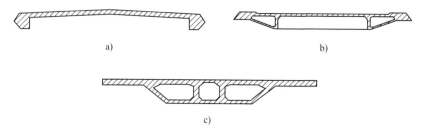

图 8-1-8　混凝土主梁常用横截面

2)钢梁

钢梁一般用在跨度大于 500m 的斜拉桥上,其价格昂贵,后期养护工作量大,抗风稳定性差;但跨越能力大,施工速度快,质量可靠。常用的钢主梁截面如图 8-1-9 所示。

图8-1-9a)所示边主梁为I形,图8-1-9b)所示边主梁为箱形,图8-1-9c)所示为扁平钢箱形,这种截面近于流线型,有很好的空气动力性能。

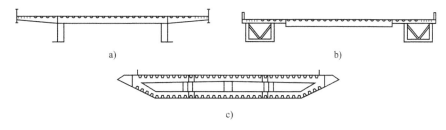

图8-1-9 钢主梁常用横截面

3)结合梁和混合梁

(1)结合梁。结合梁(又称叠合梁)即在钢主梁上用预制或现浇混凝土桥面板代替钢桥面板,二者的共同作用是用焊接于钢梁顶面深入混凝土板中的剪力键来保证的。它除具有与钢主梁相同的优缺点外,还能节约钢材用量且其刚度及抗风稳定性均优于钢主梁。结合梁一般采用钢双主梁,其断面形式常采用实腹开口I字形、箱形等。结合梁的横截面如图8-1-10所示。

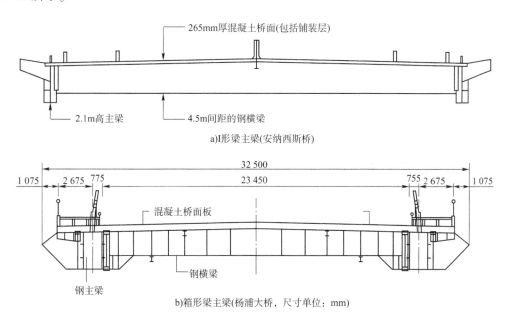

图8-1-10 结合梁的横截面

(2)混合梁。混合梁斜拉桥是指主梁部分用混凝土,部分用钢梁。钢梁与混凝土梁的连接点一般设在索塔附近,可以在边跨侧,也可以在主跨侧。斜拉桥边跨采用混凝土梁的构思,取其梁的自重大,有利于边跨发挥其锚固跨的作用。混合梁的横截面如图8-1-11所示。

2. 斜拉索

斜拉索是斜拉桥的主要受力构件,也是影响斜拉桥景观最主要的因素之一,其造价常常占全桥造价的1/4~1/3。因此斜拉索在用材、形式、防腐、架设、张拉和锚固等施工工艺方面都应该慎重。尤其是在腐蚀性环境中更要选择好拉索的结构和防腐形式。

1)斜拉索的构造

斜拉索包括斜拉索、锚固段和过渡段,如图8-1-12所示。斜拉索受拉力,设置在两端的锚具用来传递力,过渡段设在塔和梁的内部,用于密封穿过梁和塔体内的斜拉索,且不与混凝土接触,其中减振器对斜拉索起减振作用。过渡段的作用是在塔、梁体内预留空洞,以便能进行穿索、张拉,将钢丝或钢绞线扩散,穿入锚具孔,减少索尤其是索端的振动。

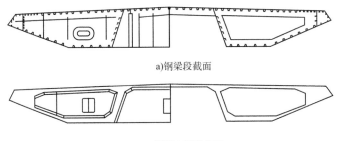

a)钢梁段截面

b)混凝土梁段截面

图 8-1-11　混合梁的横截面

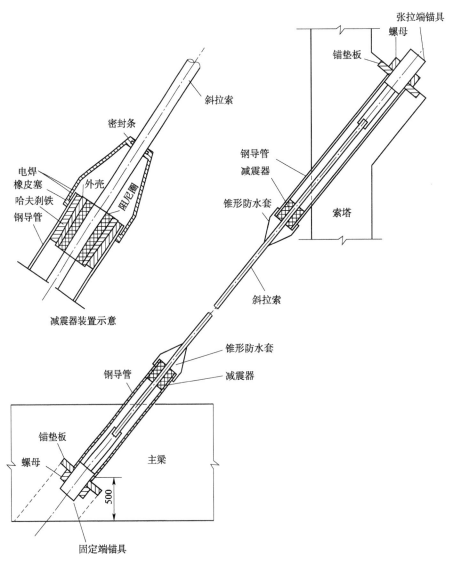

图 8-1-12　斜拉索构造(尺寸单位:mm)

斜拉索由高强度的粗钢筋、钢丝或钢绞线制作,如图 8-1-13 所示。目前国内外用得最多的是由高强钢丝制成的钢丝索和钢绞线。

a)平行钢筋索　　b)平行钢丝索　　c)钢绞线索　　d)单股钢绞缆　　e)封闭式钢缆

图 8-1-13　斜拉索的种类

(1)平行钢丝索股(简称 PWS)。将 $3n(n+1)$ 根平行的镀锌钢丝顺直无扭转动地捆扎成股,截面呈六边形。一根 PWS 截面如图 8-1-14 所示,大型的 PWS 可以直接单独用作斜拉索,但大多数情况下是每根拉索由多股 PWS 组成。平行钢丝股索由于钢丝未经旋钮,抗拉强度和弹性模量均无损减,与单根镀锌钢丝相同,抗疲劳性能也较好。缺点是斜拉索刚度较大,不易弯曲,运输与架设困难,易引起弯曲次应力。

钢丝根数	7	19	37	61	91	127
截面形状						

图 8-1-14　单根平行钢丝索股的截面形状

①平行钢丝索:将若干根预应力钢丝平行并拢、扎紧,整体穿入聚乙烯套管内,并在张拉结束后压注水泥砂浆防护,就成为平行钢丝索。平行钢丝索截面呈六边形,此时钢丝根数为 $3n(n+1)$,或者选定所需的钢丝数后直接捆扎成索,因此截面内的钢丝根数可以自由地选定,平行钢丝索截面如图 8-1-15 所示。平行钢丝索的各项物理特性与平行钢丝股索基本一致,这种索宜于现场制作。

②半平行钢丝索:将若干根预应力钢丝平行并拢,且同心同向作轻度扭绞,扭绞角度为 2°~4°,再用包带扎紧,最外层直接挤裹聚乙烯索套防护,就成为半平行钢丝索,也称为新型 PWS、螺旋形 PWC,或称为半平行钢丝索股。这种索挠曲性能好,可以自由地缠绕在卷筒上进行长途运输,宜在工厂中机械化制作。

(2)平行钢绞线索(简称 PSC)。用钢绞线制备斜拉索又分为两种方式:平行钢绞线索和半平行钢绞线索。

平行钢绞线索如图 8-1-16 所示,是用工厂生产的 7 丝钢绞线按平行钢丝束的排列方法布置成等边六角形截面,即为平行钢绞线索(简称 PSC)。这种索可在工地一根根穿束,一根根张拉,这对之后的换索维修带来极大的好处。特别是一些长大索,其整束索上盘、运输、就位、张拉、锚固都是比较困难的。

图 8-1-15　平行钢丝索截面　　图 8-1-16　平行钢绞线截面

半平行钢绞线索构造和制作方法与平行钢绞线相同,只是在索中钢绞线集中排列后再轻度扭绞而成,斜拉索中钢绞线的扭绞方向应与单根钢绞线中的钢丝扭绞方向相反。半平行钢绞线索均在工厂制作好后运往工地,它可以配装冷铸锚。

钢绞线索的弹性模量较小,而且在受力时截面紧缩,非弹性变形大,用于对斜拉索变形较为敏感的斜拉桥是不利的。因此,在斜拉索使用前通常要进行预张拉,其张拉力一般不超过破断力的55%。

2) 斜拉索的防护

斜拉索的防护首先是进行防锈处理。一般防锈处理方法是:采用镀锌钢丝或钢绞线,在平行钢丝索或钢绞线外涂油脂或石蜡等防锈脂,外包加有炭黑 PE 护套,形成二至三道防锈蚀措施。对平行钢丝索在外包 PE 护套前,还要用包带缠紧。对平行钢绞线索,钢绞线作逐根防锈处理,在工厂加工。最后对钢索还可外涂有色漆(树脂类)或外套 PE 管,形成一道防锈蚀措施,并形成美丽外观。套管按一定长度分两半制作,利用榫头合成圆筒,将套管纵、横向接缝进行热焊接成全长,圆筒套管内间隔设有定形的半支垫。外套圆筒除防止钢索意外伤害外,同时有利于改善拉索的气动外形。

斜拉索的另一防护关键在于锚头,要求锚头密封和卸水。图 8-1-17 所示为几种锚头的防腐措施。

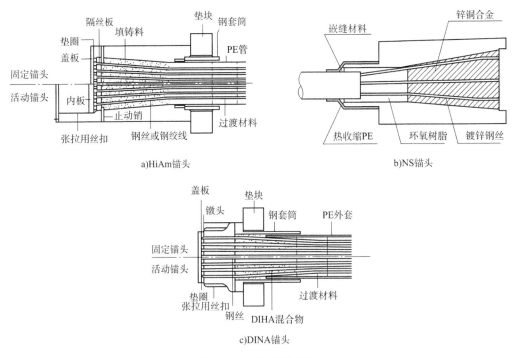

图 8-1-17 锚头防腐措施

3. 塔柱

梁的自重和活载主要通过斜拉索经由塔柱传给大地。塔柱的组成和受力如图 8-1-18 所示。

塔柱主要由基础、承台、下塔柱、横梁、上塔柱及塔顶拉索锚固区组成,塔柱主要承受轴向压力,斜拉索的不平衡水平分力使其发生沿桥梁轴向的弯曲,风力等使其发生横向弯曲。因此,塔柱为压弯构件。

塔柱的顺桥向和横桥向布置在前面已有介绍,这里不再赘述。下面介绍塔柱上的横截面形式。

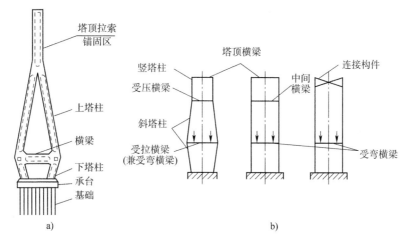

图 8-1-18 塔柱的组成和受力

塔的截面形式有矩形截面和非矩形截面,如图 8-1-19 和图 8-1-20 所示。

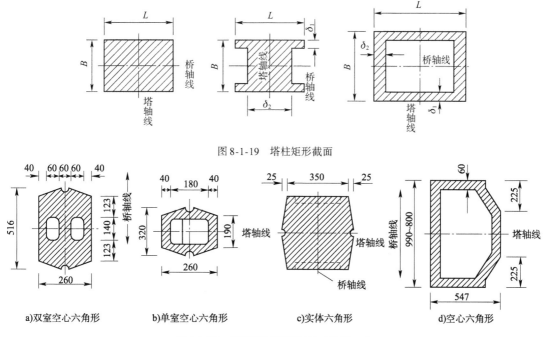

图 8-1-19 塔柱矩形截面

a)双室空心六角形　　b)单室空心六角形　　c)实体六角形　　d)空心六角形

图 8-1-20 塔柱非矩形截面(尺寸单位:cm)

任务实施

一般来说,斜拉桥施工可采用梁桥和拱桥的任一施工方法,如支架上施工、悬臂浇筑、悬臂拼装、顶推法、转体等。选择施工方法时要综合考虑桥跨结构的特点、桥址环境和场地、施工设备和能力等诸多因素。只有索的施工,包括索的制造、架设和张拉具有其特殊性。但是斜拉桥作为一个整体,它的塔、梁、索的施工必须互相配合,服从工程设计意图。

根据斜拉桥的结构特点,大跨径斜拉桥基本上都采用悬臂施工,如图 8-1-21 所示。它可以在支架上建造边跨、然后中跨采用双悬臂(从两个桥墩处各伸出一个悬臂)施工的单悬臂法;也可以采用堆成平衡施工的双悬臂法。悬臂施工法的工序可以大致分为:修建塔柱、在塔柱上现浇 0 号块节段(墩顶上的梁段)并将之临时固结;在 0 号块节段上安装吊机(悬拼法)或挂蓝(悬浇法);吊装主梁节段(悬拼法)或在挂篮上现浇混凝土主梁节段(悬浇法);安装并张拉斜拉索;两者交替进行,直至合龙。在施工过程中,斜拉索的索力和主梁线形需要根据设计要求和实测线形以及索力和主梁应力随时进行调整,且一般需要在全桥合龙后进行最终调整。

图 8-1-21　斜拉桥悬臂施工法

一、主塔施工

1. 钢主塔施工

钢主塔施工,分工厂分节段制作和现场架设安装两大工序。

钢主塔的工厂焊接加工,事先进行多段立体试拼合格后方可出厂。塔柱在现场安装,常常采用现场焊接接头、高强度螺栓连接、焊接和螺栓混合连接的方式。经过工厂加工制造和立体试拼装的钢塔,在正式安装时应以测量控制,并及时用钢板或对螺栓孔进行调整轴线和方位,防止施工误差、受力误差、安装误差、温度误差、测量误差的积累。

2. 混凝土主塔的施工

混凝土斜拉桥可先施工墩、塔,然后施工主梁和安装拉索,也可索塔、拉索、主梁三者同时并进。

混凝土塔柱的施工方法有滑模法、爬模法、翻转模板法、提升支架法、普通支架法,如图 8-1-22 所示。

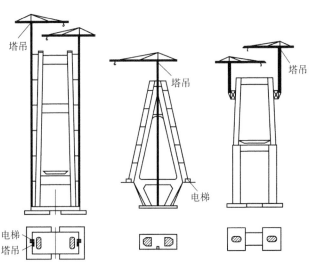

图 8-1-22　主塔施工示意图

混凝土主塔施工工艺顺序如图8-1-23所示。

1）下塔柱、中塔柱、上塔柱的施工

混凝土下塔柱、中塔柱、上塔柱一般可采用支架法、滑模法、爬模法施工。

如图8-1-24所示，在塔柱内和塔壁中间常常设有劲性骨架，劲性骨架在现场施工，现场分段超前拼接，精确定位。劲性骨架安装定位后，可供测量放样、立模支撑拉索钢套管定位用，也可供施工受力用。劲性骨架在倾斜塔柱中，其功能作用很大，应结合构件受力需要而设置。当塔柱为倾斜的内倾或外倾布置时，应考虑每隔一定的高度设置受压支架（塔柱内倾）或受拉拉条（塔柱外倾）来保证斜塔柱的受力、变形和稳定性。塔柱的混凝土浇筑可采用提升法输送混凝土，有条件时应考虑商品泵送混凝土工艺。

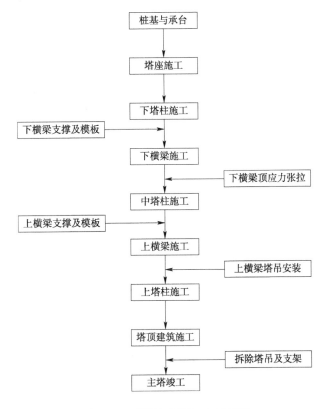

图8-1-23 混凝土主塔施工工艺顺序

图8-1-24 混凝土塔柱施工

2)下横梁、上横梁的施工

在高空中进行大跨度、大断面现浇高强度等级预应力混凝土横梁,其难度很大。施工时要考虑到模板支撑系统和防止支撑系统的连接间隙变形、弹性变形、支承不均匀沉降变形,混凝土梁、柱与钢支撑不同的线膨胀系数影响,日照温差对混凝土钢的不同时间差效应等产生的不均匀变形的影响,以及相应的变形调节措施。每次浇筑混凝土的供应量应保证在混凝土初凝前完成浇筑,并且采取有效措施,防止在早期养护期间及每次浇筑过程中由于支架的变形影响而造成混凝土梁开裂。混凝土下横梁施工如图8-1-25 所示。

图 8-1-25 混凝土下横梁施工

3)主塔混凝土施工

主塔混凝土常用的施工工艺采取现场搅拌、吊斗提送的方法。当主塔高度较高时,用吊斗提送的混凝土,供应速度难以满足设计及施工的要求,有条件时,应采用商品泵送大流动度混凝土。为了改善混凝土可泵性能并达到较高的弹性模量和较小的混凝土收缩、徐变性能,应采用高密度集料、低水灰比、低水泥用量、适量掺加粉煤灰和泵送外加剂,以便满足缓凝、早强、高强的混凝土泵送要求。

二、斜拉索的施工

斜拉桥成型拉索的施工工艺,主要分为挂索、穿索、拉索等部分。而这些施工工艺的完成,除必要的起重吊机设备之外,大部分都依靠主塔内的设施来实现。

斜拉索施工安装应具备以下的基本设备:直提升成品拉索盘;水平运输设备系统;卷扬机挂索系统;塔外活动提升平台系统;塔内提升系统;千斤顶及高压油泵车;桥面起吊系统;塔吊等。

1. 挂索

挂索就是将拉索架设到索塔锚固点和主梁锚固点之间的位置上。由于斜拉桥的结构特性,挂索总是从短索进行到长索。

1)短索挂索

短索的索重不超过 6t。可用塔吊直接放盘,并将拉索张拉端先与在主塔张拉千斤顶的牵引钢绞线连接,再在桥面吊机的配合下,将拉索锚固端安装到主梁内完成挂索。

2)中索挂索

中索挂索可用在主塔内的卷扬机的滑轮组进行牵引,并与主塔内的拉索张拉千斤顶牵引钢绞线连接,完成挂索。

3)长索挂索

长索挂索要注意可能发生钢丝绳旋转、扭曲的现象。长索挂索仍采用与主塔内拉索张拉千斤顶牵引钢绞线连接的方法来完成挂索。由于长索对牵引力要求高,必须经过计算挂索设备满足要求后方可施工。

2. 穿索

斜拉索穿索的牵引,采取刚性张拉杆张拉,以钢绞线柔性连接及牵引的特点,根据"VSL"锚具体系的原理,在锚头探杆与千斤顶钢绞线连接后,收紧钢绞线,当其牵引完成后,拆除钢绞线,安装千斤顶,牵引锚头,直至永久螺母旋转到位锚固。在斜拉索施工中,对于每根索其永久螺母带上的牵引力是不同的,长索牵引力很大,而钢绞线牵引力有限。因此,在牵引穿索的过程中,应尽可能使钢绞线的牵引力减少,而将牵引力大的穿索阶段由千斤顶的探杆来承受。在拉运锚具牵引并进入拉索钢套管及拉出拉索套管时,均应将千斤顶严格对中,并由导向装置来调整拉索的不同角度入道,防止拉索锚具碰、撞、损伤、影响施工。

3. 拉索的张拉

拉索的张拉是拉索完成挂索施工后导入一定的拉力,使拉索开始受拉而参与工作。通过对拉索的张拉,可以对索力及桥面高程进行控制。所以拉索的张拉工艺、索力及高程的施工控制,是斜拉桥施工的关键所在,应按设计指令进行施工,由施工单位配合执行指令,并将施工控制的实际结果快速反馈给设计单位,以便及时调整,指导下一步骤施工。

拉索的张拉,一般应考虑对于主塔两侧平衡、对称、同步张拉,或相差一个数量吨位差以利施工控制和减小主塔内力。必要时也可考虑单边张拉,但必须经过仔细的计算。由于不同的斜拉桥,梁体的重量、构造各异,拉索锚具、千斤顶的引伸量也不同,故应能适应设计的指令要求,特别是长索的非线性影响,大伸长量及相应的各种因素影响,设计与施工都应予以充分的考虑,并采取有效的技术措施。

拉索的张拉方法如图 8-1-26 所示,有以下两种。

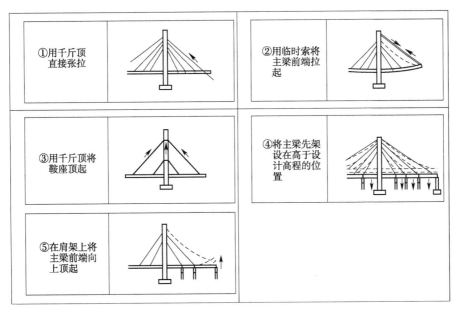

图 8-1-26 拉索张拉方法

1) 用千斤顶直接张拉

用千斤顶直接张拉即在拉索的主梁端或者索塔端的锚固点处,安装千斤顶直接张拉。这种方法较简单直接,是普遍采用的方法,但需要在索塔内或主梁上有足够的千斤顶张拉空间。

2) 用临时钢索将主梁前端拉起

依靠主梁伸出前端的临时钢索,将主梁吊起,然后锚固拉索,在放松临时钢索使拉索中产生拉力。用此法张拉拉索虽然不需要大规模的机具设备,但由于只靠临时钢索,有时不能满足主梁前端所需的上位移量,最后还需要其他方法补充拉索索力,所以此法较少采用。

我国一般都采用液压千斤顶直接张拉拉索的施工工艺。为了施工中准确控制、调整索力,必须掌握测定索力的方法。由于测量数据会有一定的误差,要求反复多次测定。测定索力的方法很多,主要有千斤顶油压表法、测力传感器法和频率振动法(图 8-1-27)。

三、主梁施工

斜拉桥主梁施工方法与梁式桥基本相同,大体上可以分以下四种。

1. 顶推法

图 8-1-27 频率振动法

顶推法的特点施工时需在跨间设置若干临时支墩,顶推过程中主梁反复承受正、负弯矩。该法较适用于桥下净空较低、修建临时支墩造价不大、支墩不影响桥下交通、抗压和抗拉能力相同、能承受反复弯矩的钢斜拉桥主梁的施工。对混凝土斜拉桥主梁而言,由于拉索水平分力能对主梁提供预应力,如在拉索张拉前顶推主梁,临时支墩间距又超过主梁负担自重弯矩能力时,为满足施工需要,需设置临时预应力束,在经济上不合算。所以,斜拉桥主梁的施工迄今国内尚无用顶推法修建的实例。

2. 平转法

平转法是将上部构造分别在两岸或一岸顺河流方向的矮支架上现浇,并在岸上完成所有的安装工序(落架、张拉、调索)等,然后以墩、塔为圆心,整体旋转到桥位合龙。平转法适用于桥址地形平坦、墩身矮和结构系适合整体转动的中小跨径斜拉桥。我国四川马尔康地区金川桥是一座跨径为 68m + 37m,采用塔、梁、墩固体体系的钢筋混凝土独塔斜拉桥,塔高 25m,中跨为空心箱梁,边跨是实心箱梁,该桥是采用平转法施工的。

3. 支架法

支架法有在支架上现浇、在临时支墩间设托架或劲性骨架现浇、在临时支墩上架设预制梁段等几种施工方法。其优点是施工最简单方便,能确保结构满足设计线形,但又适用于桥下净空低、搭设支架不影响桥下交通的情况。例如我国的天津永和桥是在临时支墩上拼装主梁;昆明市圆通大桥是一座跨径为 70.5m + 70.5m、全宽 24m[2 × 7.5m + 3m(拉索区) + 2 × 3m]的独塔单索面斜拉桥,采用支架法现浇。

4. 悬臂法

如图 8-1-28 所示,悬臂施工法分为悬臂拼装法和悬臂浇筑法两种。

悬臂拼装法,如图 8-1-28a)所示,一般是先在塔柱区现浇一段放置起吊设备的起始梁段,然后用各种起吊设备从塔柱两侧依次对称安装节段,使悬臂不断伸长直至合拢。

悬臂浇筑法,如图 8-1-28b)所示,是从塔柱两侧用挂篮对称逐段就地浇筑混凝土。我国大部分混凝土斜拉桥主梁都采用悬臂浇筑法施工。

a)悬臂浇筑

b)悬臂拼装

图 8-1-28 主梁悬臂施工

综上所述,支架法和悬臂施工法是目前混凝土斜拉桥主梁施工的主要方法,前者适用于城市立交或净高较低的岸跨主梁的施工;后者适用于净高很大的大跨径斜拉桥主梁的施工。

四、中孔合龙

如图8-1-29所示,为保证大格中孔能顺利合龙,根据以往斜拉桥的成功经验,一般选择自然合龙的方法。

自然合龙的方法,需要考虑以下几个方面:

(1)合龙温度的确定。大桥能否在自然状态下顺利合龙,关键是要正确选择合龙温度。该温度的持续时间,应能满足钢梁安装就位及高强螺栓定位所需的时间。

(2)全桥温度变形的控制。由于大桥跨度大,温度变形对中跨合龙段长度的影响相当敏感,因此在整个施工过程中应对温度变形进行监测,特别是对将接近合龙段时的中孔梁段和温度变形更

图8-1-29 中孔合龙

应重点量测,找出温度变形与环境湿度的关系,为确定合龙段钢梁长度提供科学依据。

(3)合龙段钢梁长度的确定。设计合龙段长度原定为5.5m,在实际施工时再予以修正。其实际长度应为合龙湿度下设计长度加减温度变形量。

(4)合龙段的安装。合龙段钢梁的安装是一个抢时间、抢速度的施工过程,必须在有限的时间里完成,因此在合龙前必须做好一切准备工作。钢梁应预先吊装就位,一旦螺孔位置平齐,即打入冲钉,施拧高强螺栓,确保合龙一次成功。

(5)临时固结的解除。中孔梁一旦合龙,必须马上解除临时固结,否则由于温度变化所产生的结构变形和内力,会使结构难以承受,因此在合龙段钢梁高强螺栓施拧完毕后,立即拆除临时固结。

五、施工测试

施工测试是施工控制的重要组成部分。通过测试所获得的斜拉桥在施工各阶段结构内力和变形的第一手资料是施工控制、调整的主要依据,同时它也是监测施工、改进设计、确保结构在施工过程中安全的重要手段。施工测试的内容主要包括如下几个方面:

(1)变形测试。主要观测主梁挠度、主梁轴线偏差和塔柱水平位移的变化情况。通常使用(精密)水准仪、经纬仪、倾角仪等测量仪器。

(2)应力测试。主要测定斜拉索索力、支座反力和主梁、塔柱的应力在施工过程中的变化情况。一般使用千斤顶油压表、荷载传感器或激振法、随机振动法等测定斜拉索的索力,主梁塔柱应力的测试则使用各种应变仪(应变片)或测力计等。

(3)温度测试。主要观测主梁、塔柱和斜拉索的温度(温度场)以及主梁挠度、塔柱位移等随气温和时间变化的规律。斜拉桥的主梁为预制钢梁时,合龙段施工前夕温度测试对于合龙温度的选择和合龙段预制长度的确定具有重要的指导作用。

六、施工质量要求

有关斜拉桥施工的部分质量要求,已于前述各节中有所述及,对于斜拉桥主要组成部分

的索塔、主梁及斜缆索的各部容许偏差,现摘引上海市政工程管理局1993年《市政工程施工及验收技术规程》的有关规定见表8-1-1。

索塔、主梁斜缆索的容许偏差　　　　　　　　表8-1-1

项目	检查内容	容许偏差(m)	检验频率	检验方法
索塔	轴线偏位	10	每一对索距检验纵、横轴线各一次	用经纬仪
	横截面尺寸	±20	每一对索距检验一次	用尺量
	倾斜度	$1.5H$‰且≤40	每一对索距检验一次	用经纬仪
	塔顶高程	±20	塔顶检验	用水准仪
	斜缆索锚固点高程	±10	每根索检验	用水准仪
	斜索顶预埋管轴线偏位	±10	每根索检验	用经纬仪
	梁横截面尺寸	±10	每根横梁检验两点	用尺量
	横梁高程			用水准仪

任务工单

学习情境八:其他体系桥梁施工 工作任务一:斜拉桥施工	班级			
	姓名		学号	
	日期		评分	

一、任务内容
　　分组讨论斜拉桥的构造和施工的方法。
二、基本知识
1.斜拉桥的组成:_____。
2.按索塔布置方式:_____。
3.斜拉桥的体系:_____。
4.拉索。
(1)索面布置:_____。
(2)索面形式:_____。
(3)拉索的构造形式:_____。
(4)制作工艺流程:_____
_____
_____
_____。
(5)张拉方法:_____
_____
_____。
(6)索力测量方法:_____
_____
_____。
5.主塔。
(1)混凝土索塔的组成:_____。
(2)混凝土索塔的施工方法:_____。

（3）施工测量控制内容：_____。
6. 主梁的施工方法：_____。
7. 斜拉桥的施工流程：

_____。

三、任务实施
斜拉桥是其他体系桥梁中的一种，分组讨论其构造和施工方法。

1. 试描述斜拉桥的构造？

2. 斜拉桥采用悬臂施工的流程？

3. 如何进行中孔合龙施工？

4. 斜拉桥施工时，应如何进行施工控制？

四、任务小结
通过此工作任务的实施，各小组集中完成下述工作。
1. 你认为本次实训是否达到预期目的？还有什么意见和建议？

2. 斜拉桥的施工方法还有哪些？

工作任务二　悬索桥施工

1. 应知应会

(1)熟悉悬索桥的分类和构造,初步认识悬索桥的施工设计图。
(2)了解悬索桥的施工方法、施工测量和施工控制。
(3)初步编写悬索桥的施工主要流程。

2. 学习要求

(1)研读教材内容。
(2)学习相关施工案例,结合桥梁施工技术规范,完成悬索桥相关作业。
(3)注重理论联系实际。

一、概述

悬索桥也称吊桥,是指利用主缆和吊索作为加劲主梁的悬挂体系,将桥跨所承受的荷载传递到桥塔、锚碇的桥梁。悬索桥主要由主缆、索塔、锚碇、吊索和加劲梁组成,如图 8-2-1 所示。

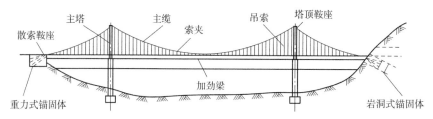

图 8-2-1　悬索桥概貌和组成

悬索桥的主要承重构件是悬索,它主要承受拉力,一般用抗拉强度高的钢材(钢丝、钢缆等)制作。由于悬索桥可以充分利用材料的强度,并具有用料省、自重轻的特点,因此悬索桥在各种体系桥梁中的跨越能力最大,跨径可以达到 1 000 m 以上。1998 年建成的日本明石海峡桥的跨径为 1 991 m,是目前世界上跨径最大的桥梁。

悬索桥具有以下特点:

(1)相对于其他桥梁结构悬索桥可以使用比较少的物质来跨越比较长的距离。悬索桥可以造得比较高,容许船在下面通过,在造桥时没有必要在桥中心建立暂时的桥墩,因此悬索桥可以在比较深的或比较急的水流上建造。

(2)悬索桥比较灵活,因此它适合大风和地震区的需要,比较稳定的桥在这些地区必须更加坚固和沉重。

(3)悬索桥的坚固性不强,在大风情况下交通必须暂时被中断。

(4)悬索桥的塔架对地面施加非常大的力,因此假如地面本身比较软的话,塔架的地基必须非常大和相当昂贵。

(5)悬索桥的悬索锈蚀后不容易更换。

二、悬索桥的分类

1. 按主缆的锚固方式分类

1) 地锚式悬索桥

地锚式悬索桥的主缆锚固于大地,主缆的拉力由重力式锚碇或岩洞式锚碇传递给地基。如图 8-2-2a)所示,地锚式悬索桥要求地基有较大的承载力,建造巨大的重力式锚碇承受主缆拉力;或者在庞大稳固的岩体中开挖岩洞,形成岩洞式锚碇,借用岩体的重量来抵抗主缆的拉力。绝大多数悬索桥,特别是大跨度悬索桥采用的都是地锚式。

a)地锚式　　　　　　　　　　　b)自锚式

图 8-2-2　悬索桥按主缆的锚固形式分类

2) 自锚式悬索桥

自锚式悬索桥的主缆锚固于加劲梁,主缆的拉力由加劲梁来承受,如图 8-2-2b)所示,主缆拉力的水平分力以轴向压力的形式传递到加劲梁,形成预压效果,压力过大决定了悬索桥的跨度不宜过大。自锚式悬索桥对基础要求不高,无须巨大的锚碇,容易适应城市桥梁建设要求;但施工较困难,应先架设加劲梁(主要采用满堂支架法),再架设主缆。

2. 按支承结构分类

如果按加劲梁的支承结构来分,又可将悬索桥分为单跨两铰加劲梁悬索桥、三跨两铰加劲梁悬索桥及三跨连续加劲梁悬索桥等,如图 8-2-3 所示。

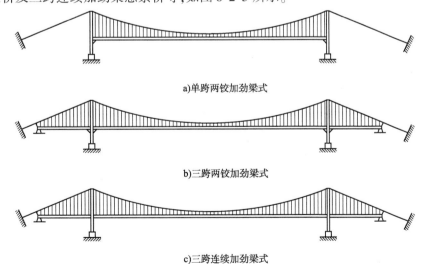

a)单跨两铰加劲梁式

b)三跨两铰加劲梁式

c)三跨连续加劲梁式

图 8-2-3　按支承结构划分的悬索桥形式

三、悬索桥的构造

1. 锚碇

锚碇是主缆锚固装置的总称,锚碇由顶板、混凝土锚块(含钢筋)及撑架、锚杆、鞍座(散索鞍)等组成。主缆由空中成束的形式进入锚碇,要经过一系列转向、展开、锚固的构件。锚块的形式可分为重力式[图8-2-4a)]和隧道式[图8-2-4b)]。

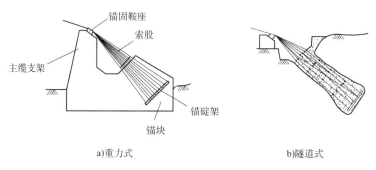

图 8-2-4 锚块的分类

2. 主塔

主塔是支撑主缆的重要构件。塔主要承压,有钢塔和预应力钢筋混凝土塔,钢塔的优点是:施工速度快、质量容易保证、抗震性能好。我国新近建造的几座大跨度悬索桥(汕海湾大桥、虎门大桥、西陵大桥、江阴大桥)全都是采用预应力钢筋混凝土塔。

1)桥梁顺桥向(桥轴方向)的结构形式

从结构力学来分类,悬索桥的桥塔在桥梁顺桥向的结构形式主要有以下三种。

(1)刚性塔。刚性塔是指塔顶水平变位量相对小的桥塔。刚性塔可做成单柱形状,也可做成A字形状。刚性塔一般用于多塔(桥塔数量为3个或3个以上)悬索桥,特别是位于中间的桥塔,通过提高桥塔的纵向刚度来控制其塔顶的纵向变位,从而减少梁内的应力。

(2)柔性塔。柔性塔是指塔顶水平变位量相对于刚性塔而言位移量较大的桥塔。在大跨度三跨(双)跨形式的悬索桥中,桥塔几乎全是柔性的。柔性塔塔柱下端一般做成固结的单柱形式。

(3)摇柱塔。摇柱塔的下端做成铰接的单柱形式。它一般只用于跨度较小的悬索桥。

2)桥梁横桥向的结构形式

悬索桥的桥塔在桥梁横桥向的结构形式一般有以下三种,如图8-2-5所示。

(1)桁架式。如图8-2-5a)所示,在两根塔柱之间,除了有水平的横梁之外,还具有若干组交叉的斜杆,形成桁架式结构。桥塔在横向采用这种形式,无论在塔顶水平变位、用钢量和塔架内力等方面均较为有利。一般只适用于钢桥。

(2)刚构式。如图8-2-5b)所示,刚构式是单层(横梁)或多层(横梁)的门架式,这种形式在外观上明快简洁,既能适应钢桥塔,又能用于混凝土桥塔。

(3)混合式。如图8-2-5d)所示,由以上的刚构式和桁架式可以组合成混合式桥塔。这种形式一般在桥面以上不设交叉杆,以便在景观上保持刚构式的明快简洁,而在桥面以下设置少量交叉杆以改善桥塔的功能和经济性。一般这种形式也只用于钢桥塔。

3. 主缆

如图 8-2-6 所示,主缆是悬索桥的主要承重结构,一般为一条近似于抛物线的曲线。它是通过塔顶鞍座悬挂在主塔上在主塔上锚固于两端锚固体中的柔性承重构件,主缆本身又通过索夹和吊索承受活载和加劲梁(包括桥面)的恒载,除此之外,它还承担一部分横向风荷载并将其传递到塔顶。

悬索桥的主缆在顺桥向的布置形式一般采用两根平行的主缆。

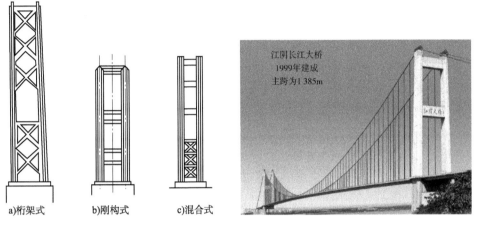

图 8-2-5 塔身横向结构布置图　　　　图 8-2-6 主缆构造

主缆由若干通长的钢丝绳或平行钢丝组成,往往排列成六边形,以便于主缆截面紧缆作业最终被压紧成圆形,然后用缠丝机将软质钢丝(圆形或 S 形)紧密地缠绕在主缆表面,并进行外部涂装防腐,如图 8-2-7 所示。

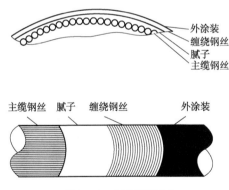

图 8-2-7 主缆截面组成

钢丝束股的组成方法有空中编丝组缆法(Air Spinning)与预制平行钢丝束股法(Prefabricated Parallel Strands)。前者简称 AS 法,后者简称 PS 或者 PWS 法。AS 法是由通过牵引做来回走动的编丝轮,每次将数根钢丝在高空从桥的一端拉向另一端制成。PS 法是在工厂将制成定数 m 根钢丝平行排列成正六边形,捆扎成束,两头浇制锚头,然后上盘,运至工地后,一束一束牵引过江形成主缆。

4. 吊索

吊索是将活载和加劲梁(包括桥面)的恒载通过主缆的构件。它的上端与索夹相连,下端与加劲梁连接。一般情况下边跨和主跨均应布置吊索,但是有时在跨度较小,或者边跨较小的情况下,边跨可以不设吊索,而采用类似于简支梁的承重类型。

1)吊索的材料

钢丝绳索:用于吊索的钢丝绳有两种,一种是绳心式钢丝绳,它是由位于中央的一股钢丝绳作绳心,在其外围再用6股由7丝或9丝或37丝扭绞组成的钢丝束股扭绞而成;一种是股心式钢丝绳,它由7股或19丝钢丝束股扭绞而成,位于中央的一股为股心。两种钢丝绳中的钢丝束股的扭绞方向与钢丝束股中的钢丝的扭转方向均相反。

平行钢丝索:采用平行钢丝索做吊索时,其截面组成一般为几十根到百余根的直径为5～7mm的镀锌钢丝,外加PE套管保护。

2)吊索的布置形式

吊索的立面布置一般有垂直和斜向两种形式,如图8-2-8所示。传统的悬索桥的吊索都是垂直的。斜置索可以提高桥梁的振动阻尼,但构造比较复杂,经济上不占优势,而且疲劳问题没有完全解决,故应用较少。

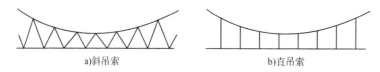

a)斜吊索　　　　　　　b)直吊索

图8-2-8　吊索的布置形式

3)吊索与主缆和加劲梁的连接方式

(1)吊索与主缆的连接。悬索桥吊索与主缆的连接一般可分为骑跨式[图8-2-9a)]和销接式[图8-2-9b)]两种。

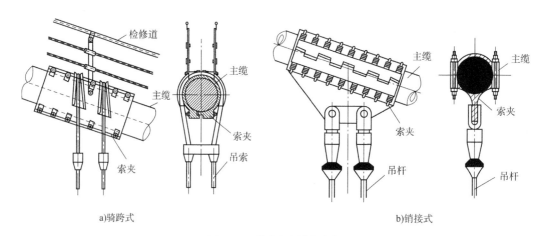

a)骑跨式　　　　　　　　　　b)销接式

图8-2-9　吊索与主缆的连接

①骑跨式:是用钢丝绳吊索通过索夹上预留的槽口吊挂在主缆上,槽口的构造允许吊索在顺桥向有少量的摆幅,以避免由于主梁在活载、温度、风载等作用下产生的纵向位移而引起弯折。

②销接式:是将钢丝绳索或平行钢丝索的上端与索夹下的耳板连接。采用骑跨式时索夹按左右方向分成两半,用高强度螺栓相接,凭螺栓的预拉力使索夹夹紧主缆而不致沿缆下滑,再让吊索骑跨在索夹之外。采用销接式时索夹按上下方向分成两半,连接上下两个半索夹的竖向高强预应力杆位于索夹的左右侧。

（2）吊索与加劲梁的连接。吊索与加劲梁的连接因加劲梁的截面形式不同而异。箱形加劲梁常见的是通过箱梁风嘴上斜腹板处预留的护筒口,将吊索锚头穿过防护套锚于箱梁内。

5. 加劲梁

加劲梁的主要功能是提供桥面和防止桥面发生过大的挠曲变形和扭曲变形。桥面上的活载及加劲梁的恒载通过吊索和索夹传致主缆。加劲梁是悬索桥承受风荷载和其他横向水平力的主要构件。

加劲梁的主要形式有:钢板梁、钢箱梁、钢筋混凝土箱梁等。目前最常用的加劲梁结构主要有桁架梁和扁平箱梁,如图8-2-10所示。

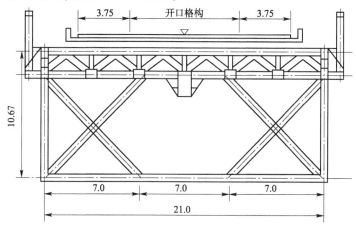

图8-2-10　悬索桥加劲梁(尺寸单位:m)

6. 鞍座

鞍座是塔顶及桥台上直接支承主缆并将主缆的荷载传递至索塔和侨台的装置,鞍座大致可分为主索鞍、散索鞍和副鞍座,主索鞍是布置于塔顶用于支撑主缆的永久性大型构件。其功能是承受主缆的竖向压力,并将主缆的竖向压力均匀地传递到桥塔上,同时也起到使主缆在塔顶处平缓过渡、减少主缆过塔顶时的弯折应力的作用。

当悬索桥边跨较大时,主缆在边跨靠近锚室的坡度平缓,为使主缆能进入锚室内锚固,须设置散索鞍。散索鞍的主要功能是构成主缆的钢丝束在竖直方向和水平方向散开,并引入各个锚固点。

副鞍座也称侧鞍座,设置于支架塔和桥台部分的支架等处,主要是改变主钢缆在竖直面内的方向。

 任务实施

一、悬索桥施工步骤和施工顺序

1. 悬索桥施工步骤

（1）施工塔、锚碇的基础,同时加工制造上部结构施工所需要的构件,为上部结构施工做准备。

（2）施工索塔及锚体,其中包括鞍座、锚碇钢框架安装等施工。

（3）主缆系统安装架设,其中包括牵引系统、锚道的架设、主缆索股预制和架设、紧缆、上索夹、吊索安装等。

(4)加劲梁节段的吊装架设,包括整体化焊接等。

(5)桥面铺装、主缆缠丝防护、伸缩缝安装、桥面构件安装等。

2. 悬索桥施工顺序

如图 8-2-11 所示,为虎门大桥的总施工顺序。

如图 8-2-12 所示,为日本明石大桥上部结构的施工步骤图,其中图 8-2-12a)为导索架设;图 8-2-12b)为猫道承重索架设;图 8-2-12c)为猫道面铺装架设;图 8-2-12d)为主缆钢丝束拽拉系统的安装;图 8-2-12e)为主缆钢丝索拽拉架设及线形调整;图 8-2-12f)索夹、吊索安装;图 8-2-12g)加劲梁吊装;图 8-2-12h)为悬索桥全图。

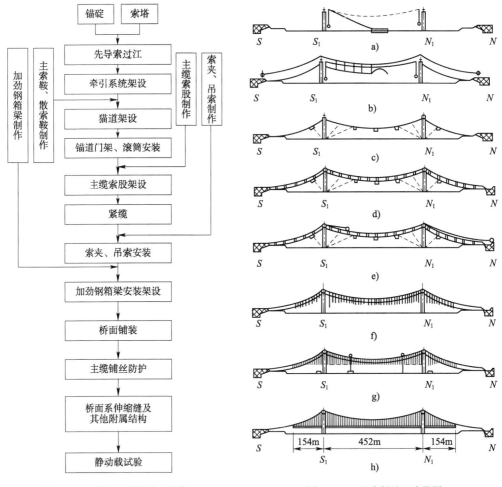

图 8-2-11 虎门大桥的施工顺序　　图 8-2-12 悬索桥施工步骤图

二、锚碇和桥塔的施工

1. 锚碇施工

锚碇是支承主缆的重要结构部分。大跨悬索桥的锚碇由散索鞍墩、锚块、锚块基础、锚室、主缆和锚碇架及锚盖等组成。锚碇一般分为重力式锚碇和隧道式锚碇两大类。

1)重力式锚碇

一般为大体积混凝土浇筑施工,必须注意解决混凝土的水化热及分块浇筑施工的问题。水化热会引起内外温差,导致锚体混凝土开裂。

(1)降低混凝土水化热措施。混凝土水化热来源于水泥遇水后发生的水化反应。水化热越大,混凝土的温升越高,与气温的差值越大,就会导致混凝土温度应力增大,从而产生裂缝,混凝土体内温度受混凝土入仓温度和水泥水化热温升决定,降低混凝土温升主要有以下措施。

①选用低水化热品种的水泥。一般来说矿渣水泥火山灰水泥、粉煤灰水泥等具有较低水化热特性,宜尽量采用,对普通硅酸盐水泥应进过水化热试验比较后选用。

②降低配合比中水泥用量。使用外加剂掺料可以减少水泥的用量,缓凝型的还可以延缓水化热峰值产生的时间,有利于减小混凝土的最高温升。此外,可以使用粉煤灰作为外掺料,粉煤灰可以代替部分水泥,而且掺加粉煤灰的后期强度仍有较大的增长,可以将设计龄期强度延长到60d,将水泥用量减少到一个较低的水平。粉煤灰的用量一般为15%~20%,对高掺量粉煤灰的混凝土应经过试验确定。

③降低混凝土的入仓温度。对于砂、石料应防止日光直照引起温度升高,可采用搭遮棚和淋水降温的方法,不能使用刚出厂的高温水泥。

④采用冷却水作为混凝土的拌和用水,直接对混凝土降温。

⑤在混凝土内设置冷却管,在混凝土浇筑并终凝后,开始通水冷却散热,采用冷却管控制混凝土体内温度,要按设计流量和密度布设好冷却管,混凝土最大水化热温升的要求为C25混凝土不超过28℃,C40混凝土不超过35℃;混凝土内外温差不超过25℃;相邻温差不超过25℃,混凝土最大降温速率不超过1.5℃/d。

(2)锚块分块施工。锚块要分块,各块之间采用湿接缝或后浇段相连。为了在所留槽缝内立模和预埋钢筋接头焊接作业,所留槽缝宽度为1.0~2.0m。各块分别浇筑施工,分别冷却至稳定温度,再将预留缝隙中的钢筋焊接起来,在湿接缝浇筑微膨胀混凝土。

锚碇大体积混凝土施工时,对混凝土内部最高温度相邻两层及相邻两块之间的温差,设计都有严格的规定。为了能及时掌握混凝土温度变化,宜在混凝土内部埋设温元件,从而掌握温度场变化,正确指导施工。

2)隧道式锚碇

在岩体开挖过程中注意爆破的药量,尽量保护岩石的整体性,使隧道锚坚固可靠。

3)锚碇架的制作和架设安装

锚碇钢构架是主缆的锚固结构。由锚杆、锚梁及锚支架3部分组成。锚支架在施工中起支承锚杆及锚架的重力和定位作用,主缆索股直接与锚杆连接,锚杆分为单为束和双束两种,可采用A_3或16Mn钢板焊接而成,制造时对焊接质量、变形、制造精度都应严格要求和控制。锚碇的安装精度主要应控制锚梁,然后对锚杆安装,调整其轴线顺直和锚固点的高程。

2. 桥塔施工

悬索桥桥塔的施工与斜拉桥有些类似。悬索桥桥塔分为钢桥塔和混凝土桥塔两种形式。

1)钢桥塔施工

钢桥塔施工应依据其规模、类型、施工地点的地形条件并应考虑经济适用性,主要有以下三种方法:浮式吊机施工法、塔式吊机施工法、爬升式吊机施工法。

2) 混凝土桥塔施工

混凝土桥塔常采用的施工方法为:翻模法、滑模法、爬模法和提升支架法等。

三、主缆架设

1. 主缆架设的准备工作

主缆架设前,应先安装索鞍(包括主副索鞍、展束锚固索鞍等),安装塔顶吊机或吊架以及各种牵引设施和配套设备,然后依次进行导索、拽拉索、猫道的架设,为主缆架设做好准备。

2. 导索及牵引索(拽拉索)架设

1) 海底拽拉法

早期的导索架设用的办法是将导索从一岸塔底临时锚固,然后将装有导索索盘的船只驶往彼岸,并随时将导索放入水底,然后封闭航道,用两端塔顶的提升设备将导索提升至塔顶,置入导轮组中,并引至两端锚碇后,再将到所得一端引入卷扬机筒上,另一端与拽拉索相连,接着开动卷扬机,通过导索将拽拉索引过河。

2) 浮子法

具体办法为,将导索每隔一定距离装一浮子,在将导索拽拉过河时,其不会沉入水底,其他方面与"海底拽拉法"无大差别。

3) 空中渡海法

当水流较急时,一般采用"空中渡海法",如图 8-2-13 所示,即在一端锚碇附近连续松放导索,经塔顶后固定于拽拉船上,随着拽拉船前行,导索相应放松,因此一般不会使导索落入水中,导索至另一岸索塔处时,往往从另一端锚碇附近将牵引索引出,并吊上索塔后沿另一侧放下,再与拽拉船上的导索头相连接,即可开动卷扬机,收紧导索,从而带动牵引索过河。

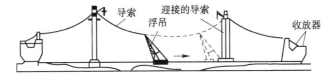

图 8-2-13 空中渡海法示意图

4) 直升机牵引法

明石海峡大桥采用直升机空中牵引导索的方法获得成功。

3. 猫道架设

猫道是指位于主缆之下(大约 1m)沿着主缆设置,作为主缆架设等作业的脚手架。

如图 8-2-14 所示,猫道是由猫道主索、钢丝面层、扶手绳等组成。为了上、下猫道支间能互相交通,一般在两锚之间设横向天桥,中跨可设三至五道,边跨设一道。在锚道下方一般须设抗风索,在立面上,抗风索呈向上突出的曲线形,其两端则扣在索塔和锚碇的下方。在锚道主索和抗风索之间设若干根竖向细绳,互相绷紧,就形成一空间抗风体系。若抗风索侵入航运净空,需得到航运部门的同意。沿抗风索还须按规定悬挂信号灯,以防船舶将它撞坏。

4. 主缆架设

悬索桥的主缆有钢丝绳钢缆和平行线钢缆。前者一般用于中、小跨度的悬索桥,后者主要用于主跨为 500m 以上的大跨悬索桥。平行线钢根据架设方法分为空中送丝法(AS 法)

图 8-2-14 猫道组成(尺寸单位:cm)

及预制丝股法(PS 法)。

1)空中送丝法(AS 法)

所谓 AS 法,就是先在猫道上将单根钢丝编制成主缆丝股,多束丝股再组成主缆。其施工工艺如下:在桥两岸的塔和锚碇等都已安装就绪后,沿主缆设计位置,在两岸锚碇之间布置一无端牵引绳,亦即将牵引绳的端头连接起来,形成从这一岸到那岸的长绳圈。将送丝轮扣牢在这牵引绳上某处,且将缠满钢丝的卷筒放在一岸的锚碇旁,从卷筒中抽出钢丝头,暂时固定在某靴跟(可编号为 A)处,称这一钢丝头为"死头"。继续将钢丝向外抽,由死头、送丝轮和卷筒将正在输送的丝形成一个钢丝套圈,用动力机驱动牵引绳,于是送丝轮就带着钢丝送向对岸。在钢丝套圈送到对岸时,就用人工将套圈从送丝轮上取下,套到其对应的靴跟(可编号为 A')上。

如图 8-2-15 所示为送丝工艺示意图。随着牵引绳的驱动,送丝轮又被带回这岸,取下套圈套在靴跟 A 上,然后又送向对岸。这样进行上百次,当其套在两岸对应靴跟(例如 A 及 A')上的丝数达到一丝股钢丝的设计数目时,就将钢丝"活头"剪断,并将该"活头"同上述暂时固定的"死头"用钢丝连接器连起来。这样,一根丝股的空中编制就完成了。

空中送丝法扩缆每一丝股内的钢丝根数为 300~600 根,将这种丝股配置成六角形或矩形并挤紧而成为圆形。它的施工必须设置脚手架(猫道)、配备送丝设备,还需有稳定送丝的配套措施。为使主缆各钢丝均匀受力,必须对钢丝长度和丝股长度分别进行调整,还应及时进行紧缆和缠缆。

2)预制丝股法(PS 法)

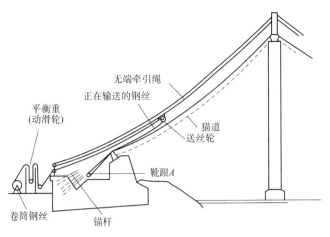

图 8-2-15 送丝工艺示意图

所谓预制丝股法,就是在工厂或桥址旁的预制场事先将钢丝制成平行丝股,然后利用拽拉设施通过猫道拽拉架设。其主要工序为:丝股牵引架设,测调垂度,锚跨拉力调整。牵引方式则有门架支承的拽拉器(图 8-2-16)和轨道小车两种。

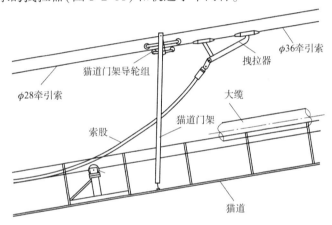

图 8-2-16 门架拽拉器牵引方式

3)锚跨内钢丝束拉力调整

不管是 AS 法,还是 PS 法,在主边跨丝股垂度调整后,都必须调整锚跨内丝股的拉力,具体方法为:用液压千斤顶拉紧丝股,并在锚梁与锚具支承间插入支承垫板,即可通过丝股的伸长导入拉力。实际控制时是采用位移(伸长量)和拉力"双控"。

4)紧揽挤圆

在各丝股调整好垂度并置入索鞍后,即用紧揽机将大揽挤压成圆形。紧揽机一般是用一可开闭的环形刚性钢架内沿径向设置多台千斤顶和辅助设施构成。为使两侧主缆能从两端对称作业,每桥一般配置 4 台紧揽机同时对称紧揽。紧揽一般是从主跨跨中向两侧进行,边挤边用木槌敲打密实,再用钢带或钢丝捆扎,紧揽和捆扎的距离一般为 1m 左右。

5)缠丝

紧揽挤圆之后,在索夹、吊索及加劲梁等大部分恒载都加于主缆之时,即可缠丝。缠丝之前先在主缆表面涂铅丹膏,然后用缠丝机缠丝,并随时刮去挤出表面的铅丹膏。缠丝后在大揽表面涂漆防护。

虎门大桥每束 127 丝,每丝直径为 5.2mm,每根主缆 110 束,采用门架式拽拉器牵引索股。在猫道上设置若干个猫道门架安装门架导轮组,牵引索通过这些导轮组,牵引索上的固接拽拉器,通过主(副)牵引卷扬机的收(放)索或放(收)索,使索引索带动拽拉器穿过导轮组作往复运动。索股前端与拽拉器相连,使得索股前端约30m长悬在空中运行,而索股后段则支承在导向滚轮上运行。此方式也可用于空中送丝法。

四、加劲梁架设

加劲梁架设的主要工具是缆载起重机。架设顺序可以从主跨跨中开始,向桥塔方向逐段吊装;也可以从桥塔开始,向主跨跨中及边跨岸边前进。

从桥塔开始吊的优点是施工比较方便,缺点是桥塔两侧的索夹首先夹紧,此时主缆形状与最终几何线形差别最大,因而主缆中的次应力较大。汕头海湾大桥就是采用这种方式,如图8-2-17所示。海湾大桥混凝土加劲箱梁主跨有73段,边跨各24段,首先将预制段从预场纵、横移下海,用铁驳浮运到呼跨主缆下定位,用锚固在主缆索夹上的800kN缆载吊机垂直起吊安装。每安装一梁段之后,吊机向前移6m,锚固到下一对索夹上,做下一梁段的吊装准备。吊装时,采用四点吊装法。

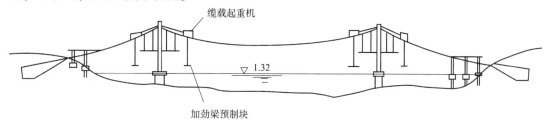

图8-2-17 汕头海湾大桥吊装示意图

当加劲梁的重力逐渐作用到主缆上,主缆将产生较大的位移,改变原来悬链线的形状,所以在吊装过程中中缘一般都顶紧而下缘张开,直至全部吊装完毕下缘才闭合。如果强制使下缘过早闭合,结构或其连接件有可能因强度不够而破坏。合理的做法应该是:在架设的开始阶段,使各梁段在上缘铰接,而使下缘张开。这些上缘铰接的梁段应具备整体以横向抗弯抵抗横向风荷载的能力。待到一部分梁段业已到位,主缆线形也比较接近最终线形时,再将这一部分梁段下缘强制闭合,当然必须通过施工控制确认此时闭合是结构和其连接件都能够承受的。

虎门大桥(边跨无加劲梁)主跨39个梁段,其吊装次序就是先吊跨中段,再从跨中对称向两桥塔前进,直至全桥合龙。

五、施工控制

主缆和加劲梁的架设是悬索桥施工的关键环节。主缆和加劲梁的架设的架设过程中,桥塔和缆上的荷载不断变化着,主缆的线性也随着变化。为使悬索桥建成后其加劲梁和主缆都能达到设计线性,就需要在整个施工中进行严格的监测和控制。大跨度悬索桥按照理论计算值进行施工,在施工测量精度范围内,确保实际线性与设计要求的线性相符合。大跨度悬索桥的结构线性主要受主缆线性与吊索长度控制,主缆一旦架设完成,其线性不能进行调整。

施工监控主要有:对主缆的施工控制,即要求主缆内各钢丝均匀受力的控制;主缆调股的控制,即股缆在主跨和边跨的矢度调到要求的位置;主缆架设中长度的控制;对塔上主鞍座位置的控制,主缆架设时,就应该让鞍座的空间位置具有一个靠岸的偏移量;加劲梁段架设中的施工控制。

以厦门海沧大桥悬索桥上部结构的线性施工控制为例,大跨度悬索桥施工监控主要考虑以下几个方面:

(1)初始参数的收集与整理分析,这些参数包括跨度、高程、猫道影响等。
(2)鞍座预偏量与基准丝股线性的计算和架设监测。
(3)索夹位置的计算与索夹放样的控制。
(4)吊索长度的修正。
(5)加劲梁架设过程的计算分析与测量。
(6)桥面合理线性的形成。

六、工程实例

汕头海湾大桥预应力混凝土加劲梁施工

1. 工程概况

本工程概况见表8-2-1。

汕头海湾大桥施工概况表　　表8-2-1

设计单位:铁道部大桥局勘测设计院	桥梁所在地:广东省汕头市
施工单位:铁道部大桥局第三工程处	施工时间:1992.3~1995
预应力施工单位:铁道部大桥局第三工程处	桥梁用途:汽车专用公路及城市双功能
结构类型:现代悬索桥加劲梁	主跨组成:154m+452m+154m
设计荷载:6车道汽车-超20级,挂车-120	混凝土强度等级:C60
预应力部位:加劲梁纵横两向	配筋方式:体内、体外、直线、曲线
预应力筋:7-7ϕ5,9-7ϕ5钢绞线 　　　　H.D.P.E7ϕ5镀锌钢绞线 　　　　ϕ15无黏连接钢绞线	锚具种类:QM锚
预应力张拉设备:YCD—250型,—25型千斤顶	张拉方式:两端
单位面积材料用量:预应力筋为46.1kg/m^2,普通钢筋为128.1kg/m^2,混凝土为0.51m^3/m^2	
桥梁特点:本桥为三跨双铰式现代悬索桥。其跨度与规模均为当今世界上已成的同类型桥梁之冠。加劲梁的中孔跨度为444m,边孔跨度为150m。梁的横截面为单箱室的薄壁混凝土结构,倒机翼形外轮廓,空气动力特性良好。配用体内、体外、无黏结三种不同类型的预应力钢丝束。其中,体外束用9-7ϕ5镀锌钢绞线外包(单根)HDPE护套,系国内在大桥上首次采用	

2. 结构设计

本桥以主缆为承重的主体,加劲梁由间距6m的吊杆悬挂在主缆上。梁结构只起分布车辆等活载的作用,因为主缆受载后的非线性变形而被迫弯曲。在梁的两端只设限竖向位移的支座,成桥后给梁以纵向水平约束,形成半飘浮的结构体系。在平面内,三孔梁之间用水平桁架连接成半连续体系,将梁所承受的侧向风力通过水平桁架设在塔柱内壁的支承传递到主塔,如图8-2-18所示。

梁的横截面呈流线型,为薄壁单箱三室构造。顶板厚18cm,为2%的坡面。底板厚14cm,为半径76.88mm的圆弧。中腹板厚亦为18cm,边腹板为变厚度的梯形。梁的中心高度为2.2m,水平投影宽度为24.72m。在梁的吊点处设实腹板主横梁,向外伸出吊耳。在两吊点之间设加劲圈式的副横梁,将顶板分隔成3m的纵向跨度。

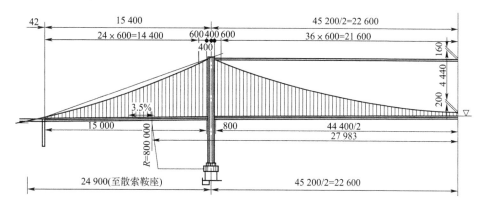

图 8-2-18 悬索桥 1/2 立面图(尺寸单位:cm)

梁体采用全截面纵向分段预制的施工方案,段长 5.7m,以主横梁为轴线对称分割,每段的吊装质量为 172t。副横梁处在 0.3m 宽度的工地湿接头位置,上桥后与接头混凝土一并浇制。这一构造性的安排,既有利于改善局部结构的受力,又确保了截面薄板相互对接的可靠性,如图 8-2-19 所示。

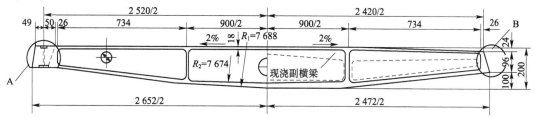

图 8-2-19 主梁截面图(尺寸单位:cm)

3. 施工

1) 预制

箱梁预制段形状特别,且为薄壁,为保证形状的线形流畅,模板及胎架设计很关键。

模板和模板胎架设计:箱梁能成橄榄形,全靠模板线形和刚度及模板胎架稳固调节,汕头桥箱模板全为钢模,胎架由型钢制成,而且每一支点均可调节,设计时除满足强度和刚度外,还采取了以下措施:在方便装拆的前提下,尽量加大模板的分块,减少拼缝,保证线形;保证箱梁横向预应力张拉时,箱梁自重参加作用,除底模设计成随胎架升落外,在箱梁两端还配有起顶千斤顶;为保证箱梁自重精度在 ±2t 范围内,顶板和底板腹腔内还设置了混凝土配料精度和混凝土限厚装置;底模、肋模均设置了附着式振动器,操作时,分区振动,保证混凝土密实。

混凝土浇筑:汕头海湾大桥主箱梁是一个钢筋多,孔道密集,预埋件精度要求高的薄壁混凝土结构,混凝土强度等级为 C60,用 52.5 级普通硅酸盐水泥。掺用湛江 FDN-3000 型减水剂。混凝土配料精度为水和水泥 ±1%,骨料 ±2%,每片梁段一次浇筑完成。

混凝土浇筑原则:先底板及中肋根部,其次灌注箱梁主横肋腹板、中肋腹板、端腹板,最后浇筑顶板。

顶板预应力束孔道,采用胶管抽拔成孔,底板体外索孔道则用预埋器埋管留孔。

2) 吊装

如图 8-2-20 所示,每段箱梁在吊装之前,先在预制场拼台上进行逐一预拼。预拼主要解决采用短线法制梁所带来的互相匹配中的问题:预埋件误差;预埋孔道误差;钢筋误差;梁段间连接件的放样、制造。即将高空中可能产生的问题,先在预制场解决。

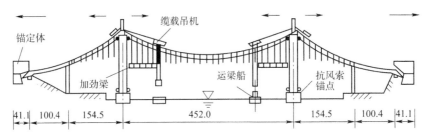

图 8-2-20 吊装(尺寸单位:m)

吊装时,每段箱梁通下海重型码头装船,运至安装点,利用 1 800kN 缆载吊机提升安装。梁段间彼此通过临近连接件连为一体。待 121 片梁段安装完毕后,灌注湿接头副横梁,穿纵向索(黏结束和体外索)张拉,形成三孔完整的桥梁。

吊装顺序:以两具主塔为轴,对称地向岸侧、向中跨中心进行。

任务工单

学习情境八:其他体系桥梁施工 工作任务二:悬索桥施工	班级			
	姓名		学号	
	日期		评分	

一、任务内容
分组讨论悬索桥的构造和施工方法。
二、基本知识
1.悬索桥的组成:
_____。

2.主缆的锚固方式:
_____。

3.悬索桥的施工顺序:
_____。

4.锚碇。
(1)组成:_____。
(2)分类:_____。
5.主塔。
(1)组成:_____。
(2)施工方法:_____。
6.主缆。
(1)架设的准备工作:_____。
(2)导索及牵引索架设方法:_____。
(3)猫道架设方法:_____。
(4)主缆架设方法:_____
_____。

7.施工控制内容:_____
_____。

三、任务实施

悬索桥是其他体系桥梁的一种,分组掌握其构造和施工方法。

1. 试描述悬索桥的构造。

2. 猫道的架设方法有哪些?

3. 牵引系统由什么组成?

4. 主缆架设方法有哪些?

5. 悬索桥施工控制包括哪些内容?

6. 如何进行锚碇的施工?

四、任务小结

通过此工作任务的实施,各小组集中完成下述工作。

1. 你认为本次实训是否达到预期目的?还有什么意见和建议?

2. 悬索桥的施工方法还有哪些?

参考文献

[1] 中华人民共和国行业部标准.JTG B01—2014 公路工程技术标准[S].北京:人民交通出版社,2014
[2] 中华人民共和国行业标准.JTG D60—2004 公路桥涵设计通用规范[S].北京:人民交通出版社,2004.
[3] 中华人民共和国行业标准.JTGD62—2004 公路钢筋混凝土及预应力混凝土桥涵设计规范[S].北京:人民交通出版社,2004.
[4] 中华人民共和国行业标准.JTGD61—2005 公路圬工桥涵设计规范[S].北京:人民交通出版社,2005.
[5] 中华人民共和国行业标准.JTGD63—2007 公路桥涵地基与基础设计规范[S].北京:人民交通出版社,2007.
[6] 中华人民共和国行业标准.JTG/T F50—2011 公路桥涵施工技术规范[S].北京:人民交通出版社,2011.
[7] 中华人民共和国行业标准.JTGF80/1—2004 公路工程质量检验评定标准(土建分册)[S].北京:人民交通出版社,2004.
[8] 郭发忠.桥涵工程[M].第2版.北京:人民交通出版社,2009.
[9] 邵旭东.桥梁工程[M].北京:人民交通出版社,2004.
[10] 刘士林,梁智涛,等.斜拉桥[M].北京:人民交通出版社,2002.
[11] 雷俊卿,郑明珠,等.悬索桥设计[M].北京:人民交通出版社,2002.
[12] 魏红一.桥梁施工技术[M].北京:高等教育出版社,2001.
[13] 严国敏.现代悬索桥[M].北京:人民交通出版社,2002.
[14] 周昌栋,等.悬索桥上部结构施工[M].北京:人民交通出版社,2004
[15] 顾懋清,石绍甫.公路桥涵设计手册拱桥(上册)[M].北京:人民交通出版社,1997.
[16] 顾安邦,孙国柱.公路桥涵设计手册拱桥(下册)[M].北京:人民交通出版社,1997.
[17] 范立础.桥梁工程(上下册)[M].北京:人民交通出版社,2001.
[18] 李辅元.桥梁工程[M].北京:人民交通出版社,2007.
[19] 满洪高,秦溱.桥梁上部施工技术[M].北京:高等教育出版社,2012.
[20] 匡希龙,李振,夏晓慧.桥涵施工[M].2版.成都:西南交通大学出版社,2013.
[21] 黄绳武.桥梁施工及组织管理(上册)[M].北京:人民交通出版社,1999.
[22] 苏寅申.桥梁施工及组织管理(下册)[M].北京:人民交通出版社,1999.